Nachkriegsmoderne Schweiz
Post-War Modernity in Switzerland

Architektur von
Architecture by

Werner Frey
Franz Füeg
Jacques Schader
Jakob Zweifel

NACHKRIEGSMODERNE SCHWEIZ

POST-WAR MODERNITY IN SWITZERLAND

ARCHITEKTUR VON
ARCHITECTURE BY

WERNER FREY

FRANZ FÜEG

JACQUES SCHADER

JAKOB ZWEIFEL

Birkhäuser

EINE STRÖMUNG DER NACHKRIEGSMODERNE
MIT DEN AUGEN VON HEUTE

Nach 1945 konnte die Schweizer Konjunktur aus intakten Fabrikanlagen heraus starten und beflügelte in der Folge auch die Bauwirtschaft. Einige junge Architekten, die sich nach dem Zweiten Weltkrieg der Weiterentwicklung des Projekts der Moderne zuwandten, legten das Hauptgewicht auf neue Baumethoden, sprich Vorfertigung und Montage, sowie beim Entwurf auf rationale Vorstrukturierung. Modul und Raster, die dem Laien als Sinnbild für schematisches Vorgehen erscheinen mögen, dienten den avancierten unter den Architekten als dichtes Feld potenzieller Möglichkeiten, aus dem sich die exakte Positionierung von Tragelementen, Wänden, Installationen usw. ohne gegenseitige Beeinträchtigung ergab. Dabei griff ihre Praxis weit über jene der 20er und 30er Jahre hinaus. Am ehesten lassen sich die ausgefachten Stahlskelettbauten der Basler Paul Artaria und Hans Schmidt als regionale Vorgänger identifizieren. Im übrigen liegen die Vorbilder aber in den USA, bei den emigrierten Meistern aus dem Bauhaus, etwa Mies van der Rohe und Marcel Breuer. Aber es waren nicht bloss die Einflüsse, die über den Atlantik herüberwirkten, sondern ein genuines Interesse an modernen Konstruktionsweisen, das sich in Stahlbeton, Stahl und Holz manifestierte, ohne Festlegung auf ein bestimmtes Material. Wenig überraschend, suchten die jungen Fachleute aus der Generation nach den Pionieren und deren Schüler ein eigenes Diskussionsforum in Gestalt einer Fachzeitschrift, das sie in *Bauen + Wohnen* fanden. Während die kurz nach 1900 geborene, zweite Generation der Moderne sich an Le Corbusier orientierte und über das *Werk* als Publikationsorgan verfügte, liefen die Fühler und Fäden von *Bauen + Wohnen* nach Holland zu Jakob Berend Bakema und Johannes Hendrik van den Broek, zu Jean Prouvé nach Nancy, zu Paul Schneider-Esleben in Düsseldorf und Marcel Breuer in New York sowie manch anderem, erst später in seiner Bedeutung erkannten Fachkollegen. In der Schweiz der Nachkriegszeit waren die Gruppierungen zwar nicht so scharf voneinander geschieden wie Anfang der 30er Jahre, dennoch gab es eben Architekten, die sich eher an Skandinavien orientierten und andere, denen Le Corbusier das Vorbild war, während die Masse des Gebauten noch von Einflüssen des Heimatstils geprägt war. Vor diesem Hintergrund mag die getroffene Auswahl der vier Architekten: Werner Frey 1912–89, Franz Füeg *1921, Jacques Schader *1917 und Jakob Zweifel *1921 auf einen ersten Blick beliebig erscheinen – Franz Füeg wird ebenso gerechtfertigt zur «Solothurner Schule» mit Alfons Barth und Hans Zaugg, Fritz Haller sowie Max Schlup gezählt. Eine Abgrenzung gegenüber weiteren Berufskollegen dieser Generation, wie Fred Cramer, Werner Jaray und Claude Paillard, Bruno Gerosa, Werner Stücheli, Paul Waltenspühl, Pierre Zoelly und anderen, war nicht die Absicht. Gewiss war es auch die Freundschaft und gegenseitige Wertschätzung, welche die vier bis ins Alter verband und bis heute verbindet. Eine Basis legte das Studium der drei ETH-Absolventen bei William Dunkel 1893–1980 – Franz Füeg bildete sich nach der Bauzeichnerlehre in Holland weiter. Legendär sind die 1. August-Feiern auf Jakob Zweifels Dachterrasse im Haus Seefeldstrasse 152 in Zürich, wo Alberto Camenzind *1914, Hans Marti 1913–93 und der grosse, leider früh verstorbene Architekturlehrer Bernhard Hoesli 1923–84 nicht selten mit von der Partie waren. Im Zuge der Bearbeitung durften wir feststellen, dass von dieser «Zürcher Gruppe» einige wesentliche Aspekte der Architektur der späten 50er, der 60er und frühen 70er Jahre beispielhaft formuliert worden sind. Es sind dies unter anderem die Sorgfalt in der Konstruktion, der strukturale Entwurfsansatz im Hinblick auf industrielle Fertigung und bei den Grundrissen die Beachtung differenzierter gesellschaftlicher Verhältnisse von Individuum und Gruppe. Eine Generation später erlaubt der neugierige Blick auf die guterhaltenen, teils sorgfältig renovierten Bauwerke überraschende Einsichten, die den Werken aus dieser Zeit hinsichtlich bevorstehender Pflege- und Unterhaltsmassnahmen nützlich bis überlebenswichtig sein könnten, dem aktuellen Bauschaffen aber einen unerwartet spannenden Einblick in die jüngste Architekturgeschichte eröffnen.

Walter Zschokke und Michael Hanak

A TREND OF POST-WAR MODERNITY SEEN FROM TODAY'S POINT OF VIEW

After 1945, the Swiss economy was able to set off from the springboard of intact factories, and this in its turn served to spur on the building industry. Following World War II, a number of young architects turned their attention to the development of modernist projects, ascribing great importance to new construction methods, i.e. prefabrication and assembly, as well as to rational pre-structuring during the design stage. Modules and grids, which are sometimes regarded by the layman as being symbols of schematic procedure, served the more forward-looking of these architects as a source of potential possibilities, from which the precise placement of bearing elements, walls, installations, etc. emerged without any mutual interference. What they were doing went far beyond anything done in the 1920s and 30s. The closest we can come to local predecessors were the infilled steel skeleton structures by the Basel architects Paul Artaria and Hans Schmidt. Otherwise, the models all stemmed from the USA, from the emigrated Bauhaus masters such as Mies van der Rohe and Marcel Breuer. It was not, however, only the influence from across the Atlantic that took its effect here in Europe, but also a genuine interest in modern construction methods that was manifested in reinforced concrete, steel and timber without any fixation on a specific material. Not surprisingly, the young professionals of the generation that followed the pioneers and their pupils sought a discussion forum in the form of a publication, which they found in *Bauen + Wohnen*. While the second generation of modern architects, born shortly after 1900, modelled their ideas on Le Corbusier and used the magazine *Werk* as a publication organ, *Bauen + Wohnen* set its sights on Holland with Jakob Berend Bakema and Johannes Hendrik van den Broek, on Jean Prouvé in Nancy, on Paul Schneider-Esleben in Düsseldorf, and Marcel Breuer in New York, as well as on a number of others whose importance was recognised somewhat later on. In post-war Switzerland, the different groups were not sharply divided from one another as they had been in the 1930s, but there were nevertheless a number of architects who were primarily orientated towards Scandinavia and others whose model was Le Corbusier, whereas the majority were still influenced by the "Heimatstil" ("typical Swiss" style). Against this background, the choice of the four architects Werner Frey 1912–89, Franz Füeg *1921, Jacques Schader *1017, and Jakob Zweifel *1921 may seem at first glance somewhat arbitrary – Franz Füeg could just as justifiably be classed as belonging to the "Solothurn School" with Alfons Barth and Hans Zaugg, Fritz Haller and Max Schlup. Additionally, it must be stressed that no discrimination against other professional colleagues of this generation such as Fred Cramer, Werner Jaray and Claude Paillard, Bruno Gerosa, Werner Stücheli, Paul Waltenspühl, Pierre Zoelly and others is intended. The friendship and mutual esteem that sprang up between the four architects endured into later years and is still alive today. Its basis is the fact that the three ETH graduates studied with William Dunkel 1893–1980, whereas Franz Füeg went on to study in Holland after completing his apprenticeship as an architectural draughtsman. The legendary August 1st festivities on Jakob Zweifel's roof terrace in the house in Seefeldstrasse 152 were often attended by Alberto Camenzind *1914, Hans Marti 1913–93 and the prematurely deceased great teacher of architecture Bernhard Hoesli 1923–84, and it is hardly surprising that architectural discussions played an important part in these get-togethers. Some important basic aspects of the architecture of the 1950s, 60s and early 70s were formulated to perfection by members of the "Zurich group", including meticulousness of construction, structural design principles based on industrial production, and ground plans that took the differentiated social conditions of individuals and groups into consideration. Now, one generation later, an enquiring look at the well-preserved, partially carefully restored buildings not only reveals some surprising insights which could be useful, and even essential, in terms of the future care and maintenance that will ensure the preservation of architecture from this period, but which also throw light on an unexpectedly exciting dimension of recent architectural history.

Walter Zschokke and Michael Hanak
Translated from the German by Maureen Oberli-Turner

Der Augenzeuge ist «dabei». Er merkt etwas und merkt sich was – oder er verpasst es. Er erlebt einen ersten Auftritt (von einer Person, einem Theaterstück, einem Bild, einem Haus). Bei diesem ersten Auftritt ist er allein gelassen – selbst wenn er mit den anderen Beifall spendet oder Buh ruft –, denn er muss mit sich allein zurecht kommen darüber, ob mit diesem Neuen, das eben in Erscheinung trat, etwas verändert wird, oder eben doch nicht.

Wenn ein Künstler früh verstorben ist, wie etwa Alberto Giacometti, wird mit doppeltem Eifer nach Augenzeugen gesucht. Denn man hofft, dass sie auf die vielen offengebliebenen Fragen zum Werk und zum Lebensstil eine Antwort wissen. Punkto Alltagsgewohnheiten und Sonderheiten klappt das meistens. Doch die Verknüpfung des Neuen mit dem, was früher war oder anderswo ist, kann nur dann gelingen, wenn der Augenzeuge auch noch historische Kenntnis hat und die Landkarte der Schulen, Gruppen und Nebenfiguren kennt.

Ich trete hier notgedrungen als Augenzeuge auf. Zwar bin ich Historiker von Beruf, aber die Region der deutschen Schweiz in der Phase der zweiten Moderne habe ich nicht als Historiker bearbeitet, sondern lediglich als Augenzeuge wahrgenommen. Meine Eindrücke vor Ort versuche ich zu sortieren nach dem Abweiche-Prinzip. Das heisst, mich interessiert nicht das allgemein Typische dieser Generation – denn darüber hat man mehr als genug geredet. Folglich achte ich umgekehrt auf das Besondere, das Spezielle, das Abweichende an den Arbeiten dieser Architekten.

WERNER FREY ZUSAMMEN MIT ROMAN CLEMENS: DAS KINO «STUDIO 4»

Der Filmkritiker Martin Schlappner, der über lange Jahre für die *Neue Zürcher Zeitung* auch das Baugeschehen der Stadt kommentierend bearbeitet hat, schreibt im Nachruf auf Werner Frey 1912–89: Die Kinoarchitektur von Werner Frey wolle «etwas grundsätzlich anderes sein als nur ein verdunkelter, theaterähnlicher Raum – nämlich ein mit allen Elementen des Kinetischen ausgestatteter Kunstraum, der bewirkt, das Publikum vom Alltag selbsttätig abzulösen.»[1] In der Tat habe Frey, fügt Schlappner bei, zusammen mit dem Bühnenbildner Roman Clemens im «Studio 4» dieses Ziel erreicht und «weltweit Anerkennung für diese konsequent entwickelte Kinoarchitektur»[2] gewonnen.

Welches sind diese «Elemente des Kinetischen», welche Frey und Clemens für das «Studio 4» zu mobilisieren wussten? Bereits in der Eingangshalle läuft die Decke – als wäre sie ein riesig vergrösserter Filmstreifen, der → von der Spule gleitet – in weicher, ungestörter Rundung von der Waagrechten in die Senkrechte der Wand. Auf den Treppenstufen hinab gegen diese Wand zu «weiss» deshalb der Besucher bereits, dass er nun nicht einen Konzertsaal oder einen Theatersaal, sondern eben dieses Neue, ein Kino, betreten wird.

Im Kinosaal selbst ist es nicht nur die Leinwand, die seine Erwartung bestätigt, sondern eine Reihe von weiteren kinetischen und kinematografischen Elementen. Erstens, ist die Decke, die Wand links und sind

1 *Neue Zürcher Zeitung*, 30.11.1989, S.58
2 Ebd.

Max Adolf Vogt

Kino Studio 4, Zürich. Werner Frey mit Roman Clemens, 1948–49
Dynamischer Übergang der Decke in der Eingangshalle
von der Waagrechten in die Senkrechte der Wand.
(Foto: Baugeschichtliches Archiv der Stadt Zürich)

EYEWITNESS

Max Adolf Vogt

The eyewitness is "on the spot". He realizes something—or he misses it. He experiences a first appearance (of a person, a play, a picture, a house). With this first appearance he is left alone—even when he applauds or denigrates others—because he must come to grips on his own with whether the novelty that has just appeared is going to change something or not.

When an artist dies early, as in the case of Alberto Giacometti, the effort of seeking out eyewitnesses is redoubled under the assumption that they will know an answer to many open questions about the work and the life of the artist. As far as everyday habits and idiosyncrasies go, this usually works well. However, connecting the new with what used to be, or still is elsewhere, can only work when the eyewitness possesses historical knowledge and knows the map of the school, the groups and lesser figures.

I am forced to appear here only as eyewitness. Although a historian by profession, I have not dealt scientifically with German Switzerland during the second period of modernity. I have only been eyewitness to it. I shall try to order my firsthand impressions according to the principle of difference. What is generally typical of this generation is of no interest to me—it has been told over and over again. On the contrary, my focus will be rather on the particular, the exceptional, the deviation in the work of these architects.

WERNER FREY AND ROMAN CLEMENS: THE CINEMA "STUDIO 4"

The Film critic Martin Schlappner, who also commented on architectural events of Zurich in the *Neue Zürcher Zeitung* for many years, writes in his obituary on Werner Frey 1912–89: The cinema architecture of Werner Frey wants "to be something essentially different from a merely darkened, theatre-like hall—i.e. an artificial space fitted with all the kinetic elements, which succeed in detaching the public from day-to-day reality."[1] In fact, Schlappner adds, Frey together with the set designer Roman Clemens achieved this goal in the "Studio 4" and won "worldwide acclaim for this consistently developed cinema architecture."[2]

← What are these "kinetic elements" that Frey and Clemens managed to muster for the "Studio 4"? Already in the entrance hall the ceiling runs—as if it were a gigantically enlarged strip of film running off the spool—in a soft, unhampered curve from the horizontal to the vertical. On the stairs leading down toward this wall the visitor "knows" already that it is not a concert hall or a theatre but this new thing called cinema that he will be entering.

In the cinema hall itself it is not only the screen that confirms his expectation but a series of further kinetic and cinematic elements. Firstly, the ceiling, the wall to the left and the columns to the right are painted white on a black ground, the white islands often depicting fish-like, at any rate exclusively water-bound

→ shapes—thus, masterly suggesting the streaming, endlessly flowing nature of films. Secondly, to this day we see a band of photographs, above the columns, which shows perpendicular faces and figures but at the

Cinema "Studio 4", Zurich. Werner Frey and Roman Clemens, 1948–49
Dynamic transition of the ceiling in the entrance hall from the horizontal to the vertical wall.
(Photo: Baugeschichtliches Archiv der Stadt Zürich)

1 *Neue Zürcher Zeitung*, 30th Nov. 1989, p. 58
2 ibid.

die Säulen zur Rechten weiss auf schwarzem Grund bemalt, wobei in den weissen Inseln manchmal fischartige, ausschliesslich wassernahe Formen zeigen – womit das Strömende, Weiterfliessende, Endlose des Films meisterhaft suggeriert wurde. Zweitens ist bis heute über den Säulen ein ebenfalls schwarzweisses → Stirnband aus Fotografien zu sehen, das zwar senkrecht gestellte Gesichter und Gestalten zeigt, zugleich aber wie ein querlaufendes Filmband wirkt. Drittens schliesslich hatte Werner Frey das Ärgernis zu bewälti- → gen, einen unmöglichen Grundriss in ein Kino verwandeln zu müssen, nämlich ein irreguläres Fünfeck. Frey zeigt sich als Meister, denn er verwandelt das Ärgernis in eine Chance, indem er das extrem Asymmetrische des Saales und demzufolge auch der Bestuhlung gewissermassen bei den Hörnern packt und mit einer Säulenreihe das Schrägverzerrte dieser Asymmetrie erst recht dramatisiert.

Dass der eben zitierte Martin Schlappner als Filmkritiker auch gerne über Architektur geschrieben hat, ist kein Zufall. Denn es gibt eine Verwandtschaft zwischen Film und Bauwesen, die nicht einfach Phrase oder leichtfertigen Brückenschlag darstellt. Am einfachsten lässt sich diese These mit Le Corbusiers Lieblingsformel «Promenade architecturale» belegen. Denn Le Corbusier, selber im Stummfilm-Zeitalter aufgewachsen, hat nicht ohne Bedeutung die Hauptfassade seines Projektes für den Völkerbund in Genf als eine Filmleinwand, als Screen, ausgestaltet. Architektur war für ihn niemals mehr ein Betrachten von einem einzigen fixen Standort aus, sondern Abfolge im Durchschreiten, eben eine Promenade.

Und das ist ja erst recht der Film, mit dem Unterschied, dass die Architekturpromenade ein aktives Bewegen ist, während die Film-Promenade (vor und in Architektur oder vor und in Natur sich abspielend) vom Betrachter passiv im Sitzen wahrgenommen wird.

Werner Frey und Roman Clemens haben im Zeitalter des Tonfilms in einem Kinogebäude mit allen nur denkbaren künstlerischen Mitteln den blossen Zuschauerraum in ein Raumereignis verwandelt. In eine Architekturpromenade, welche das bevorstehende Flimmer-Ereignis voll aufzunehmen und zu spiegeln vermag.

FRANZ FÜEG: KATHOLISCHE KIRCHE IN MEGGEN BEI LUZERN

Jürgen Joedicke betrachtete die Piuskirche von Meggen als das bislang wichtigste Werk von Franz Füeg *1921: «Die Konsequenz, mit der dieses Bauwerk gestaltet ist, zeigt sich in allen Einzelheiten: Raumgliederung und Form, Konstruktion und Form sowie Material und Form bilden eine unauflösbare Einheit. Was immer von der Herstellung als Mittel verwendet wurde, erscheint auch sichtbar und ablesbar am fertigen Bauwerk.»[3] Gewiss – doch wie bringt Füeg seine Konsequenz, seine Folgerichtigkeit zu diesem Grade der Klarheit?

Deutlich spürbar ist ein dominanter Einfluss – nicht der von Perret oder Breuer, die Füeg auch gerne erwähnt, sondern der von Mies van der Rohe. Aber: es ist ein Mies-Konzept, das in holländische Hände geraten ist. (Füeg hat zwei Jahre in Rotterdam gearbeitet, wurde dadurch geprägt von der de Stijl-Tradition – was

3 *Bauen + Wohnen*, Nr. 12, 1966, S. 455

Kino Studio 4, Zürich. Werner Frey mit Roman Clemens, 1948–49
Kinetische und kinematografische Elemente im Kinosaal.
(Foto: Baugeschichtliches Archiv der Stadt Zürich)
Kino Studio 4, Zürich. Werner Frey mit Roman Clemens, 1948–49
Filmartig ablaufendes Fotoband.
(Foto: Baugeschichtliches Archiv der Stadt Zürich)

← same time appears like a role of film running across. Thirdly, Werner Frey had to master the annoying matter of transforming an impossible ground-plan, namely an irregular pentagon, into a cinema. He turns the irritation into an opportunity by grabbing the extreme asymmetry of the hall and, with it the seating, as it were, by the horns and dramatizes the oblique distortion of the asymmetry with a row of columns.

It is not by accident that the above mentioned film critic, Martin Schlappner, also liked to write on architecture. There is an affinity between film and architecture that is more than a simple slogan or a rash bridging of a gap. Le Corbusier's favourite dictum of the "promenade architecturale" goes to testify to this most simply. Le Corbusier, himself a child of the time of the silent movie, designed the main façade of his project for the League of Nations building in Geneva as a film screen. Architecture to him was never merely a matter of looking at something from one fixed point of view. Rather it was a sequence of views as one passed through it, a promenade.

And that is what a film does, with the difference that a promenade through architecture is an active movement, while the film promenade (be it in front of and inside architecture, or in front of and in nature) is perceived by the passively seated viewer.

With all the thinkable artistic means Werner Frey and Roman Clemens have transformed a mere auditorium of a cinema, in the age of sound film, into a spatial event. Into an architectural promenade that is capable of taking up and mirroring the imminent flickering event.

FRANZ FÜEG: CATHOLIC CHURCH IN MEGGEN NEAR LUCERNE

Jürgen Joedicke considers the Pius Church of Meggen to be Franz Füeg's *1921 hitherto most important work: "The consistency with which this building has been designed is shown in every detail: Spatial arrangement and form, construction and form, as well as material and form create an insoluble unity. Whatever was used for the production of the means, it is visually evident on the finished work of architecture."[3]

True enough—but how does Füeg achieve this degree of clarity, of consistency, and logicality?

We clearly feel a dominant influence by—not Perret or Breuer, whom Füeg also likes to mention, but Mies van der Rohe. But, it is a Mies concept that has got into Dutch hands. (Füeg worked for two years in Rotterdam and was influenced by the de Stijl tradition—which goes to show why he does not call upon Le Corbusier as → naturally as most of his Swiss peers.)

But Füeg is a deviationist. Precisely what I am looking for, here. He does follow Mies's main precept "less is more", but he undercuts it so excessively that his master would have been winded by this church. For one thing, he whittles down the metal skeleton, the struts, to the size of a matchstick straight out of the box, or better still: a paper clip. The tiny rod of a paper clip relates to a silver pencil as Füeg's struts relate to one

Cinema "Studio 4", Zurich. Werner Frey and Roman Clemens, 1948–49
Kinetic and cinematographic elements in the cinema theatre.
(Photo: Baugeschichtliches Archiv der Stadt Zürich)
Cinema "Studio 4", Zurich. Werner Frey and Roman Clemens, 1948–49
Band of photos reeling off like a film.
(Photo: Baugeschichtliches Archiv der Stadt Zürich)

3 *Bauen + Wohnen*, No. 12, 1966, p. 455

wiederum verständlich macht, dass er sich bei weitem nicht so selbstverständlich auf Le Corbusier beruft, wie es die meisten Schweizer seiner Generation tun.)

Doch Füeg ist ein Abweichler. Also genau das, was ich hier suche. Er hält sich zwar an Miesens Hauptforderung «Less is more» (weniger ist mehr), doch er unterbietet dieses Verzichtgebot derart massiv, dass es dem Meister in dieser Kirche den Atem verschlagen hätte. Zum einen verdünnt er das Metallgerüst, das Gestänge, auf die Schlankheit eines Streichholzes aus der Schachtel, oder besser: einer Büroklammer. Das Rundstäbchen einer Büroklammer verhält sich zu einem Silberstift, wie Füegs Gittergestänge zu den T-Balken von Mies. Dies gilt für die gitterförmigen Unterzüge der Decke genauso wie für die überschlanken Verstrebungen an den seitlichen «Fenster»-Streifen.

Es gilt aber auch für den Glockenturm. Die selben Diagonalstreben zartester Art treten auf wie bei den → Eckpartien des Kirchenraumes. Kehrt man ins Innere zurück, bemerkt man, dass auch die Sitzbänke von → nur wenig voluminöserem Gestänge gehalten sind. Askese, aber luftig leichte Askese.

Wahrscheinlich hätte Mies van der Rohe diese erste Abweichung besser dulden können als die zweite. Mies ist der Wiederentdecker der christlich-byzantinischen Marmorverwendung, die völlig anders war als jene der klassischen Antike: Der weisse Marmor mit seinen Kannelüren in der Antike – der geäderte Marmor als Tafel in den frühchristlichen Kirchen. Mies erweckt die geäderte Tafel neu und stellt sie kühl und solid in die mächtige Stromflutung seines grenzenlosen Raumes.

Und eben dies unterwandert nun Füeg mit einem kühnen Einfall: er schneidet die Marmorscheiben von Mies in dünnere und ganz dünne Scheiben, bis sie so etwas wie Seidenpapier werden. Da kann das Licht durch, aber nur halb. Er erreicht ein Durchscheinen oder Durchschimmern – aber nicht etwa Durchsichtigkeit. Auf diesen Unterschied kommt es an.

JACQUES SCHADER: KANTONSSCHULE FREUDENBERG IN ZÜRICH

Als Augenzeuge, der den Bau der Kantonsschule Freudenberg von Jacques Schader *1917 mitverfolgt hat, kann ich meinen damaligen Betrachtungen in der *Neuen Zürcher Zeitung* nichts hinzufügen.

«Die zweischichtige Konzeption (Fundamentbau – Schwebebauten) erweist sich als logisch durchsichtig, nämlich als plastische Darstellung der speziellen Struktur dieser Mittelschule. Die gemeinsamen Räume bilden das Fundament, die getrennten Räume sind den beiden Schwebebauten überwiesen. Entscheidend für das plastische Zweckdenken dieses Architekten ist es, dass er einen Zirkel zu schliessen vermag zwischen Organisationsforderung und Geländeforderung. Die skizzierte zweischichtige Anlage ist in der Tat nicht nur organisationsgerecht, sondern zugleich auch geländegerecht. Denn sie erlaubt es, ‹auf den Hügel› zu kommen, diesem zwei Akzente aufzusetzen und gleichzeitig mit der Hochterrasse ein visuelles Ereignis zu schaffen. Man wird in der ganzen Anlage bis in jedes Detail das nämliche Zirkeldenken vorfinden:

Kirche St. Pius, Meggen. Franz Füeg, 1964–66
Einfluss von Mies van der Rohe.
(Plan: Archives de la Construction Moderne, EPFL, Lausanne)
Kirche St. Pius, Meggen. Franz Füeg, 1964–66
Der Glockenturm mit überschlanken Diagonalstreben.
(Foto: Archives de la Construction Moderne, EPFL, Lausanne)
Kirche St. Pius, Meggen. Franz Füeg, 1964–66
Weniger als «Less is more»: minimiertes Metallgerüst.
(Foto: Archives de la Construction Moderne, EPFL, Lausanne)

← of Mies's T-beams. This goes for the lattice joists of the ceiling as much as for the extremely slim struts of the lateral strips of "windows".

← It also holds true for the bell tower. The same most tenuous diagonal struts appear as in the corners of the church hall. Returning inside we realize that the benches are also held by only slightly more voluminous struts. Asceticism, but airy and light asceticism.

Mies van der Rohe could probably have accepted this first deviation more easily than the second. Mies is the rediscoverer of the Christian-Byzantine use of marble which was totally different than in classical antiquity: The white marble with its fluting in antiquity—the veined marble as a tablet in early Christian churches. Mies brings back to life the veined tablet and places it, cool and solid, inside his mighty flood of limitless space. And it is precisely what Fücg infiltrates, here, with a bold idea: he cuts Mies's marble slabs into ever more thinner slabs until they take on the look almost of tissue paper. The light passes, but only halfway. He achieves a translucency, a gleam—but by no means a transparency. That is the difference that matters.

JACQUES SCHADER: FREUDENBERG HIGH SCHOOL IN ZURICH

As eyewitness who followed the building of the Freudenberg High School by Jacques Schader ·1917 I have nothing to add to my observations of the time published in the *Neue Zürcher Zeitung*.

"The double-layer concept (foundation structure—hovering structure) proves to be logical and transparent in the sense that it is a plastic representation of the special structure of this high school. The shared spaces form the foundation, while the separated spaces are allotted to the hovering buildings. The decisive aspect of this architect's plastic expediency is that he succeeds in merging the demands of organization and topography. In fact, the double-layer complex, pointed out, fits not only organisationally but also topo-graphically. Because it allows us to arrive 'on the hill', to place a double emphasis there and, at the same time, to create a visual event with the high terrace. In the whole complex down to every detail one encoun-ters the same circular thinking: Schader never merely builds aesthetically nor does he only fulfil a function, rather he has, by continuous adjustments, brought the concept to a point where the expedient is also for-154→ mally right and beauty is also functionally stringent. This results in omitting any embellishment and decor-ation and in letting the architectural body express itself in terms of stereometric facts without hindrance. The individual constructive elements are logically derived from the drafted idea as a whole. The deductive sequence runs as follows: If the hovering buildings, required organizationally and topographically, are to ↗ convince, then the roof of the foundation building must be conceived as a square. [...]

Schader developed a plethora of tasks and architectural motifs, but allowed himself only a few—namely three elements for their solution. The three elements are, the straight line, the right angle (yet, with a few

St Pius Church, Meggen Franz Füeg, 1964–66
Influenced by Mies van der Rohe.
(Plan: Archives de la Construction Moderne, EPFL, Lausanne)
St Pius Church, Meggen. Franz Füeg, 1964–66
The bell tower with extra-slim diagonal struts.
(Photo: Archives de la Construction Moderne, EPFL, Lausanne)
St Pius Church, Meggen. Franz Füeg, 1964–66
Less than "less is more": minimized metal skeleton.
(Photo: Archives de la Construction Moderne, EPFL, Lausanne)

Schader baut hier nie nur ästhetisch, aber auch nie nur funktionserfüllend, vielmehr hat er in unablässiger Bereinigung die Konzeption bis zu jenem Punkt gebracht, wo das Zweckmässige auch formal richtig, die Schönheit auch funktionenstreng ist. Die Folge ist, dass aller Schmuck und jede Dekoration wegfallen und die Baukörper als stereometrische Tatsachen unbehelligt zur Sprache kommen.

→ 154

Die einzelnen Bauelemente sind logisch aus der skizzierten Gesamtidee abgeleitet. Die Schlusskette lautet: Wenn die schulorganisatorisch und geländemässig erwünschten Schwebebauten überzeugen sollen, dann muss das Dach des Fundamenthauses als Platz konzipiert sein. [...]

→

Schader entwickelt eine Fülle von Aufgaben oder Baumotiven, gestattet sich aber nur ganz wenige – nämlich drei Elemente zu deren Lösung. Die drei Elemente sind die gerade Linie, der rechte Winkel (mit einigen wichtigen Ausnahmen immerhin) und die ebene Fläche. Aus ihnen bildet er mit dezidierter Vorliebe eine schmale, lange Platte, also einen schlanken Quader. Diesen Quader bringt er in die Waagrechte, in die Senkrechte und in die Schräge, stellt oder legt ihn. Mit diesem einfachen Vorgang löst er eine überdurchschnittliche Zahl von Aufgaben. Denn er unterscheidet ja beispielsweise das Haus als ‹Hügel› vom Haus als Schwebekörper; als Wege setzt er auch die Rampe und – zweimal – die Brücke ein; neben dem Naturplatz → hat er den Dachplatz; er differenziert Zimmerfenster von Leerfenster, die als Lückenblick ein Stück Himmel freigeben; er scheidet eindeutig steigende von fallenden Treppen.

Alles dies wird mit dem blossen Legen, Stellen, Verfügen, Verschränken und Überschichten von Platten formuliert. Man muss sich vergegenwärtigen, was das in der heutigen Bausituation heisst. Der Verzicht betrifft: alle Rundungen und irregulären Formen, wie sie durch Le Corbusiers Kirche in Ronchamp, durch Aaltos Dach- und Deckenwölbungen, durch Saarinens Flughalle und viele weitere Werke vorab in Süd- und Nordamerika neuerdings wieder legitimiert sind. Er hat keine 30°- und 60°-Winkel, wie sie Wright grossartig verschränkte. Er verzichtet auf Schrägdächer und Backsteinrustikalismen, die in der mittleren Schweizer Generation sonst eine beharrliche Vorliebe finden und immerhin (neben vielem, allzu vielem) zu Ernst Gisels Theaterbau in Grenchen und zu Alberto Camenzinds Gymnasium in Bellinzona Anlass gegeben haben.

Der Verzicht bekommt seinen Sinn aus dem Ziel, das Schader sucht. Diese Ziel ist: Herausbildung möglichst reiner, möglichst strenger Stereometrie. Die grossen Schwebekörper der beiden Haupthäuser will er als exakte Quader. Vorkragungen, Dachvorsprünge, modellierende Fenstergesimse, aber auch zusätzlich aufgetragene Farben, die nicht dem Material selbst zugehören, müssen wegfallen. Auch die Hallen und die Korridore sollten dem stereometrischen Idealfall angenähert sein; Buchten und Erker, Vorsprünge und Rücksprünge (etwa durch Schränke und Türen) werden demnach gemieden. Selbst die Treppen dürfen keine Zwischenabsätze haben, sondern sollen als gerader Zug durchgehen. Das Resultat sind bündig gefügte, glatte, scharf geschnittene Körper, die eben darum zum Klingen kommen, weil sie in ihrer Geschlossenheit

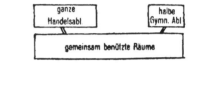

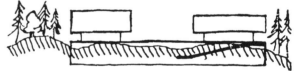

Kantonsschule Freudenberg, Zürich. Jacques Schader, 1956–60
Zweischichtige Konzeption (Fundamentbau – Schwebebauten)
gemäss der Struktur der Schule. Skizze von Max Adolf Vogt
(aus: *Neue Zürcher Zeitung*, 30.6.1959, S. 6)
Kantonsschule Freudenberg, Zürich. Jacques Schader, 1956–60
Brücke über die grossen Freitreppe: eine Struktur
aus Rahmung und Hohlraum. Skizze von Max Adolf Vogt
(aus: *Neue Zürcher Zeitung*, 30.6.1959, S. 8)

important exceptions), and the even plane. From these he creates with decisive preference a narrow, long slab, i.e. a slim cuboid. This cuboid he places horizontally, vertically, and obliquely, stands it up or lays it down. With this simple process he solves an above average amount of problems. For instance, he distinguishes the house as 'hill' from the house as hovering body; to create a path he also uses the ramp and—twice—the bridge; next to the grassed square he has the roof terrace; he differentiates between class-room windows and empty windows, that through the gap open a view to the sky; he decidedly distinguishes between rising and falling stairways.

All this is expressed by simply poising, standing upright, linking, folding and layering slabs. We have to imagine what this means in today's architectural situation. The omissions are: all the curves and irregular forms as they were used by Le Corbusier in Ronchamp, in Aalto's roof and ceiling vaults, in Saarinen's hangar and many further works that have been recently legitimized again especially in South and North America. He has no 30 degree and 60 degree angles as Wright used them in a masterly fashion. He does without slanting roofs and brick rusticity, which are such tenacious favourites with the middle generation in Switzerland. We would merely recall (apart from so much, too much else) Ernst Gisel's Grenchen Theatre and Alberto Camenzind's High School of Bellinzona.

The omission derives its significance from the objective Schader is out for. It is to develop an optimally pure, optimally stringent stereometry. The large hovering volumes of the two main buildings he wants as exact cuboids. Protruding parts, eaves, modelled window sills, or even added colour that does not belong to the material, have to be omitted. The halls, too, and the corridors must be brought close to the stereometric ideal; niches, bays, ledges or recesses (e.g. for doors or cupboards) are to be avoided. Even the stairs must not have any landings but are to be drawn straight. The result is flush fitted, smooth, hard-edge bodies that are made to resound, precisely because in their conciseness and simplicity they manage to bring over the actual proportions much more clearly than less perfect forms are able to. […]

A number of precision scales, that almost always, but never entirely, become identical, are considered strong enough to withstand a single, particularly unusual length. The same 'leaping' and yet strictly scanned scale can be seen in the colours: the matt black (used for all the iron parts) is a counterpoint to the group of minimally scaled light greys and whites, namely in the grey concrete of the foundation building, above which a somewhat lighter Eternit in the oblong bands of the glass floor, above which the again slightly whiter shell limestone from Neuchâtel on the façades of the hovering volumes. The brightness of the building seems to fade from bottom to top. […]

The interiors, especially the both of the high school and the commercial school, are stereometrically so pure that the stairs with their massive wooden banister-slabs suffice to grasp the spatial flow entirely. In the hall of the high school the windmill principle that leads the ramps up to the upper square is carried

Freudenberg High School, Zurich. Jacques Schader, 1956–60
Double-layer concept (foundation versus hovering building) corresponding to the structure of the school. Sketch by Max Adolf Vogt
(from: *Neue Zürcher Zeitung,* 30th June 1959, p. 6)
Freudenberg High School, Zurich. Jacques Schader, 1956–60
Bridge over the main stairway: a structure made of a frame and a hollow. Sketch by Max Adolf Vogt
(from: *Neue Zürcher Zeitung,* 30 June 1959, p. 8)

und Einfachheit die waltenden Proportionen viel deutlicher zu spüren geben, als weniger bereinigte Gebilde es vermögen. [...]

Eine Gruppe von Feinmassen, die fast, aber nie ganz ins Gleiche fallen, wird als Kollektiv für kräftig genug erachtet, um einer einzigen entschiedenen Überlänge standzuhalten. Die gleiche, einerseits ‹springende›, andererseits eng skandierte Skala haben übrigens die Farben: dem Kontrapunkt Mattschwarz (den alle Eisenteile haben) setzt er eine Gruppe minimaler Stufen Hellgrau zu Weisslich gegenüber, nämlich Graubeton im Fundamentbau, darüber das etwas hellere Eternit in den Querbändern der Glasetage, darüber das wieder etwas hellere Weisslich des Neuenburger Muschelkalkes an den Fassaden der Schwebekörper. Die Helle des Baus wirkt darum wie ein Ausblühen von unten nach oben. [...]

Die Innenräume, vorab die beiden Hallen des Gymnasiums und der Handelsschule, sind stereometrisch so rein, dass Treppen mit massiven hölzernen Geländerplatten ausreichen, um die Raumflutung voll in die Hand zu bekommen. In der Halle des Gymnasiums wird das Windmühlenschema, das die Rampen auf den Hochplatz führte, weiter und zu Ende geführt. Vier einfache Treppen sind im Quadrat windmühlenartig versetzt und bewirken einen zauberhaft langsamen Quirl des Raumgangs. Diese Zeit-Raum-Kanalisierung ist der Mittelpunkt und Abschluss der zentripetalen Richtungsflüsse, die die Gesamtanlage zusammenhalten. – Eine bemerkenswerte Gegenleistung eines jüngeren Architekten, wenn man bedenkt, dass beinahe alle Grundrisse und Richtungsflüsse der älteren Meister – speziell Frank Lloyd Wrights und Mies van der Rohes – ausströmend, zentrifugal zu lesen sind. Noch 1955 in der Kiosk- und Wartehalle am Bucheggplatz, der letzten Station vor dem Freudenberg, war Schader merkbar auf Mies verpflichtet. Dürfte man ihn dort als Meisterschüler des Deutschamerikaners bezeichnen, so ist er nun, in den kurzen Arbeitsjahren seither, selber Meister geworden und vermag auf das Grundwort der Raumausflutung eine Antwort zu geben, die vielleicht für die jüngere Generation kennzeichnend wird.»[4]

JAKOB ZWEIFEL: DIE HOCHHÄUSER IN GLARUS UND ZÜRICH UND ZWEI GROSSAUFTRÄGE IN DER WESTSCHWEIZ

In Amerika würde man sagen: Jakob Zweifel *1921 gehört zur Gruppe der zweimal Getauften. In der Jugendphase seines Berufs verteidigt er die Überzeugungen seiner Generation mit Mut und einem gehörigen Pfeffer-Zuschuss an Kühnheit. 1961 erhält er die zweite Taufe: Er wird von Alberto Camenzind, dem Chefarchitekten der Expo nationale 64 in Lausanne in die Westschweiz geholt, um dort die Realisierung des Sektors «Feld und Wald» zu leiten. Sind es die Romands, die ihm diese zweite Taufe beschert und damit auch ihn zu einem Abweichler gemacht haben? Darüber später.

1950 und 1952 gewinnt Zweifel gleich zwei Wettbewerbe in Glarus und in Zürich. Beidemal geht es um ein Schwesternhaus für die Krankenschwestern des nahe gelegenen Kantonsspitals. Beidemal entschliesst

4 Max Adolf Vogt: «Freudenberg. Die neue Zürcher Kantonsschule als architektonische Leistung», in: *Neue Zürcher Zeitung*, 30.6.1959, S. 6–8

further and brought to a conclusion. Four simple stairways are arranged in a square like a windmill and have the effect of a magically slow spatial swirl. The time-space canalisation is the centre and conclusion of the centripetal directional flows that hold together the entire complex.—A remarkable return for a young architect, considering that almost all the ground-plans and directional flows of the older masters—especially Frank Lloyd Wright and Mies van der Rohe—flow centrifugally outward. As late as 1955 with the Kiosk and waiting room on the Bucheggplatz, the last station before the Freudenberg, Schader is indebted evidently to Mies. If at that time one would be tempted to call him the master-class student of the German-American, he has now, in the short intervening years, himself become a master and succeeds in answering to the dictum of spatial flow in a way that might become crucial to the younger generation."[4]

JAKOB ZWEIFEL: THE HIGHRISE BUILDINGS IN GLARUS AND ZURICH
AND TWO LARGE PROJECTS IN FRENCH SWITZERLAND

In America one would say: Jakob Zweifel *1921 belongs to those twice baptized. As a young professional he defended the convictions of his generation with courage and a good portion of peppered boldness. 1961 he is baptized for the second time: Alberto Camenzind, the chief architect of the National Exhibition 64 in Lausanne, fetches him to French Switzerland in order to run the section "Field and Forest". Was it the Romands who blessed him with the second baptism turning him into a deviationist? More about that later.

1950 and 1952 Zweifel wins two competitions in a row in Glarus and Zurich. Twice it is a residence for the nurses of the cantonal hospital nearby. Twice Zweifel sides for a highrise building—then, still almost a foreign word in Switzerland. His argument for Glarus: he wanted to avoid a horizontal row so as not to make it look "barracks-like".[5] His argument for Zurich: the terrain on the "Platte", the "sledge", opposite the

→ (now) University Hospital would be too small for 250 rooms on level ground.[6] He convinces the people in Glarus with the help of a drawing, arguing that an alpine canton with its steep slopes and peaks is entitled

→ to its own vertical architecture. In Zurich, with his 54 m high residential tower, he challenges two neighbouring monuments, i.e. the tower of the University and the cupola of the ETH (Federal Institute of Technology). Thanks to the depressed location of the "Platte" the feared competition is visually alleviated. On the other hand, the conscious contrast with the University Hospital (by Haefeli, Moser, Steiger) is all the more evident.

The bright new figure is set off against the old one, which is full of nooks and crannies. According to Zweifel he "consciously turned down bringing small-sized elements into play"[7]—while Haefeli, Moser, Steiger considered them to be particularly important. On the one hand, they banked on the need for warmth (a threat-

4 Max Adolf Vogt: "Freudenberg. Die neue Zürcher Kantonsschule als architektonische Leistung" (Freudenberg. The Architectonic Achievement of the New Zurich High School), in: *Neue Zürcher Zeitung*, 30 June 1959, p. 6–8

5 *Werk*, No. 5, 1955, p. 137–141

6 *Werk*, No. 1, 1960, p. 19–24

7 Jürgen Joedicke, Martin Schlappner: *Jakob Zweifel, Architekt. Schweizer Moderne der zweiten Generation* (Jakob Zweifel, Architect. Swiss Modernists of the Second Generation), Baden 1996, p. 49

sich Zweifel für ein Hochhaus – damals beinahe noch ein Fremdwort für die Schweiz. Sein Argument für Glarus: er wolle die horizontale Reihung vermeiden, um nicht «kasernenmässig» zu werden.[5] Sein Argument für Zürich: das Terrain auf der «Platte» gegenüber dem (heutigen) Universitätsspital sei zu knapp für 250 Zimmer in Bodengruppierung.[6] Den Glarnern macht er mit einer Zeichnung plausibel, dass ein Bergkanton mit seinen steilen Höhen auch in der Architektur vertikal ausgreifen dürfe. In Zürich stellt er sich → mit einem 54 Meter hohen Wohnturm der Konfrontation mit zwei benachbarten Monumenten, dem Turm der Universität und der Kuppel der ETH. Die Muldenlage der «Platte» hat dann die befürchtete Konkurrenz visuell entschärft, dafür wird die bewusste Entgegensetzung zum Universitätsspital (von Haefeli, Moser, Steiger) um so deutlicher. →

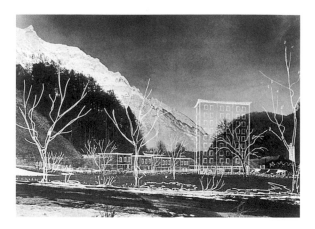

Das neue Blanke hebt sich ab vom älteren Verwinkelten. Zweifel erklärt, er habe «bewusst darauf verzichtet, kleinteilige Elemente ins Spiel zu bringen»[7] – während Haefeli, Moser, Steiger gerade das kleinteilige Element für wichtig hielten. Sie stützten sich einerseits auf ein Bedürfnis nach Wärme (bedrohter Kleinstaat in der Kriegszeit), anderseits holten sie sich Legitimation von weit her – von Frank Lloyd Wright, bei dem Werner Moser längere Zeit gearbeitet hatte. Zweifel hingegen vertritt mit seinem weissen, strengen, von sieben Fensterbahnen durchzogenen Quader eine gegensätzliche Schule – die des frühen Le Corbusier.

In denselben Baujahren bringt er im Wohn- und Geschäftshaus Seefeldstrasse in Zürich manche Elemente → aus Le Corbusiers Unité d'habitation von Marseille 1947–52 zum Klingen: die Pilotis in der Eingangshalle, das Bandfenster im ersten Obergeschoss, die Kombination der höchstgelegenen Wohnungen mit Dachgärten. Doch die Übernahme der Sektion «Feld und Wald» für die Expo 64 in Lausanne eröffnete entscheidende neue Horizonte. Der Vierzigjährige darf für eine der schönsten Uferlandschaften am Genfersee entwerfen, er fühlt sich wohl unter den Westschweizern, er schätzt die Zusammenarbeit mit Alberto Camenzind. Diese glücklichen Umstände bewirken eine Entspannung und Lockerung oder auch: die Entdeckung des Provisorischen. Ausgerechnet die Sektion «Feld und Wald» – von der man doch, weil es um Agrikultur geht, das Behäbige und Ewigsolide erwartet – vermag Jakob Zweifel mit den einfachsten Elementen (Pfahl und Segeltuch) als verblüffende Improvisation zu gestalten.

Die «Place de Granit» beispielsweise kommt trotz ihrem pathetischen Namen und Thema leicht, locker und → völlig entspannt daher. Der Architekt erklärt dies so: «Ausschlaggebend war eine Kindheitserinnerung aus den Ferien in den Bergen… ein Wald aus hohen kräftigen Stangen … dazwischengespannte riesige Heutücher, die den Bergbauern zum Einsammeln des Heus [am steilen Hang] dienten.»[8] Diese beiden Elemente, Pfahl und Heutuch oder Blache, genügen. Das Heutuch wird als Segel verstanden und – gemäss der damals neuen These von Frei Otto – wird jeder Punkt dieses Segels nach zwei Richtungen gespannt. Daraus entstehen die leichtfüssigsten Ausstellungshallen, die ich je gesehen, mit Dachflächen, die für den Regenwasserablauf in der Mitte nach unten gespannt werden, wo ein Feuerwehrschlauch die Ableitung →

5 *Werk,* Nr. 5, 1955, S. 137–141
6 *Werk,* Nr. 1, 1960, S. 19–24
7 Jürgen Joedicke, Martin Schlappner: *Jakob Zweifel, Architekt. Schweizer Moderne der zweiten Generation,* Baden 1996, S. 49
8 Ebd., S. 64

Schwesternhochhaus Kantonsspital Glarus.
Jakob Zweifel, 1951–53
Vertikale Einpassung statt horizontaler Reihung.

Schwesternhochhaus Kantonsspital Zürich.
Jakob Zweifel, 1956–59
Wohnturm in Konfrontation mit dem Turm der Universität und der Kuppel der ETH.

Wohn- und Geschäftshaus im Seefeld, Zürich.
Jakob Zweifel und Heinrich Strickler, 1957–60

Elemente der klassischen Moderne: Pilotis, Bandfenster, Dachgärten.

«Place de Granit» von Bernard Schorderet im Sektor «Feld und Wald», Expo 64, Lausanne. Jakob Zweifel, 1964
Ausdruck des Provisorischen mit einfachsten Elementen: Pfahl und Segeltuch.

Sektor «Feld und Wald», Expo 64, Lausanne.
Jakob Zweifel, 1964
Analogie zu an Stangen hängenden Heutüchern.

ened small country in war-time), on the other, they called upon legitimization from afar—from Frank Lloyd Wright, where Werner Moser had worked for some time. Zweifel, however, with his white, severe cuboids
← streaked with seven bands of windows represents a different school—i.e. that of the early Le Corbusier.

In the same years he uses several elements in the residential and office building at the Seefeldstrasse in Zurich that echo Le Corbusier's Unité d'habitation in Marseille 1947–52: the Pilotis in the entrance hall, the band window in the first floor, the combination of penthouses with roof gardens.

Nevertheless, the task of managing the section "Field and Forest" for the Expo 64 in Lausanne opened decisive new horizons. At forty he is allowed to design one of the most beautiful shore landscapes on Lake Geneva. He enjoys being among the French Swiss. He cherishes the collaboration with Alberto Camenzind. These happy circumstances have a relaxing and loosening effect: he discovers the provisional. Of all places, it is the section "Field and Forest"—where we would expect ponderousness and permanent solidity—which Jakob Zweifel manages with the simplest means (posts and sail-cloth) to turn into an overwhelming improvisation.

← The "Place de Granit", for instance, in spite of its pathetic name and theme, is experienced as light, loose, and completely relaxed. The architect explains this as follows: "a childhood memory of holidays in the mountains sparked off the idea... a forest full of high strong posts... gigantic hay-cloths, as used by the farmers to collect the hay [on steep slopes], spanned between them."[8] These two elements, posts and hay-cloth or canvas, sufficed. The hay-cloth is turned into a sail and—according to the then novel thesis of Frei Otto—each point of this sail is stretched in two directions. This results in the most light-footed exhibition halls I have ever seen, with roof surfaces that are pulled down in the middle to collect the rain which is
← discharged by a fire-hose. Jakob Zweifel recalls his post-and-canvas-ballet with pride: "A concept that followed no architectural precedent."[9]

I have described this post-construction in some detail because I am convinced that this was the prerequi-
→ site for his greatest task: the master plan and the construction of the first stage of the Ecole polytechnique fédérale in Lausanne 1970–82.

Why mention the design of a national exhibition in connexion with the building of a technical university? Both have the basic formula in common "Ce n'est que le provisoire qui dure" (nothing is as permanent as the provisional). For such a school scientific research signifies the transition from one temporary state to the next. Researchers themselves would most probably subscribe to this observation more easily than architects building for researchers. In the extension of the ETH in Zurich on the Hönggerberg, for instance, the responsible architects from A. H. Steiner to Mario Campi (with the laudable exception of Benedikt Huber with his two timber buildings) have not bothered to try to express either in planning or architecture the flexible, workshop-like and ever changing character of research.

Nurses' Highrise Building of the Cantonal Hospital, Glarus.
Jakob Zweifel, 1951–53
Vertical position instead of horizontal row.

Nurses' Highrise Building of the Cantonal Hospital, Zurich.
Jakob Zweifel, 1956–59
Residential tower confronting the tower of the University and the cupola of the ETH.

Residential and Office Building in the Seefeld, Zurich.
Jakob Zweifel and Heinrich Strickler, 1957–60

Elements of classical modernity: pilotis, band of windows, roof gardens.

"Place de Granit" by Bernard Schorderet in the section "Field and Forest", Expo 64, Lausanne. Jakob Zweifel, 1964
The provisional is expressed with the simplest means: posts and sail-cloth.

Section "Field and Forest", Expo 64, Lausanne.
Jakob Zweifel, 1964
Analogy to hay-cloths hanging on posts.

8 Jürgen Joedicke, Martin Schlappner. *Jakob Zweifel, Architekt. Schweizer Moderne der zweiten Generation* (Jakob Zweifel, Architect. Swiss Modernists of the Second Generation), Baden 1996, p. 64
9 ibid., p. 64

übernimmt. Mit Stolz resümiert Jakob Zweifel sein Pfahl-und-Blachen-Ballet: «Ein Konzept, das sich an keine architektonischen Vorbilder anlehnte.»[9]

Ich habe dieses Pfahlbau-Konzept für die Expo 64 etwas genauer beschrieben, weil ich überzeugt bin, dass es die Voraussetzung war für seine grösste Aufgabe: die Richtplanung und den Bau der ersten Etappe der Ecole polytechnique fédérale in Lausanne 1970–82. →

Was soll die Gestaltung einer Landesausstellung zu schaffen haben mit dem Bau einer Technischen Hochschule? Gemeinsam ist beiden die Grundformel «Ce n'est que le provisoire qui dure». Forschung bedeutet für eine solche Schule den Übergang von einem Provisorium ins nächste. Die Forscher selber würden vermutlich diesen Satz weit eher unterschreiben als Architekten, die für Forscher bauen. Auf dem Hönggerberg beispielsweise, der Aussenstation der ETH Zürich, haben die zuständigen Architekten von A. H. Steiner bis Mario Campi (mit der löblichen Ausnahme von Benedikt Huber mit seinen beiden Holzbauten) das Flexible, das Werkstatthafte, das Verwandlungsbereite jeglicher Forschung weder planerisch noch im architektonischen Ausdruck zu formulieren versucht.

Vor dieser Szenerie bleibt die bald 20 Jahre alte erste Etappe des Polytechnikums in Lausanne eine einsame Pioniertat. Das heute noch Überraschende von Zweifels erster Etappe sticht jedem in die Augen, der über die Vorstellung «Werkstatt» hinaus auch vom «Forschungszirkus» zu sprechen wagt, als einem Wanderunternehmen, das immer wieder seine Zelte abbrechen und neu aufbauen muss, weil seine Grundlagen sich dauernd verändern. Genau dies wird von Zweifel sichtbar gemacht. Assoziationen zu Bahnhöfen werden ausgelöst, neue Züge scheinen einzufahren, überall sind Freiräume ausgespart, nirgends wird Definitives beschworen oder beansprucht. So wird Forschung architektonisch eingeräumt und zugleich abgebildet als bewegter Geist und lebensvolles Zugreifen.

9 Ebd., S. 64

Max Adolf Vogt (*1920) studierte Kunstgeschichte, klassische Archäologie und Germanistik, war von 1950–60 Redakteur für das Kunstressort bei der *Neuen Zürcher Zeitung,* 1961–85 Professor für Kunstgeschichte an der ETH Zürich. Veröffentlichungen u.a. über Karl Friedrich Schinkel, Revolutionsarchitektur und Le Corbusier.

Ecole polytechnique fédérale, Lausanne. Arbeitsgruppe um Jakob Zweifel, 1970–82
Flexibilität als Wesenszug der Forschung.

On this background, the almost 20 year old first stage of the Federal Institute of Technology in Lausanne remains a singular, pioneering achievement. What is still surprising in Zweifel's first stage is obvious to everyone who, beyond the "workshop" concept, dares to speak of "research circus", understood as a nomadic enterprise that continuously puts up and strikes its tents because of permanently changing conditions. This is precisely what Zweifel makes evident. We associate railway stations. New trains seem to arrive, everywhere gaps are left open, nowhere are we confronted with anything definite. Research is, thus, architectonically installed and at the same time depicted as a quick spirit and a hive of industry.

Translated from the German by Christian P. Casparis

Ecole polytechnique fédérale, Lausanne. Jakob Zweifel et al., 1970–82
Flexibility is the nature of research.

Max Adolf Vogt (*1920) studied the history of art, classical archaeology and German. 1950–60: editor of the art section of the *Neue Zürcher Zeitung;* 1961–85: professor of art history at the ETH Zurich. Publications include works on Karl Friedrich Schinkel, revolution architecture and Le Corbusier.

Ich habe die Zeit und den Ort, um die es hier geht, während meiner Kindheit erlebt, also intensiv und mit eigenen Sinnen. Zu den Sinneseindrücken gehören auch einzelne Äusserungen meines Vaters über die neu um uns herum entstehende Architektur. Er arbeitete als Architekt in einem namhaften Zürcher Büro, der Architektengemeinschaft Haefeli, Moser, Steiger, die in ihren jungen Jahren, vor dem Krieg, zu den wichtigsten modernen Architekten gehört hatten. Was mit Architektur zusammenhing, hatte einen grossen und direkten Einfluss auf mich. Das Architekturgeschehen im damaligen Wohnquartier ist einer der tiefen Eindrücke der Kindheit. Ich sah in der gleichen Strasse fast gleichzeitig Neubauten entstehen und hörte unbekannte Frauen im Gespräch an der Strassenecke sich staunend über die lebhafte Bautätigkeit äussern. Da mein Vater mir aus seinem Büro bisweilen überholte Studienmodelle nach Hause brachte, hatte ich das Privileg, nicht nur von aussen und mit den Augen des Laienpublikums auf die Architektur zu blicken, sondern mindestens Streifblicke ins Metier selber zu geniessen. Eines dieser Modelle, das dadurch zu meinem Spielzeug wurde, war das Werkstattgebäude des Europäischen Kernforschungszentrums CERN in Genf, das mich mit seinem nach innen gekehlten Dach sehr beeindruckte. Diese Form war Ausdruck eines architektonischen Zukunftsgeistes (den ich als Achtjähriger auch so las), der die gesellschaftliche Zuversicht in die Nuklearenergie ausdrückte (über die ich damals noch nichts wusste).

Wir wohnten damals im Zürcher Seefeld-Quartier. Wenige Meter von unserer Wohnung entfernt wuchs 1959 das Wohn- und Geschäftshaus Seefeldstrasse 152 empor, von dem ich damals zwar nicht den Architekten → 186 Jakob Zweifel *1921 kannte, aber den Bauherrn, dessen Tochter und Enkel. Im Vorgängerbau, ihrem Wohnhaus auf demselben Grundstück, war ich ein- und ausgegangen. Es war ein dreigeschossiges Haus mit historistischem Garten gewesen (Vorfahrt, innenliegende Blumenrabatte, gegen die Strasse von Buchsbaumhecken abgeschlossen) und mit einem Waschhaus; es muss etwa gleichzeitig mit unserem Schulhaus gleich gegenüber, Baujahr 1853, errichtet worden sein. Das Seefeld war in der Biedermeierzeit eines der wichtigsten Stadterweiterungsgebiete, nachdem das alte Zürich nach 1850 seine mittelalterliche Umwallung überschritten hatte. Auf dem rechten Zürichseeufer und seeaufwärts von der Altstadt gelegen, war es ein flaches Gebiet, das im 19. Jahrhundert mit einem rechtwinkligen Strassenraster erschlossen wurde. Hundert Jahre später waren die Neubauten von ehedem alt und unrentabel geworden und wurden in grosser Zahl ersetzt. Diese Entwicklung war in der zweiten Hälfte der 50er Jahre in vollem Gang. Nach der fast fünfzehnjährigen Zwangspause im Bauen, nach der Wirtschaftskrise und nach den Jahren des Krieges – wo auch in der von Kriegszerstörungen ganz verschonten Schweiz nur sehr wenig gebaut wurde – setzte um 1950 eine intensive Bautätigkeit ein. Die langen Jahre der immer rascher in Fahrt kommenden Konjunktur hatten begonnen (die um 1964 in die Phase einer Überhitzung eintrat und erst mit dem Erdölschock von 1973 ein Ende fand). Die Wirtschaftkrise, von der die Eltern erzählten, versuchten wir uns vorzustellen und konnten sie letztlich doch nur als Vergangenheitsphänomen zur Kenntnis nehmen.

Plastobeläge
Dätwyler

A ZURICH CHILDHOOD
AMONG NEW ARCHITECTURE

Claude Lichtenstein

Diese FRANKE-Küche entspricht genau meinen Bedürfnissen!
Warum?

The advertisements originate from issues of the magazine
Bauen + Wohnen between 1957 and 1962.

I experienced the time and the place I am writing about during my childhood, thus intensively and directly with my own senses. My sensory impressions of the time also include occasional remarks by my father about the new architecture that had sprung up around us. He worked as an architect with the renowned Zurich firm of Haefeli, Moser and Steiger, who in their young years before the war counted among the leading modern architects. Everything to do with architecture had a great and immediate influence on me, and my experience of the architecture in the neighbourhood where I grew up was one of my deepest childhood impressions. I saw new buildings being constructed in the same street at almost the same time, and I saw women standing on street corners and marvelling at the bustling building activity. As my father was in the habit of bringing home the studio models that were no longer needed, I was privileged in being able to get at least glimpses of the métier itself to complement my layman's observations. One of these models, which became one of my favourite toys, was of the workshop of CERN, the European Organisation for Nuclear Research in Geneva, which greatly impressed me with its roof like a gabled roof in reverse, sloping inwards with the lowest point in the centre. This structure was an articulation of the future-orientated architectural spirit (which I correctly interpreted at the age of eight) that expressed the prevailing social confidence in nuclear energy (about which I knew nothing at the time).

In those days, we were living in the Seefeld district. In 1959, the commercial and residential building Seefeldstrasse 152 was constructed only a few metres from our home. At the time, although I was not yet personally acquainted with the architect Jakob Zweifel, I did know the owner of the building and his daughter and grandson, and I was a frequent visitor to the house that had formerly occupied the site. It was a three-storey building with a historic garden, closed off from the road by a beech hedge, with a drive and a herbaceous border, and a washhouse; it must have been built about the same time as our school on the opposite side of the road, which was constructed in 1853.

During the Biedermeier period, Seefeld was one of Zurich's most important urban extension districts after the old Zurich had outgrown its medieval walls after 1850. The neighbourhood was located on the right shore of Lake Zurich, on a flat area of land uplake from the Old Town, accessed in the 19th century by a right-angled grid of streets. One hundred years later, the former new buildings had grown old and unprofitable and many of them were replaced, a development that was in full swing in the second half of the 1950s. After the fifteen years of enforced pause in building that followed the economic crisis and the war, when very little building went on even in intact Switzerland, a period of intensive building activity began around 1950. The long years of the constantly accelerating economic boom had begun (which entered a frenetic phase around 1964 and only came to an end with the oil shock of 1973). We tried to imagine the economic crisis about which my parents spoke, but we were only able to comprehend it as a phenomenon of the past.

186 >

Um 1950 war die «moderne» Architektur in der Schweiz Standard geworden. Der Kulturkampf der 20er Jahre war längst zugunsten der Innovation entschieden. Zugunsten einer Innovation von rechter Schweizer Art allerdings. Eine völkische Baupolitik hatte es in der Schweiz nicht gegeben, sondern die «demokratische» Ausmittlung von Eigenschaften aller Art, so auch von Innovation und Tradition. Der Hauptstrom der neuen Architektur nach 1950 in der Schweiz war vorsichtig-modern und vermied jede Provokation. Max Frisch 1911–91, bekanntlich selber Architekt, hat sich in seinem Aufsatz «Cum grano salis»[1] 1953 darüber kritisch und treffend geäussert.

EIN QUARTIER PUTZT SICH HERAUS

In unserer Umgebung entstanden nun eine Vielzahl «moderner» Wohnhäuser mit Mietwohnungen, Bauten, die den sogenannten Heimatstil überwanden. Es gab darunter sehr banale Muster, Häuser mit regelmässig gereihten Fenstern in glattem Verputz von Aprikosenfarbe; mit Walmdach aus massiven Ziegeln, mit Balkonen, deren Brüstungen aus hell gestrichenem Wellblech bestanden, Häuser hinter Vorgärtchen, die mit einem Zaun aus kniehohen gekreuzten Holzstaketen vom Trottoir abgetrennt waren; Häuser mit Eingangstüren aus geriffeltem Glas und einem gekröpften Messingrohr mit schwarzem Kunststoffgriff (oder mit einem konkaven Metallteller) als Drücker, Hauseingänge mit unregelmässig gebrochenen granitenen Trittplatten und eingelassenem Scharreisen, Eingangsnischen, hinter denen ein Treppenhaus in zartgrünem Kunststein lag, Wohnungen in den Obergeschossen mit einem vorstehenden Blumenfenster im weiss gestrichenen Betonrahmen – wer sich in der Architekturgeschichte einigermassen auskennt, ist imstande, das Baujahr fast aller Häuser mit geringen Abweichungen zu erraten. Nun, auch diese keineswegs aufregenden Häuser galten als modern (oder im Volksmund: «neumodisch»), denn sie waren verhältnismässig hell, leicht sauber zu halten und ordentlich ausgestattet. Zentralheizung war ihnen selbstverständlich, wogegen die Altbauten noch Zimmeröfen aufwiesen, und die Küchen waren, wenngleich noch keine richtigen Einbauküchen (Kochherd und Kühlschrank waren meist freistehend), so doch neuzeitlich: sie besassen einen Boden aus Linoleumplatten, hatten Hängeschränke und suchten ihre flächenmässige Kleinheit mit praktischer Benutzbarkeit wettzumachen. Die Badezimmer waren mit geräuscharmen Apparaturen ausgestattet, mit Mischbatterie, Stöpselventil und Opalglasleuchte. Diese Wohnungen waren zumeist konventionell möbliert, wobei ihre Konfektionierung oft schon im Grundriss angelegt war, der wenige Möglichkeiten offenliess. Der wichtigste Raum (jener mit dem Blumenfenster) war das Wohnzimmer (meist «Stube» genannt, obwohl er keinen Ofen – stove – enthielt) mit der obligaten Polstergruppe und dem Essplatz für besondere Gelegenheiten. Unter der Woche pflegten Familien des unteren Mittelstands in der Küche zu essen. Auch junge Familien, wenn sie nicht ganz bewusst gegen die Konvention verstossen wollten, waren in der Regel mit Fabrikmöbeln aus dunklen Hölzern eingerichtet, was Tradition vermittelte; helle Hölzer wie

1 Max Frisch: «Cum grano salis. Eine kleine Glosse zur schweizerischen Architektur», erstmals publiziert in: *Werk*, Nr. 10, 1953, S. 325–329

Around 1950, "modern" architecture in Switzerland had become the norm. The cultural battle of the 1920s had long since been settled in favour of innovation—albeit a very Swiss kind of innovation. Lacking a national building policy, Switzerland favoured a "democratic" use of qualities and characteristics of all kinds, including both innovation and tradition. The mainstream of the new architecture in Switzerland after 1950 was cautiously modern and avoided appearing provocative. Max Frisch 1911–91, himself an architect, expressed some trenchantly critical views on this subject in his essay "Cum grano salis"[1] in 1953.

A NEIGHBOURHOOD GETS SMARTENED UP

In our neighbourhood, a plethora of "modern" apartment buildings soon ousted the so-called "Heimatstil". There were some very banal examples among them: houses with regular rows of windows in smooth, apricot-coloured plaster; hipped roofs with massive tiles, balconies with brightly painted corrugated iron parapets, houses with front gardens separated from the pavement by knee-high crossed timber picket fences; houses with structured glass front doors, S-shaped brass pipes and black plastic or concave metal door handles, irregularly broken granite door steps, bootscrapers set in niches, delicate green artificial stone staircases leading up from small lobbies, apartments on the upper floors with projecting flower windows with white painted concrete frames—anyone who is more or less familiar with architectural history will be able to guess the construction year of nearly all the buildings. However, all these unexciting houses were regarded as "modern" (or, popularly called "neu-modisch"), for they were comparatively light, easy to clean and well equipped. Central heating was accepted as a matter of course, whereas many of the older buildings still had stoves, and the kitchens were, if not real built-in kitchens (the stove and refrigerator were usually still free-standing), they were at least up to date, with linoleum tiled floors and hanging cupboards, their practical serviceability compensating for their small dimensions. The bathrooms were equipped with quietly operating apparatus, with mixing taps, plug vents and opaline lamps. Most of the apartments were conventionally furnished, and their installations were usually determined by the floor plan which left but few options open. The most important room (the room with the flower window) was the living room (generally known as the "Stube" although it did not contain a stove), with the obligatory three-piece suite and the dining nook for special occasions. During the week, lower middle-class families usually had their meals in the kitchen. Even young families, unless they were making a deliberate effort to defy convention, were generally equipped with factory-made furniture in dark wood, which was supposed to make a traditional impression; light wood such as birch or maple was rare. Good Swiss furniture included standard lamps with chiselled, screw-shaped shafts, batted and buttoned upholstered furniture, cupboards with cut-glass sliding doors, club tables with mosaic insets, and indoor plants. Furniture was for life; it was costly and therefore prestigious. In those days, the possession of a television set was inevitably connected with visits

1 Max Frisch: "Cum grano salis. Eine kleine Glosse zur schweizerischen Architektur", published for the first time in: *Werk,* No. 10, 1953, p. 325–329

Birke oder Ahorn waren selten. Gutschweizerische Einrichtungsstücke waren etwa: Stehleuchten mit schraubenförmig gedrechseltem Schaft, Polstermöbel mit Kapitonierung, Vitrinen mit geschliffenen Glasschiebetüren, Clubtische mit Mosaikeinlage, Zimmerpflanzen. Einrichtungsstücke waren Stücke fürs Leben, banden erhebliche Mittel und waren entsprechend mit Prestige verbunden. Wer damals bereits einen Fernsehempfänger hatte, war ein Besuchsziel für Schulkinder, die am Mittwochnachmittag die Kinderstunde sahen; entsprechend wichtig war der Apparat aufgestellt und dominierte den Raum. – Wieviel hat sich in den vergangenen 40, 45 Jahren geändert? Mehr als man auf den ersten Blick meinen möchte. Der Unterschied liegt darin, dass sich im Lauf eines jahrzehntelangen Prozesses erst mit IKEA usw. ein offeneres, weniger kodifiziertes Wohnen verbreitet hat, ein Wohnstil nicht bloss von des Architekten Gnaden, und dass dadurch auch die Entscheidung, modern sein zu wollen, um ihren verschwörerischen Trotz und um das Gesinnungspathos im Kreis der bereits Eingeweihten erleichtert worden ist.

ANPROBIEREN NEUER THEMEN

Von diesen Miethäusern mit den typischen 3- oder 4-Zimmer-Wohnungen für Kleinfamilien des unteren Mittelstandes unterschieden sich einige Bauten in unserer nächsten Umgebung. Bei einem von ihnen (an der Baurstrasse) handelte es sich um ein Laubenganghaus mit Kleinwohnungen für Ein- oder Zweipersonenhaushalte. Mit seiner geradlinigen Form, einem echten Flachdach, mit seinem hellgrünen Verputz und den hellgelb gestrichenen Deckenstirnen der Aussengänge wirkte es zukunftsoffener als die meisten konventionellen Blocks; die offenliegenden, mit vertikalen Metallstäben gesicherten und gerade geführten Treppenläufe im Aussenraum durchbrachen die übliche strenge Scheidung in Aussen und Innen. Damit war es im vielleicht entscheidendsten Punkt «modern».

Vom Architekten Otto Glaus 1914–96 stammte ein neuer gehobener Wohnbau, der mit seiner Ausstattung aus dem Rahmen des Üblichen fiel. Auch er ein Block, viergeschossig, an einer ruhigen Quartierstrasse gelegen. Ein stattliches Volumen mit grosszügigem Eingangsbereich, der eigentlich eine Erschliessungs- →42 halle war. Die Rückseite des Hauses war, anders als in der Vergangenheit und anders auch als bei den kleinbürgerlichen neuen Wohnbauten, nicht die kargere Seite, sondern die überraschend besser ausgestattete: sie war in einen sanften Zickzack-Rhythmus versetzt, damit die formal besonders behandelten, tief herunterreichenden Fenster des Wohnzimmers sich der Nachmittagssonne zuwandten. Die Mauerbrüstungen unterhalb der Fenster waren mit dunklem Glas belegt. Am aufregendsten war aber die hauseigene unterirdische Parkgarage für die Autos der Bewohner, die von aussen unsichtbar unter der Rasenfläche des rückwärtigen Grünraums lag. Das war schon fast «Amerika». Um 1957 wurden im Kanton Zürich erstmals über 100 000 Privatautos gezählt (heute sind es achtmal mehr), und die starke Motorisierung wurde freudig begrüsst. Das eigene Auto war Indikator für Lebensstandard, und dieser war Synonym für Lebens-

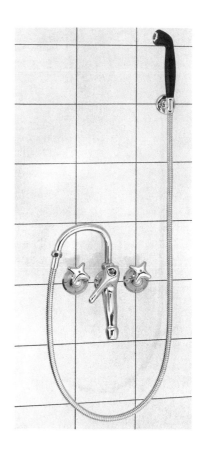

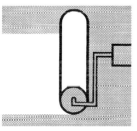

by school children to watch children's hour on Wednesday afternoons, and the television was placed in the most dominant place in the room. How much has changed in the past 40, 45 years? More than one might think at first glance. The difference lies in the fact that over the decades a more open, less symbolic style of living started to prevail, a lifestyle which was not simply determined by the architect, and to which furniture stores such as IKEA made a crucial contribution. The decision to adopt a modern way of life was relieved of its nimbus of emotionally charged conspiratorial defiance in the circle of the initiated.

TRYING OUT NEW THEMES

A few buildings in our immediate vicinity stood out among these typical 3- or 4-room apartments for small lower middle-class families. One of them (in Baurstrasse) was a gallery access house with small flats for one or two persons. With its straight linear form, genuine flat roof, pale green plasterwork and pale yellow painted ends of the exterior corridor roof slab, it made a more future-orientated impression than most conventional apartment houses; and the straight, exposed exterior staircases secured by vertical metal rods broke away from the usual strict separation of exterior and interior space—a crucial aspect of the claim to "modernity".

42→ Otto Glaus 1914–96 designed a sophisticated building that stood out by virtue of its superior fittings. It, too, was a block of flats, with four storeys, located in a quiet local road, an imposing volume with a generously conceived entrance area that was really a lobby. Unlike earlier buildings, and also unlike most new petit bourgeois residential buildings, the back of the house was unexpectedly well designed: it was staggered in a gentle zigzag rhythm so that the tall, low-set windows of the living room were turned towards the afternoon sun, and the wall parapets beneath the windows were covered with dark glass. But the most unusual thing was the building's own underground parking garage for the tenants' cars, situated under the lawn of the rear green area and invisible from outside. This was almost "America". Around 1957, over 100 000 private cars were counted in Canton Zurich for the first time; today, the total is eight times higher, and the high degree of motorization was welcomed enthusiastically. One's own car was a sign of a certain life standard, and this was a symbol of life quality. To see a car ascending the ramp leading from the underground garage of such an "apartment house" (this was written in neon letters on the façade) engendered in our post-war generation the longing for approaching adulthood.

Another new building was constructed in Alderstrasse only a few metres from Zweifel's residential and office building and completed around two years previously. I remember a Sunday visit to the raw structure with my father and his delight when he saw the free-standing, slightly curved wall, which evidently separated the living room from the corridor. Anyone who thought in terms of single right-angled rooms—and the new, socially acceptable 3- and 4- room apartments gave every reason to indulge in this automatism—was suddenly

qualität. Aus der unterirdischen Garage eines solchen «Apartment House» (so war es bisweilen in Leucht-schrift an der Fassade zu lesen) ein Auto die Rampe emporfahren zu sehen, liess in unserer Nachkriegs-generation den Wunsch nach baldigem Erwachsensein aufkommen.

Ein weiterer Neubau an der Alderstrasse wurde wenige Meter von Zweifels Wohn- und Geschäftshaus ent-fernt und etwa zwei Jahre zuvor errichtet. Ich erinnere mich an einen sonntäglichen Besuch des Rohbaus mit meinem Vater und sein Entzücken, als er eine freistehende leicht gekrümmte Wand sah, die augen-scheinlich den Wohnraum vom Korridor trennte. Wer in der Kategorie von einzelnen rechteckigen Räumen dachte – und die Neubautätigkeit der sozialverträglichen 3- und 4-Zimmer-Wohnungen bot jeden Anlass zu diesem Automatismus – stiess hier unversehens auf bekanntes, aber aus dem Blickfeld verschwundenes Anschauungsmaterial eines hedonistischen Lebens, das man als zeitgenössische Möglichkeit kannte, auch wenn diese nicht immer präsent war, die sich aber bei solcher Gelegenheit mit Leichtigkeit aktivieren liess. Auffallendstes Merkmal dieses Hauses waren die Balkonbrüstungen aus weiss gestrichenem, horizontal geschaltem Sichtbeton, die über die drei Obergeschosse mit vertikalen Flächen von gleicher Breite verbun-den waren. Diese Verbindungsflächen waren geschossweise versetzt angeordnet, sodass sie zusammen mit den Brüstungen eine Fläche definierten, aus der die Balkonöffnungen ausgestanzt erschienen. Bestimmte Bereiche der Brüstungen bestanden aus Drahtglas. Die betonierten Teile bildeten eine ausgewogen asym-metrische und dynamisierte Komposition. Da diese Balkonfront auch seitlich mit Wänden gerahmt war, handelt es sich eigentlich um eine Loggienfront. (Woher dieses Motiv stammt, ist unschwer zu bestimmen: von Le Corbusier, der sich mit der Unité d'habitation in Marseille 1953 ins Interesse der Architektenschaft zurückkatapultiert hatte und mit Ronchamp in eben diesem Moment den zweiten Coup landete, der ihm die Krone des einflussreichsten Impulsgebers der Schweizer Architektur bis nach seinem Tod brachte – und im übrigen dadurch den boomenden Kirchenbau problematisch prägte.)

VARIATION, PERMUTATION, DEKORATION – UND DARÜBER HINAUS

Die Fassadenkomposition an der Alderstrasse wirkte spontan freier und spielerischer, als sie in Wirklichkeit war. Genau diese spielerische Wirkung war die Absicht, die den Ton der Zeit traf. Es war in der gleichen Zeit, als die Wohnregale entwickelt wurden, mit denen man zuhause ein eigenes Arrangement aus Bücher-borden, Zeitschriftenhaltern, Vitrinen und Gefachen für dekorative Gegenstände aufbauen konnte. Die 50er Jahre sehen die Entwicklung von der getreuen Anwendung von klaren Prinzipien (Stützenraster, regelmässiger Fensterrhythmus, Steil- oder Flachdächer, Ornamentlosigkeit) zur Variations- und Modula-tionslust, die durch die Abwandlung eines Prinzips dieses zwar nicht unsichtbar macht, aber souveränisiert und dadurch die getroste Selbsteinschätzung der Architekten zum Ausdruck bringt: Wir beherrschen den Pflichtstoff, uns treibt die Möglichkeit an, mit der Kür zu zeigen, was in uns steckt. 1930 galt es zu beweisen,

confronted here by familiar but vanished evidence of the hedonistic life that they knew existed as a contemporary option if they were but to look hard enough. The most conspicuous things about this building were the balcony parapets constructed of white painted, exposed concrete with horizontal formwork, connected over the three storeys by vertical, identically dimensioned planes. These connecting elements were staggered storeywise, defining, in conjunction with the parapets, an area interspersed by seemingly punched-out balcony openings. Certain parts of the parapets consisted of wired glass. The concrete sections formed a balanced, asymmetrical and dynamic composition. Since the balconies were framed by side walls, this front was actually a loggia façade. (It is not hard to define where this motif originated: from Le Corbusier, whose Unité d'habitation in Marseilles 1953 had forcibly recaptured the interest of the architectural world, and whose chapel at Ronchamp landed a second coup which established him as Swiss architecture's most influential impulse-generator until his death—as well as having a somewhat problematic influence on the church construction boom.)

VARIATION, PERMUTATION, DECORATION—AND MORE

The façade composition in Alderstrasse seemed to be freer and more playful than it really was, and it was precisely this intentionally playful effect that complied with the mood of the period. It was at this time that the wall unit was developed, an item of furniture that enabled people to arrange their own individual combinations of bookshelves, newspaper holders, cupboards and niches for ornaments. The 1950s saw the development of the faithful implementation of clear principles (regular placement of supports and windows, flat and pitched roofs, lack of ornamentation) into experimentation with ornamentation and modulation which, while allowing the principle to remain visible in a modified form, created a commanding impression that made a convincing statement about the architects' self-confidence: we have gained mastery over the compulsory material, now we are free to show what we can do. In 1930, architects were trying to show that the new architecture could also have a human quality (and not be merely relentlessly correct and functional); it was time to show that it could also be gay and playful. Inhibitions about indulging in decoration were diminishing, and "originality" was an attribute with high social prestige. Originality was cheap to have, for example by turning the attic floor roof of a highrise building with a trapeziform ground plan round by 180 degrees. The architects devoted some time to thinking up ideas of this kind. This kind of originality was almost always recognisable as manipulation, as an effect for the general public to which the architects addressed their work quite as much as to the professional architectural world.

Jakob Zweifel's new building at Seefeldstrasse 152 grew into an impressive volume within a year. The site where I had previously spent so many hours at play was now an inaccessible building site. The scaffolding, which consisted of slender conifer tree-trunks covered with lengths of jute, concealed the new structure

Heisswasserspeicher rund und flach Einhausspeicher Küchenkombinationen mit Kessel, eisenverzinkt oder rostfrei

Accum AG   Gossau ZH

dass die neue Architektur auch menschlich sein kann (nicht nur unerbittlich richtig und zweckmässig); jetzt war es an der Zeit zu beweisen, dass sie auch fröhlich und spielerisch zu sein weiss. Die Angst vor dem Dekorativen war auf dem Rückzug, und «Originalität» war ein Attribut von hohem gesellschaftlichen Prestige. Originalität war wohlfeil zu haben, etwa dadurch, dass einem Hochhaus mit trapezförmigem Grundriss das Dach des Terrassengeschosses um 180 Grad verdreht aufgesetzt wurde. Auch mit solchen Einfällen verbrachten die Architekten ihre Zeit. Die Originalität, um die es hier ging, war fast immer als eine manipulative Handlung erkennbar; und zwar als Effekt für das breite Publikum, an das sie sich ebenso adressierte wie an die Architektur-Fachwelt.

Jakob Zweifels Neubau an der Seefeldstrasse 152 entwickelte sich innerhalb eines Jahres zu seinem beeindruckenden Volumen. Der Ort, wo ich zuvor viele Stunden lang gespielt hatte, war nun eine unzugängliche Baustelle. Das Baugerüst verdeckte das Neue für mich stärker als in den Fällen, wo ich den Ort nicht kannte; diese Gerüste bestanden damals noch aus schlanken Nadelholzstämmen, die mit Jutebahnen verhüllt waren. Von unserem gegenüberliegenden Schulhaus aus sahen wir das Haus emporwachsen. Auch hier, als das Gerüst gegen Ende der Bauzeit abgetragen wurde, enthüllte es etwas, was zuvor verborgen gewesen war. In diesem Fall war das Neue auch strahlend hell und hoheitsvoll: ein klarer Baukörper von straffer Flächigkeit, mit grossen Fensteröffnungen im Tragwerk aus Betonscheiben und grauen Kalksteinziegeln; die Fenster waren nicht bloss eingeschnitten, sondern waren wohlorganisierte Felder in den stolz aufragenden Fassaden, und Ingendahls Eingangsskulptur neben dem rahmenlosen Windfang zeigte allen, die einen Sinn dafür besassen, dass da ein urbanes Gebäude entstanden war, das von Kennerschaft in mancherlei Hinsicht kündete. Unter vielen Neubauten gab es in meiner Umgebung viel Bieder-Anständiges und noch immer einiges bemerkenswert Gelungenes. Eine Sonderstellung nimmt dieser Bau von landesweitem Rang ein. Das konnte ich vor über 40 Jahren noch nicht wissen. In dieser Beurteilung treffen sich nachmaliges Fachwissen und memoriertes Erleben.

Claude Lichtenstein (*1949), Architekt, Kurator am Museum für Gestaltung Zürich. Ausstellungen und Publikationen insbesondere zu Architektur und Design, u.a. O.R. Salvisberg (1985), Stromlinienform (1992, mit Franz Engler), Ferdinand Kramer (1991), Bruni Munari (1995, mit Alfredo W. Häberli), Luiggi Snozzi (1997), Gross&Klein (1997, mit Yves Netzhammer und Ralph Schraivogel), R. Buckminster Fuller (1999, mit Joachim Krausse). Dozent für Designgeschichte und -theorie an der Hochschule für Gestaltung und Kunst Zürich.

more completely in my eyes than scaffoldings did in places I did not know. We watched the building grow from our school across the road. When construction was completed and the scaffolding removed, it revealed something that had hitherto been concealed: the new building was radiantly light and majestic, a clean-cut volume with consistently planar surfaces, with large window openings in the supporting concrete slabs and grey limestone bricks; the windows were not merely incised, they were well-organised areas in the proudly soaring façades, and Ingendahl's sculpture by the entrance next to the unframed porch showed everyone who was able to recognise it that this was an urban building that bore witness to expertise on many levels. Many of the new buildings in my neighbourhood were decent and bourgeois, with just a few that were remarkably successful. This one, however, was to become known all over Switzerland—a fact that I had no way of knowing over forty years ago. This appreciation is a combination of future professional knowledge and remembered experience.

Translated from the German by Maureen Oberli-Turner

Claude Lichtenstein (*1949), architect, curator at the Museum for Art and design in Zurich. Exhibitions and publications, in particular on architecture and design, including O. R. Salvisberg (1985), Stromlinienform (1992, with Franz Engler), Ferdinand Kramer (1991), Bruni Munari (1995, with Alfredo W. Häberli), Luigi Snozzi (1997), Gross & Klein (1997, with Yves Netzhammer and Ralph Schraivogel), R. Buckminster Fuller (1999, with Joachim Krausse). Lecturer on the history and theory of design at the University of Art and Design, Zurich.

Schliesst die Architektur in der Schweiz nach 1945 an den Funktionalismus und die Sachlichkeit, auch Neues Bauen genannt, aus den 20er und 30er Jahren an? Nehmen die in der Zwischenzeit entstandenen Bauwerke, die durch ihre Harmonisierung und Vermenschlichung charakterisiert worden sind,[1] nehmen diese Werke eine Periode des Unterbruchs in der Kontinuität der Modernen Architektur ein?

FUNKTIONALISMUS IM SPIEGEL
DER ZEITSCHRIFT *BAUEN + WOHNEN*

Michael Hanak

EXPORTWARE ARCHITEKTUR

Anlässlich der «Schweizerischen Architektur-Ausstellung», mit der sich die Schweiz ab 1946 im Zeichen des Wiederaufbaus in verschiedenen Städten Europas präsentierte, hielt Hans Hofmann, Professor an der ETH, fest: «Dankbar anerkennen wir heute, dass das ‹Neue Bauen› eine fruchtbare Grundlage für die Entwicklung einer zeitgemässen Architektur geschaffen hat. [...] Wir haben in der Zeit des ‹Neuen Bauens› gelernt, eine Bauaufgabe zu analysieren, von innen nach aussen zu projektieren und vor allem die neuen Baumaterialien Beton und Stahl als formschaffende Materialien zu verwenden.»[2] Gemäss Hofmann fand während der Kriegsjahre in der Schweiz eine Korrektur, Ausreifung und Ergänzung der Grundlagen des Neuen Bauens statt.

In den folgenden Jahren fand die Schweizer Architektur international grosse Beachtung. «Es gibt wenig Länder, deren bauliches Schaffen in neuerer Zeit so viel Aufmerksamkeit erregt hat wie dasjenige der Schweiz»[3], vermerkte 1951 Hans Volkart, Professor in Stuttgart, in seinem Kompendium «Schweizer Architektur», in dem er dem nationalen Charakter des hiesigen Bauschaffens nachspührte. Die rasante → Entwicklung in den Nachkriegsjahren wird deutlich, vergleicht man Volkarts Publikation mit der nächsten Übersichtsdarstellung «Neue Schweizer Architektur» von Alfred Altherr, in der ebenfalls Erfolg und Vorbildlichkeit des nationalen Bauwesens betont werden.[4] Der epochale Sprung von den Vorzeigebauwerken aus → den 40er Jahren in ersterer zu denjenigen aus den Jahren 1956–64 in zweiterer ist offensichtlich. In den 40er Jahren dominierten Holz und Natursteinmauerwerk, Sprossenfenster und Satteldach, Grossbauten erhielten Rasterfassaden aufgefüllt mit Fenstern und Brüstungsfeldern. Ende 50er, Anfang 60er Jahre zeichnete sich ein Bild ab, das die drei Dezennien zuvor lancierten Topoi der Moderne nun zu verbreiten suchte: Wo das Flachdach nicht durchgesetzt werden konnte, wurden Pultdächer oder vielgestaltige, beispielsweise paraboloid geschwungene Dachformen gefunden. Wenn nicht Sichtbeton so wurde eine Stahl-Glas-Konstruktion bevorzugt. Eine geometrisierte Schlichtheit dominierte die Formen.

DIE ZEITSCHRIFT *BAUEN + WOHNEN*

Ein Spiegelbild des progressiven Bauwesens wirft die Zeitschrift *Bauen + Wohnen,* die ab 1947 in Zürich erschien. Sie trug nicht nur zur Linderung des Informationsmangels in jenen Jahren bei – Architekturbücher waren eher rar –, sie vertrat auch konsequent und kompromisslos eine moderne Haltung. Die Absicht war,

1 Martin Steinmann: «Auf der Suche nach einer Normalität», in: *Archithese,* Nr. 5, 1986, S. 15 ff.

2 Hans Hofmann: «Gedanken über die Architektur der Gegenwart», in: Hans Hofmann, Hermann Baur, Max Kopp: *Schweizerische Architektur-Ausstellung,* Köln 1948, S. 18 und 19

3 Hans Volkart: *Schweizer Architektur. Ein Überblick über das schweizerische Bauschaffen der Gegenwart,* Ravensburg 1951, S. 3

4 Alfred Altherr (Hrsg.): *Neue Schweizer Architektur / New Swiss Architecture,* Teufen 1965, S. VII

Buchumschlag Hans Volkart: *Schweizer Architektur. Ein Überblick über das schweizerische Bauschaffen der Gegenwart,* Ravensburg 1951
Exportware Schweizer Architektur: Aufmerksamkeit genossen – wie auf dem Buchumschlag ersichtlich – aufgelockert gestaffelte Wohnsiedlungen, hier von Cramer, Jaray & Paillard in Rekingen, oder moderate, bescheidene Schulpavillons, im Bild von Jacques Schader an der Eugen Huber-Strasse in Zürich.

Buchumschlag Alfred Altherr (Hrsg.): *Neue Schweizer Architektur / New Swiss Architecture,* Teufen 1965
Flachdach und Sichtbeton: Wiederaufnahme von Elementen der frühen Moderne und geometrisierte Schlichtheit.

FUNCTIONALISM AS REFLECTED
IN THE MAGAZINE *BAUEN+WOHNEN*

Michael Hanak

Did architecture in Switzerland after 1945 continue along the lines of the functionalism and objectivity, also known as Neues Bauen, from the 1920s and 30s? Did the buildings that emerged in the interim, which are distinguished by their harmonious and humane character,[1] represent a break in the continuity of modern architecture?

ARCHITECTURE—AN EXPORT ARTICLE

At the Swiss Architecture Exhibition, which was shown in a number of European cities and which was devoted to Swiss architecture from 1946 on in the context of reconstruction, Hans Hofmann, professor at the Federal Institute of Technology Zurich, stated that "today, we gratefully recognise that 'Neues Bauen' has provided a fertile basis for the development of contemporary architecture. [...] It has taught us to analyse building assignments, to project from the inside to the outside, and above all to use the new materials of concrete and steel as formative materials."[2] According to Hofmann, a correction, maturation and completion of the principles of Neues Bauen took place during the war years.

In the years that followed, Swiss architecture enjoyed great international esteem. "There are few countries whose architecture has recently attracted so much attention as that of Switzerland",[3] wrote Hans Volkart, professor in Stuttgart, in his compendium of Swiss Architecture, published in 1951, in which he traced the national character of Swiss building activities. The rapidity of post-war developments becomes clear when we compare Volkart's publication with the next overview of new Swiss architecture by Alfred Altherr, in which he, too, emphasised the success and exemplary nature of Swiss national architecture.[4] The epoch-making leap from the architecture of the 1940s shown in the former to that from between 1956 and 1964 in the latter is striking. During the 1940s, timber and quarry stone masonry, sash-bar windows and gabled roofs were predominant, and large buildings were equipped with grid façades with windows and parapets. At the end of the 1950s and the early 1960s, the architectural scene took a turn that seemed to be trying to propagate the topoi of modern architecture launched three decades previously: in cases where it proved impossible to use the flat roof, shed roofs or multi-shaped, for example paraboloid curved, roofs were introduced. The preferred materials were exposed concrete and steel-glass structures, and a geometrical simplicity was the prevailing form.

THE MAGAZINE *BAUEN+WOHNEN*

A mirror-image of the progressive architecture is provided by the magazine *Bauen+Wohnen* (*Building+Home*), which was first published in Zurich in 1947. It contributed not only to the relief of the dearth of information that was prevalent in those years—books on architecture were relatively rare—, it was also consistently and uncompromisingly dedicated to a modern approach. As stated in the first issue, the inten-

Book cover Hans Volkart: *Schweizer Architektur.*
Ein Überblick über das schweizerische Bauschaffen der
Gegenwart, Ravensburg 1951
Swiss architecture—an export article: as can be seen from the book cover, attention was attracted by staggered housing estates such as this one by Cramer, Jaray & Paillard in Rekingen, or moderate, modest school pavilions, here by Jacques Schader in Eugen Huber-Strasse in Zurich.

Book cover Alfred Altherr (ed.): *Neue Schweizer Architektur /*
New Swiss Architecture, Teufen 1965
Flat roof and exposed concrete: reintroduction of elements of modern architecture and geometrised simplicity.

1 Martin Steinmann: "Auf der Suche nach einer Normalität", in: *Archithese*, No. 5, 1986, p. 15 ff.
2 Hans Hofmann: "Gedanken über die Architektur der Gegenwart", in: Hans Hofmann, Hermann Baur, Max Kopp: *Schweizerische Architektur-Ausstellung*, Cologne 1948, p. 18 and 19
3 Hans Volkart: *Schweizer Architektur. Ein Überblick über das schweizerische Bauschaffen der Gegenwart*, Ravensburg 1951, S. 3
4 Alfred Altherr (ed.): *Neue Schweizer Architektur / New Swiss Architecture*, Teufen 1965, S. VII

wie die Startnummer ankündigte, die Leserschaft anhand neuerer Bauten aus dem In- und Ausland mit freier Grundrissgestaltung, neuen, industriell gefertigten Materialien usf. vertraut zu machen. Ursprünglich als Vierteljahresschrift geplant, erschien das Heft anfänglich unregelmässig; 1952 begann die regelmässige Folge mit sechs Ausgaben pro Jahr, ab 1956 erschien das thematisch gehaltene Heft monatlich. Schliesslich kam es 1980 zu einem Zusammenschluss mit der Zeitschrift *Werk,* der neue Titel lautet bis heute *Werk, Bauen + Wohnen.*[5]

Die ersten Nummern von *Bauen + Wohnen* suchten noch ihre eigenständige Form. Beim Start betreuten die beiden im Titel festgelegten Bereiche zwei Redaktoren: der Architekt Alfred Altherr 1911–72 und der Innenarchitekt Walter Frey. Bereits ab Nummer 3 übernahmen der Maler und Grafiker Richard Paul Lohse 1902–88 sowie der Architekt Jacques Schader *1917 die Redaktion, Altherr wurde Geschäftsführer beim Schweizerischen Werkbund (SWB).[6] Lohse entwickelte ein aussergewöhnlich klares, unverwechselbares Layout: Auf dem Umschlag lockten Titelschrift, wirkungsvoll eingesetzte Bilder und übersichtliche Inhaltsangaben. Intensive Farben, in Feldern einem Rastersystem folgend gruppiert, ergaben zuweilen richtiggehende konstruktive Bildordnungen. Im Heftinnern fällt die einheitlich strukturierte, ruhige Gestaltung mit vereinnahmenden, grossformatigen Schwarzweissfotos auf. Diese Art funktionaler Gebrauchsgrafik fand weltweit als «konstruktive Schweizer Grafik» oder «Swiss style» Beachtung. →38

Inhaltlich bewegte sich die Fachzeitschrift an der Front für Funktionalismus und Rationalismus. Insbesondere verteidigte sie die Auffassung respektive den Anspruch, dass die Verwendung im Innern eines Gebäudes in seiner äusseren Gestalt zum Ausdruck kommen sollte. Die Bauten wurden abschnittsweise in Kategorien wie «Aufgabe», «Lösung» und «Konstruktion» beschrieben, ein Schema, welches der Logik analytischen Denkens folgt. In den Baubeschrieben fielen Bezeichnungen wie Klarheit, Einfachheit, Ehrlichkeit und die architekturkritischen Beiträge kreisen um die Formel «form follows function». Durch die Auswahl der präsentierten Bauwerke wurde die Vorstellung einer fortschrittsgläubigen, amerikanisierten Welt gezeichnet, die der Architekt moralisch ernsthaft umzusetzen hat. Damit nahm *Bauen + Wohnen* manifesthafte Charakterzüge an – in der Tradition von Zeitschriften wie dem konstruktivistischen *ABC* 1924–28 oder dem CIAM-verpflichteten *weiterbauen* 1934–36.[7] Die gesamtgesellschaftliche Spannweite und den Konnex zu Kunst und Kunstgewerbe deckte jedenfalls das *Werk* ab – Organ der Berufsverbände BSA und SWB. Dieses Heft wurde indes unter Alfred Roth 1903–98, Redaktor von 1943 bis 1959, internationaler und bemühte sich ebenso um die Fortentwicklung der Moderne.

KONTINUITÄT DER MODERNE

Die revolutionären Ideen aus den 20er Jahren – der freie Grundriss, Funktionentrennung, Rationalisierung und Industrialisierung – hatten in der Schweiz während der 30er Jahre zumindest in einigen Musterbei-

---

5 *Bauen + Wohnen* erschien von 1947 bis 1979 und wurde von Adolf Pfau in Zürich herausgegeben. Zwischen 1947 und 1951 ist *Bauen + Wohnen* fortlaufend nummeriert, ab 1952 jahrgangsbezogen. Ab 1952 auch fortlaufende Paginierung, was den Wandel von der anfänglichen Publikumszeitschrift zur Fachzeitschrift verdeutlicht. Seit 1946 führte der Otto Maier Verlag in Ravensburg eine Zeitschrift und dem Titel *Bauen und Wohnen.* Wegen der zufälligen Gleichnamigkeit kam es zu einem jahrelangen Rechtsstreit, woraus schliesslich eine Verlagsgemeinschaft entsteht, welche auch eine – inhaltlich leicht veränderte – deutsche Ausgabe herausgab.

Vgl. Béla Stetzer: «Tektonik einer Architekturzeitschrift», in: Richard Paul Lohse-Stiftung (Hrsg.): *Richard Paul Lohse. Konstruktive Gebrauchsgrafik,* Ostfildern-Ruit 2000, S. 109–123
6 Die Redaktion von *Bauen + Wohnen* besetzten: Alfred Altherr und Walter Frey 1/1947 bis 3/1948; Jacques Schader 4/1948 bis 3/1954; Richard Paul Lohse ab 4/1948 bis 6/1955 (dieser auch Gestaltung ab 2/1948 bis 2/1956); Ernst Zietzschmann 1/1954 bis 8/1958; Franz Füeg 9/1958 bis 11/1961; dann wieder Ernst Zietzschmann bis 6/1967; später mit Jürgen Joedicke, der ab 7/1967 offiziell übernimmt.

7 *ABC – Beiträge zum Bauen,* Basel 1924–28, Reprint: Baden 1993; *weiterbauen* erschien 1934–36 in sechs Ausgaben, als Beilage der *Schweizerischen Bauzeitung.*

tion was to acquaint the reader with free ground plan designs and new, industrially produced materials etc. on the example of recent buildings in Switzerland and abroad. Originally planned as a quarterly publication, the magazine began by appearing at irregular intervals; in 1952, it started being published every second month, and from 1965 on the journal, then theme-orientated, was issued every month. Finally, in 1980, the publication merged with the magazine *Werk,* and the new title *Werk, Bauen + Wohnen* has remained until today.[5]

The first issues of *Bauen + Wohnen* were concerned with finding an independent form. At the beginning, the two areas mentioned in the title were the responsibility of two editors: the architect Alfred Altherr 1911–72 and the interior decorator Walter Frey. From the third issue on, the editorship was taken over by the painter and graphic designer Richard Paul Lohse 1902–88 and the architect Jacques Schader *1917, and Altherr was appointed general manager of the Swiss Werkbund (SWB).[6] Lohse's layout was unusually clear and distinctive: the cover bore the title, effectively arranged pictures and a clear table of contents. Intensive colours, grouped in a grid system, resulted in striking constructivist patterns. The inside pages were calmly and uniformly designed with arresting, large format black-and-white photographs. This kind of functional commercial art became internationally known as the "Swiss constructive graphic art" or
38→ "Swiss style".

The contents of the publication were dedicated largely to functionalism and rationalism. In particular, it supported the approach, or the demand, which postulated that the purpose for which the interior of a building is used should be expressed in its exterior design. Buildings were described, paragraph by paragraph, in terms of categories such as "purpose", "solution" and "construction"—a schema based on the logic of analytical thinking. Descriptions of buildings were peppered with expressions such as clarity, simplicity and honesty, and the architectural contributions revolved around the formula "form follows function". The choice of the works presented evoked the image of a progressively thinking, Americanised world with which the architect was obliged to engage in a serious moral discussion. Thus *Bauen + Wohnen* assumed a manifesto-like character, in the tradition of magazines such as the constructivist *ABC* 1924–28 and the CIAM-supported *weiterbauen* 1934–36.[7] Social aspects and architecture's connection with arts and crafts was the realm of *Werk,* the organ of the BSA and SWB professional associations which, under its editor Alfred Roth 1903–98, became increasingly international in character and was concerned with the development of modern architecture from 1943 to 1959.

THE CONTINUITY OF MODERN ARCHITECTURE

During the 1930s, the revolutionary ideas from the 1920s—free ground plan, separation of functions, rationalisation and industrialisation—underwent a somewhat over-meticulous implementation, at least in some

5 *Bauen + Wohnen* appeared between 1947 and 1979, published by Adolf Pfau in Zurich. The magazine was numbered between 1947 and 1951, from 1952 on only the year is noted. From 1952 on it was also continuously paginated, a fact that marked its change from a popular to a professional publication. In 1946 the Otto Maier Verlag in Ravensburg started publishing a magazine entitled *Bauen und Wohnen.* The coincidentally similar names led to a legal battle that went on for years and finally ended in a publishing co-operative that published a—contextually somewhat altered—German edition. Cf. Béla Stetzer: "Tektonik einer Architekturzeitschrift",

in: Richard Paul Lohse-Stiftung (ed.): *Richard Paul Lohse. Konstruktive Gebrauchsgrafik,* Octfildern-Ruit 2000, p. 109–123
6 The editors of *Bauen + Wohnen* were: Alfred Altherr and Walter Frey 1/1947 to 3/1948; Jacques Schader 4/1948 to 3/1954; Richard Paul Lohse from 4/1948 to 6/1955 (also graphic design from 2/1948 to 2/1956); Ernst Zietzschmann 1/1954 to 8/1958; Franz Füeg 9/1958 to 11/1961; then Ernst Zietzschmann again to 6/1967, later with Jürgen Joedicke, who took over the editorship in 7/1967.

7 *ABC – Beiträge zum Bauen,* Basel 1924–28, Reprint: Baden 1993; *weiterbauen* was published between 1934 and 1936 in six editions as a supplement to the *Schweizerische Bauzeitung.*

spielen eine penibel sorgfältige Umsetzung erlebt. Sie wirkten in veränderter Weise auch im folgenden Jahrzehnt weiter. Die feingliedrige, leichte und heitere Holzarchitektur der Ausstellungsbauten an der Landesausstellung von 1939 diente als Leitbild. Handwerkliche Ausgestaltung, das Spürbarmachen der Materialien und verharmlosende Rasterung blieben allgegenwärtig. Die Aufwertung der Details während der 40er Jahre setzte sich in der modischen Fünfzigerjahre-Architektur fort: Diese inszenierte Formensprache mit freigestellten Wendeltreppen, kannelierten Stützen, leichtfüssigen Vordächern usw., das ist es, was als Erinnerung an diese Zeit hängenbleibt.

Als Gegentendenz verlagerte sich um 1950 das Interesse einiger wieder stärker auf die Formvereinfachung und formale Regelstrenge in der Tradition der frühen Moderne. Und genau diese Tendenz greift *Bauen + Wohnen* auf. Viele der darin gezeigten Bauten weisen eine Einfachheit und Bescheidenheit auf, diese bestimmte lakonische Knappheit, ergänzt um ein amerikanisiertes Vokabular. Viele Eigenschaften zeigen Reminiszenzen an frühere Tage der Moderne. Orientierung boten die grossen Meister der ersten Generation der Moderne: Le Corbusier, Ludwig Mies van der Rohe, Walter Gropius. Diese suchten zu dieser Zeit selbst unter den veränderten Bedingungen an die Errungenschaften des Neuen Bauens und ihre frühere Radikalität anzuknüpfen.

Der rückblickende Bezug auf die 20er und 30er Jahre wird in den *Bauen + Wohnen*-Heften unterschwellig spürbar und gelegentlich explizit hergestellt. Beispielsweise in der Besprechung des Schulhauses Wasgenring in Basel 1953–55 von Bruno und Fritz Haller meinte Franz Füeg, der spätere Redaktor, es handle sich → um «das erste deutschschweizerische Bauwerk, das nach dem Einbruch der sentimentalischen Formen von Heimat- und ‹Landi›-Stil sich durchaus an die Qualitäten der Berner Gewerbeschule von Brechbühler und der Häuser von Breuer / Roth im Doldertal Zürich anzuschliessen vermag.»[8] Und nannte damit zwei Ikonen des Neuen Bauens in der Schweiz als Vorbilder.

DER NEUE FUNKTIONALISMUS

Die Theorie des Funktionalismus, die analytische Trennung der Funktionen von den Baugliedern bis zu Stadtteilen, lebte fort. «Ein Haus drückt keine Ideen aus, sondern erfüllt Funktionen»[9], hiess es in *Bauen + Wohnen.* Doch bereits in den ersten Nummern wehrte man sich gegen blinden Funktionalismus und die Klischees modernistischer Architektur.

Was aber bedeutet der richtige, wahre Funktionalismus für die damaligen Architekten, wie grenzt er sich gegen den «Bauwirtschaftsfunktionalismus» ab? Was unterscheidet «qualifizierten» von «defizientem» Funktionalismus?[10] Die Funktion ist kein genau definierter Begriff. Beim Diskurs, wie er sich in *Bauen + Wohnen* darstellt, ging es vielmehr um eine Grundeinstellung gegenüber Architektur. Mit Bezug auf den Philosophen Max Bense formulierte Redaktor Franz Füeg: «Das Bauwerk als ein Gegenstand der

Pavillonschule Wasgenring, Basel. Bruno und Fritz Haller, 1953–55
Asketische Disziplin, die an die Qualitäten des Neuen Bauens anschloss.
(aus: *Bauen + Wohnen,* Nr. 5, 1955, S. 310)

8 Gewerbeschule Bern von Hans Brechbühler (1935–39), Doldertalhäuser, Zürich, von Alfred & Emil Roth und Marcel Breuer (1932–36). In: *Bauen + Wohnen*, Nr. 5, 1955, S. 310
9 Felix Schwarz: «Betrachtungen zum individuellen Wohnhausbau», in: *Bauen + Wohnen*, Nr. 6, 1949, S. 3
10 Diese Differenzierung bei: Adolf Max Vogt: «Woher kommt Funktionalismus?», in: *Werk-Archithese*, Nr. 3, 1977, S. 30

examples, which continued in a changed form into the following decade. The finely fractionated, light and pale-coloured timber architecture of the exhibition buildings at the 1939 national exhibition served as a model. Craftsmanship, the emphasis on the tactile quality of the materials and a minimising grid system were omnipresent. The emphasis on detail during the 1940s continued in the fashionable architecture of the 1950s, whose staged formal language with free-standing spiral staircases, fluted columns, light-footed porches etc. remain outstanding in our recollections of the time.

As a counter-tendency, a few architects turned their attention back to the simplification of form and formal severity in the tradition of early modern architecture; and it was precisely this tendency that captured the interest of *Bauen + Wohnen*. Many of the buildings published in the magazine evidence simplicity and modesty, a specifically laconic conciseness complemented by an Americanised vocabulary, and many of their characteristics are reminiscent of earlier days of modern architecture. The orientation was towards the great masters of the first generation of modern architects: Le Corbusier, Ludwig Mies van der Rohe and Walter Gropius, who at this time were trying to continue along the lines of their former radicality and the achievements of Neues Bauen, even under the changed conditions.

The retrospective reference to the 1920s and 30s is subliminally perceptible in the *Bauen + Wohnen* ← issues, and sometimes even explicit. For example, in his review of the Wasgenring School in Basel 1953–55 by Bruno and Fritz Haller, Franz Füeg, later editor-in-chief, states that this was the "first German-Swiss building to succeed in following the qualities of the Bern Gewerbeschule by Brechbühler and the Breuer / Roth houses in Doldertal in Zurich after the intrusion of the sentimental forms of the 'Heimatstil' ('typically Swiss' style) and 'Landi' (national exhibition) style,"[8] thereby naming two icons of Neues Bauen in Switzerland as models.

THE NEW FUNCTIONALISM

The theory of functionalism, the analytical separation of functions in everything from parts of buildings to urban districts, continued. "A building does not express an idea, it fulfils a function",[9] (*Bauen + Wohnen*). Yet even in its first issues, the magazine dissociated itself to a certain extent from "blind" functionalism and the clichés of modern architecture.

But what did real, properly understood functionalism mean to the architects of the time, and how did they draw a line between that and the functionalism of the building economy trade? What is the difference between "qualified" and "deficient" functionalism?[10] Function is not a precisely defined concept, and the discourse in *Bauen + Wohnen* was dedicated to a basic approach to architecture rather than to a definition of functionalism. Referring to the philosopher Max Bense, editor Franz Füeg wrote: "The work of architecture as an object of technology emerges from a need and, with the help of technology, it develops into reality.

Wasgenring pavilion school, Basel. Bruno und Fritz Haller, 1953–55
Ascetic discipline that followed on from the qualities of Neues Bauen.
(from: *Bauen + Wohnen,* No. 5, 1955, p. 310)

8 Gewerbeschule Bern by Hans Brechbühler (1935–39), Doldertalhäuser, Zurich, by Alfred & Emil Roth and Marcel Breuer (1932–36). In: *Bauen + Wohnen,* No. 5, 1955, p. 310
9 Felix Schwarz: "Betrachtungen zum individuellen Wohnhausbau", in: *Bauen + Wohnen,* No. 6, 1949, p. 3
10 For this differentiation, see: Adolf Max Vogt: "Woher kommt Funktionalismus?", in: *Werk-Archithese,* No. 3, 1977, p. 30

Technik entsteht aus einer Notwendigkeit und wird mit Hilfe der Technik Wirklichkeit. Das Bauwerk als technisches Gebilde ‹bestimmt eine zusammenhängende Sphäre, in der jedes Seiende an einem notwendigen Platz ist und seine Funktion hat. Kein technisches Gebilde hätte als einzelnes einen Sinn, es existiert nicht, sondern funktioniert›.»[11]

Im Windschatten des Schlagwortes «form follows function» von Sullivan, das zuweilen auch sehr naiv angewandt wurde, entwickelte sich eine Auffassung von: Die Form stellt die Funktion dar. «Die übliche Definition des Funktionalismus», so Füeg, «ist unzureichend: die Form folgt nicht nur der Funktion, sondern die Form kann ebenso zu neuen Gebrauchsweisen und Konstruktionen führen. Die Einheit von Gestalt, Funktion und Konstruktion muss jede Zeit auf Grund veränderter Gegebenheiten neu finden.»[12] Jürgen Joedicke, der regelmässig in *Bauen + Wohnen* publizierte und im Laufe der 60er Jahre die Redaktion übernahm, ging noch etwas weiter: «Die Funktion beeinhaltet nicht nur die Form, sondern die Form beeinflusst ebenso unsere Auffassung von der Funktion. Das Verhältnis zwischen Form und Funktion ist also reziprok. Der Funktionalismus ist eine Gestaltungsmethode, er ist keineswegs auf eine bestimmte Formenkategorie festzulegen.»[13] Diese Auffassung von Form als Funktion der Funktion, wie es Julius Posener einmal zusammengefasst hat,[14] geht also weit über das hinaus, dass im Bauwerk Form und Funktion übereinstimmen müssen. Es geht letztlich um den Ausdruck von Funktionalität.

INTERNATIONALISIERUNG

Von der Schweizer Architektur ging in der Nachkriegszeit eine internationale Ausstrahlung aus. Andersherum bezog sie ihre Formenwelt zunehmend aus dem Ausland. Die Vorbilder stammten überwiegend aus Amerika, aber auch den skandinavischen Ländern und aus Deutschland; gerade in Deutschland richteten freilich viele ihren Blick ins kleine Nachbarland. Mit dem wirtschaftlichen Aufschwung und Fortschrittsglauben schritt die Amerikanisierung einher. Von der Kühnheit, Quantität und Dimension des Baubooms in Amerika ging eine unglaubliche Faszination aus. Grossstadtphänomene wie Parkierungsanlagen und Rolltreppen oder technische Errungenschaften wie Klimatisierung und die neusten Kücheninstallationen bildeten den Gesprächsstoff.

In *Bauen + Wohnen* spiegelt sich diese Situation exemplarisch. Die Zeitschrift orientierte sich am internationalen Vergleich und erschien dreisprachig *(Construction + Habitation, Building + Home).* Der in die USA emigrierte Mies van der Rohe war in den Heftnummern mit all seinen Projekten und ausgeführten Bauten omnipräsent. Von Skidmore, Owings & Merrill, kurz SOM, der damals grössten Architekturfirma der Welt, → wurden laufend die neuesten Werke publiziert, die den Mies'schen Geist fortführten. Ihr Lever House in New York 1952, ein Hochhaus mit perfektioniertem Curtain Wall, war Ausgangspunkt einer uniform in rostfreiem Stahl, Leichtmetall und Glas aufgelösten Architektur, die weltweit enorme Verbreitung fand. →

11 Franz Füeg zitiert Max Bense aus: Max Bense: *Aesthetica,* Stuttgart 1954, S. 27, in: *Bauen + Wohnen,* Nr. 9, 1960, S. 308
12 *Bauen + Wohnen* Nr. 9, 1960, S. 305
13 Jürgen Joedicke: «1930–1960», in: *Bauen + Wohnen,* Nr. 10, 1961, S. 366
14 Julius Posener, «Kritik der Kritik des Funktionalismus», in: *Werk-Archithese,* Nr. 3, 1977, S. 19

Titelseite *Bauen + Wohnen* Nr. 9, 1959
Mies van der Rohe, das grosse Vorbild einer reduzierten Stahl-Glas-Architektur.

Titelseite *Bauen + Wohnen,* Nr. 6, 1954

Titelseite *Bauen + Wohnen,* Nr. 1, 1959: Lever House in New York. Skidmore, Owings & Merrill, 1952 Der Curtain Wall in Stahl, Leichtmetall und Glas wurde internationales Vorbild der Geschäftshausarchitektur.

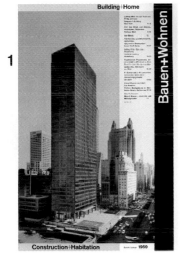

The work of architecture as a technical construction 'determines a coherent sphere in which everything has its necessary place and function. On its own, no technical structure would have any meaning; it would not exist, but merely function'."[11]

In the wake of Sullivan's well-known maxim "form follows function", which is sometimes used extremely naively, an approach developed that postulated that form represents function. "The usual definition of functionalism", says Füeg, "is inadequate: form does not merely follow function, it can also lead to new utilisations and constructions. The unity of design, function and construction must be newly discovered on the basis of changed circumstances."[12] Jürgen Joedicke, who was a regular contributor to *Bauen + Wohnen* and became its editor during the 1960s, went somewhat further: "Not only does function comprise form, form also influences our perception of function. The relationship between form and function is thus reciprocal. Functionalism is a design method; it cannot be tied down to any specific formal category."[13] This approach to form as a function of function, as Julius Posener once put it,[14] goes far beyond the postulate that form and function must agree in a work of architecture. When all is said and done, it is all about the expression of functionality.

INTERNATIONALISATION

Swiss architecture in the post-war years had an international influence. On the other hand, it acquired its formal language increasingly from abroad. Most of the models came from America, but also from the Scandinavian countries and Germany; and many German architects also fixed their sights firmly on Switzerland. The economic upswing and belief in progress went hand in hand with Americanisation. The boldness, dimensions and sheer quantity of the building boom in America had an incredible fascination. Metropolitan phenomena such as multi-storey car parks and escalators, technical achievements such as air-conditioning and the latest kitchen installations, provided endless topics for discussion.

Bauen + Wohnen reflected this situation to perfection. The magazine was concerned with international comparisons and appeared in three languages (*Construction + Habitation, Building + Home*). Mies van der ← Rohe, who had immigrated to the USA, was omnipresent in the journal with his projects and completed buildings. The latest works by Skidmore, Owings & Merrill, abbreviated to SOM, which was at the time the world's largest firm of architects, were continuously being published, carrying on in the spirit of Mies van der Rohe. Their Lever House in New York 1952, a high-rise building with a perfected curtain wall, was the start-← ing point of a uniform kind of architecture orchestrated in stainless steel, light metal and glass which became popular all over the world.

This was countered by lightweight, pavilion-like residential buildings by other progressive American architects such as Marcel Breuer, Richard Neutra, and Craig Ellwood, to mention but a few. The new living style

Cover page *Bauen + Wohnen*, No. 9, 1959
Mies van der Rohe, the great pioneer of reduced steel and glass architecture.

Cover page *Bauen + Wohnen*, No. 6, 1954

Cover page *Bauen + Wohnen*, No. 1, 1959: Lever House in New York. Skidmore, Owings & Merrill, 1952
The curtain wall in steel, light metal and glass became an international model for commercial building architecture.

11 Franz Füeg quoting Max Bense from: Max Bense: *Aesthetica*, Stuttgart 1954, p. 27, in: *Bauen + Wohnen*, No. 9, 1960, p. 308
12 *Bauen + Wohnen* No. 9, 1960, p. 305
13 Jürgen Joedicke: "1930 – 1960", in: *Bauen + Wohnen*, No. 10, 1961, p. 366
14 Julius Posener: "Kritik der Kritik des Funktionalismus", in: *Werk-Archithese*, No. 3, 1977, p. 19

Dem gegenüber standen die leichten, pavillonartigen Wohnhäuser weiterer progressiver amerikanischer Architekten wie Marcel Breuer, Richard Neutra, Craig Ellwood, um nur die meistpublizierten herauszugreifen. Meist in Stahlskelett mit Flachdach ausgeführt, kennzeichnet eine offene Grundrissgestaltung und der Bezug zum Aussenraum, bewerkstelligt mittels grossflächiger Glasfronten, das neue Wohngefühl dieser Häuser. Aus der Naturverbundenheit heraus wurden neue Gebäudetypen wie Hof- oder Terrassenhäuser entwickelt.

Aus Deutschland kamen Beispiele, welche den Einfluss der beiden amerikanischen Richtungen belegen, von Architekten wie Otto Apel, Friedrich Wilhelm Kraemer, Paul Schneider-Esleben u.a., unter denen die leichten Glaskonstruktionen eines Egon Eiermann oder Bernhard Pfau hervorstechen. In der Zeit des Wiederaufbaus bauten sie etliche disziplinierte Verwaltungsgebäude und Schulhäuser, am anderen Ende der Skala standen radikale Wohnhäuser, mit Flachdach und Glasfassaden. Musterstücke geben die Eigenheime der Architekten Sep Ruf am Tegernsee 1952–55 oder Hans und Traudl Maurer in Obermenzing bei München 1955; handelt es sich bei ersterem um eine subtile, mit viel Holz ausgeführte, flache Hausanlage, so zeigt letzteres eine totale Umsetzung des «plan libre» über strengem Quadratraster, mit minimierter Umhüllung.[15]

Die skaninavischen Länder, die mit einer späten, sinnlicheren Moderne grosse Beachtung gefunden hatten, schwenkten nun ebenfalls auf die rationalistisch-funktionalistische Linie ein. Vorab in Dänemark und Finnland entstanden epochale Bauwerke, die eine erneute Ausrichtung auf Skandinavien auslösten. Allen voran stand Arne Jacobsen, *Bauen + Wohnen* zeigte regelmässig seine neusten Bauten, die sich in jenen Jahren u.a. durch äusserst feine, wohlproportionierte Vorhangfassaden auszeichneten.

Die neue Architektur, die sich Einfachheit, Einheitlichkeit und Ehrlichkeit aufs Banner geschrieben hatte, kannte keine nationalen Grenzen. Das Blickfeld weitete sich gar auf Südamerika und Australien aus. Spätestens ab Mitte 50er Jahre machte sich der japanische Einfluss bemerkbar. Nicht nur, dass nun aktuelle Beispiele aus Japan, beispielsweise von Kenzo Tange, vorgestellt wurden, auch die traditionellen japanischen Architekturwerte boten adäquate Orientierungshilfe: Askese, Schlichtheit, Masssystem.

... IN DER SCHWEIZ

In der Schweiz kam vor allem durch Wettbewerbe eine jüngere, eigenständige Generation zum Zuge: Ernst Gisels Theater Grenchen 1949–55, Jacques Schaders Schulhaus Freudenberg in Zürich 1954–60, Max Schlups →154 Kongresshaus Biel 1957–66, Franz Füegs Kirche Meggen 1960–66 wurden in *Bauen + Wohnen* beispielhaft →136 besprochen.[16] Es waren dies grosse öffentliche, in Dimension und Komplexität neuartige Bauaufgaben. Ansonsten hatte die Zeitschrift eher Mühe einheimische progressive Bauten zu präsentieren.

15 *Bauen + Wohnen*, Nr. 6, 1956, S. 194–199 und
Bauen + Wohnen, Nr. 3, 1957, S. 74–77
16 *Bauen + Wohnen*, Nr. 11, 1951, S. 17; *Bauen + Wohnen*, Nr. 9,
1960, S. 324–350; *Bauen + Wohnen*, Nr. 2, 1966, S. 67–68;
Bauen + Wohnen, Nr. 12, 1966, S. 455–465

Einfamilienhaus Ruf, am Tegernsee, Oberbayern.
Sep Ruf, 1952–55
Dem landschaftsbezogenen Flachdachbau ging ein zwei Jahre dauernder Kampf mit den Behörden voraus.
(aus: *Bauen + Wohnen*, Nr. 6, 1956, S. 196)

represented by these buildings, most of them constructed with a steel frame and a flat roof, was characterised by large glazed surfaces, open ground plans and ground-level connections to exterior space. Closeness to nature engendered new types of building such as courtyard and terrace houses.

Germany was also affected by the influence of the American style, as was evident in the work of architects such as Otto Apel, Friedrich Wilhelm Kraemer, Paul Scheider-Esleben etc., among which the light glass constructions of architects such as Egon Eiermann and Bernhard Pfau stand out. During the post-war reconstruction period, they built numerous disciplined administration buildings and schools, with radical residential buildings with flat roofs and glass façades at the other end of the scale. Two prime examples were the owner-occupied houses by the architects Sep Rup on Tegernsee 1952–55 and Hans and Trudl Maurer in Obermenzing near Munich 1955; the former is a subtle, flat complex constructed mainly of timber, whereas the latter is a complete implementation of the "plan libre" with a strict square grid and minimised
← envelope.[15]

The Scandinavian countries, which attracted attention with a later, more sensuous kind of modern architecture, now also veered towards the rationalist-functional direction. At first in Denmark and Finland, epoch-making buildings emerged which triggered a renewed interest in Scandinavia. This was headed by Arne Jacobsen, whose most recent works were regularly published in *Bauen + Wohnen,* buildings that were distinguished among other things by extremely fine, well-proportioned curtain-wall façades.

The new architecture, which was dedicated to simplicity, uniformity, and honesty, knew no nationalistic borders. The field of vision spread even to South America and Australia. In the mid-fifties at the latest, the Japanese influence became evident, due not only to new architecture in Japan, for example by Kenzo Tange, but also because the traditional Japanese architectural values provided some appropriate aids to orientation: asceticism, simplicity and dimensional system.

... IN SWITZERLAND

In Switzerland, it was above all through competitions that a younger, independent generation came into its
154→ own: Ernst Gisel's theatre in Grenchen 1949–55, Jacques Schader's Freudenberg school in Zurich 1954–60,
136→ Max Schlup's Congress house in Biel 1957–66, Franz Füeg's church in Meggen 1960–66 were all reviewed in *Bauen + Wohnen.*[16] These were large-scale public commissions, innovative in complexity and dimensions. Without them, the magazine might have had difficulty in finding enough examples of progressive Swiss architecture.

The technoid formal language of the American steel-glass architecture was relatively slow to catch on in Switzerland. The Riesbacherhof 1953–54 by Otto Glaus in Zurich, a five-storey façade built in prefabricated
→ structural components, evidenced the latest construction techniques.[17] A further example of modern building

Ruf House, Tegernsee, Upper Bavaria.
Sep Ruf, 1952–55
The flat-roofed building, which alludes to the surrounding
landscape, was preceded by a two-year fight with the building
authorities.
(from: *Bauen + Wohnen,* No. 6, 1956, p. 196)

15 *Bauen + Wohnen,* No. 6, 1956, p. 194–199
and *Bauen + Wohnen,* No. 3, 1957, p. 74–77
16 *Bauen + Wohnen,* No. 11, 1951, p. 17; *Bauen + Wohnen,*
No. 9, 1960, p. 324–350; *Bauen + Wohnen,* No. 2, 1966,
p. 67–68; *Bauen + Wohnen,* No. 12, 1966, p. 455–465
17 *Bauen + Wohnen,* No. 6, 1954, p. 358–360

Die technoide Formensprache der amerikanischen Stahl-Glas-Architektur fand nur zögerlich Eingang. Als junger Bautyp zeigte das Apartmenthaus Riesbacherhof 1953–54 von Otto Glaus in Zürich auch die neuste Errungenschaft der Bautechnik: eine fünfgeschossige Fassade aufgebaut in vorfabrizierten Betonelementen.[17] Weiter das Geschäftshaus Waltisbühl 1955–57 an der Zürcher Bahnhofstrasse: der kurz zuvor aus →Amerika zurückgekehrte Architekt, Rudolf Zürcher, hatte sich dort für die Curtain Wall-Fassade aus vorfabrizierten Aluminiumelementen und Glasfüllungen inspirieren lassen. Doch der Widerspruch war mit eingebaut: Ein vorragender Metallkranz simulierte anfänglich das baugesetzlich vorgeschriebene Dachgesims, ebenso versteckt sich über der völlig kubischen Gebäudeform ein Ziegeldach.[18] Das Verwaltungs-gebäude der Aluminium Industrie in Zürich 1954–57 von Hans Hofmann zeigte erstmals ein metallverklei- →detes Stahlskelett in Reinkultur.[19] Schaders Pavillon am Bucheggplatz 1956–57, ebenfalls in Zürich, gibt ein Paradebeispiel Mies'scher Stahlkonstruktion in der Schweiz.[20]

→58

Der imitierte «american way of life» äusserte sich in ausgedehnterem Masse in der Wohnhausarchitektur. Zum Leitbild kristallisierte der Bungalow, mit dem Farnsworth House 1945–50 von Mies van der Rohe als →Modell: eingeschossig und ebenerdig, mit Flachdach, ein offener Kamin gliedert den Wohn-Essraum, durch-gehende Fensterfronten lassen ihn zum Pool hin ausfliessen. Als Beispiel kann hier das Haus des Architek-ten Hans Zaugg in Olten 1954–55 herausgegriffen werden: ein transparentes Haus, die Aussenwände in Glas aufgelöst, ein grosszügiger, fliessender Wohnraum, ermöglicht durch ein Stahlskelett, das auf einem Raster gemäss Le Corbusiers Modulor aufgebaut ist.[21] →

Funktionalismus, Amerikanismus, Internationalisierung – die Zeitschrift *Bauen + Wohnen* zeigte expem-plarisch diese Tendenzen in der Schweizer Nachkriegsmoderne. Hier manifestierte sich eine klare, harte, konstruktive Linie, die sich dann im Laufe der 60er Jahre verlor, als die Bauwirtschaft immer stärker pro-sperierte und das Heft vor lauter Werbung dicker und dicker wurde. Eine Rückbesinnung auf die frühe Moderne und die angestrebte Kontinuität sind offensichtlich, wenn auch deren Postulate anders ausgelegt wurden. Funktionalität bedeutete nun in erster Linie ganzheitliche Erfassung und Formfindung der Bauauf-gabe – die Funktionen sollten dargestellt, in eine geometrische Form gebracht werden. So wurde eine dis-ziplinierte formale Strenge kennzeichnend. Im Zentrum stand allerdings die neue Raumauffassung: der Raum fliesst, er setzt sich in Raumabfolgen fort, er verbindet Innen und Aussen.

17 *Bauen + Wohnen*, Nr. 6, 1954, S. 358–360
18 *Bauen + Wohnen*, Nr. 6, 1957, S. 212–214
19 Ebd., S. 184–192
20 *Bauen + Wohnen*, Nr. 9, 1956, S. 291–295
21 Ebd., S. 308–312

Apartmenthaus Riesbacherhof, Zürich. Otto Glaus, 1953–54
Vorfabrizierte Betonelemente bilden die nichttragend
ausgebildete Südwestfassade.
(aus: *Bauen + Wohnen*, Nr. 6, 1954, S. 360)
Verwaltungsgebäude der Aluminium Industrie, Zürich.
Hans Hofmann, 1954–57
Konsequent metallverkleidetes Stahlskelett.
(aus: *Bauen + Wohnen*, Nr. 6, 1957, S. 184)

Architektenhaus, Olten. Hans Zaugg, 1954–55
Offener, fliessender Wohnraum, der das Licht in den Gang
und die dahinter angeordneten Zimmer weitergibt.
(aus: *Bauen + Wohnen*, Nr. 9, 1956, S. 311)
Farnsworth House, Plano, Illinois. Mies van der Rohe, 1945–50
Das eingeschossige Flachdachhaus wurde hierzulande Leitbild
einer amerikanisierten Wohnkultur.
(aus: *Bauen + Wohnen*, Nr. 1, 1952, S. 1)

technology was the Waltispühl commercial building 1955–57 in the Zurich Bahnhofstrasse by the architect Rudolf Zürcher, who had recently returned from America inspired by the curtain-wall façade constructed with prefabricated aluminium elements and glass infills. But the building contained a contradiction in terms: a projecting metal collar simulated the originally stipulated projecting roof, and a tiled roof was concealed behind the totally cubic form of the building.[18] The aluminium industry's administration building in Zurich 1954–57 by Hans Hofmann was the first example of a completely metal-clad skeleton structure.[19] Jacques Schader's pavilion on Bucheggplatz 1956–76 in Zurich is a perfect example of the influence of Mies van der Rohe's steel construction in Switzerland.[20]

The imitated "American way of life" was more expansively expressed in residential architecture. The bungalow became *the* housing type, with Mies van der Rohe's Farnsworth House 1945–50 as the shining example: a single-storey building on a right-angled ground plan, a flat roof, open fireplace in the living room, glazed façades opening onto a swimming pool. An example of this kind of architecture is the house by the architect Hans Zaugg in Olten 1954–55: a transparent building with glazed outer walls, a spacious living room made possible by a steel skeleton built on a grid according to Le Corbusier's modulor.[21]

Functionalism, Americanism, internationalisation—the magazine *Bauen + Wohnen* showed these tendencies in Swiss post-war modern architecture to perfection. A clear, hard, constructive line is evident which became lost during the 1960s when the building economy became increasingly prosperous and the magazine devoted more and more space to advertising. Recollections of early modernism and attempts at continuity are apparent, even though these postulates were differently interpreted. Functionality now started to mean the integral grasp and formulation of the building assignment; functions were to be demonstrated, to be put into a geometrical form, thus constituting a formal severity. The focal point was, however, the new understanding of space, space that flows uninterrupted through series of rooms, connecting the interior with the exterior.

Translated from the German by Maureen Oberli-Turner

The Riesbacherhof apartment house, Zurich. Otto Glaus, 1953–54. Prefabricated concrete elements form the non-bearing southwest façade.
(from: *Bauen + Wohnen,* No. 6, 1954, p. 360)
Administration building of the aluminium industry, Zurich. Hans Hofmann, 1954–57
Steel skeleton structure, clad entirely in metal.
(from: *Bauen + Wohnen,* No. 6, 1957, p. 184)

The architect's house, Olten. Hans Zaugg, 1954–55
Open, spacious living area which transmits the light into the corridor and the rear rooms.
(from: *Bauen + Wohnen,* No. 9, 1956, p. 311)
Farnsworth House, Plano, Illinois. Mies van der Rohe, 1945–50
The single-storey, flat-roofed house became a model of the Americanised way of living here in Switzerland.
(from: *Bauen + Wohnen,* No. 1, 1952, p. 1)

18 *Bauen + Wohnen,* No. 6, 1957, p. 212–214
19 ibid. p. 184–192
20 *Bauen + Wohnen,* No. 9, 1956, p. 291–295
21 ibid. p. 308–312

Nicht aus dem Maschinenbau, sondern aus der Biologie stammt das Vokabular der dem Strukturalismus nahestehenden Architekten. Sie suchten nach das menschliche Leben bestimmenden Strukturen, die die Primärform ihrer Bauten generierten, die aber – auf einer zweiten Ebene – genügend Raum für individuelle Bedürfnisse sowie Veränderungen und Wachstum im Laufe der Zeit offen lassen.

Wer nun glaubt, diese Architekturen seien einer organischen Formensprache verpflichtet, irrt. Dem Strukturalismus zugehörige Bauten folgen in der Regel einfachen, geometrischen Mustern und setzen ihre Konstruktionen technizistisch um; dies sicherlich im Unterschied zu Frank Lloyd Wright, der in Amerika bereits 1943 dafür plädiert hatte, die Technik in den Dienst des Menschen zu stellen.[1] Die Europäer aber hatten nach dem Krieg vor allem das Ziel, möglichst neutrale, offene Räume zu schaffen – das Pathos formal starker, «monumentaler» Architektur sass ihnen noch zu tief in den Knochen. Heute würde man vielleicht sagen, sie suchten nach dem genetischen Code einer architektonischen Aufgabe; die Form jedenfalls sollte dem (inneren) Wesen und nicht einer (momentanen) Funktion folgen. Letztere ändert sich bekanntlich schnell, und würde dies in Zukunft wohl in noch beschleunigtem Masse tun. «Der Keim ist das Reale; es ist der Sitz der Identität»[2], zitierte Franz Füeg Louis Sullivan in der Zeitschrift *Schweizer Ingenieur und Architekt*. Und weiter: «Das Lebendige gemeinhin und besonders der Mensch sind der eigentliche [...] Grund der Architektur, und Technik und Architektur haben sich diesem Grund unterzuordnen.»[3] Nun gilt Füeg nicht gerade als Strukturalist, und sein berühmtester Bau, die Kirche in Meggen 1960–66, wurde in der im Frühjahr →136 2001 im Museum für Gestaltung Zürich gezeigten Ausstellung «As Found» als brutalistisch gefeiert.[4] Zwischen Brutalismus und Strukturalismus gibt es zahlreiche Parallelen; die Unterschiede aber sind bis heute nicht wirklich klar definiert. In diesem Sinne sind folgende Gedanken als mögliche Geschichte des Strukturalismus zu lesen.

ROHLING UND GERÜST

Ein Unterschied zwischen Brutalismus und Strukturalismus ist sicherlich ihre Datierung. Während ersterer als Phänomen der 50er Jahre gilt, taucht letzterer als Begriff der Architektur erst in den 70er Jahren auf;[5] dies, obwohl sich beide u.a. auf denselben «dissidenten» Bau Le Corbusiers aus der unmittelbaren Nachkriegszeit berufen, die Unité d'habitation in Marseille 1947–52, und obwohl das als strukturalistisches Schlüsselwerk geltende Waisenhaus Aldo van Eycks in Amsterdam bereits 1960 fertig gebaut war.[6] Anderseits suchten im Grundsatz wohl beide Bewegungen weder das Repräsentative noch die Hochkunst, vielmehr galt ihr Interesse dem Leben der gemeinen Bürger. Die Schöpfer verstanden ihr Produkt weniger als (Kunst-)Werk, sondern mehr als Rohling oder Gerüst, das im täglichen Gebrauch durch die Bewohner und Benutzerinnen nach deren Wünschen und Bedürfnissen auszugestalten war – so entstand kein einheitliches Bild von brutalistischer und noch weniger von strukturalistischer Architektur. Zudem kennt letztere die

1 Frank Lloyd Wright: «In the Nature of Materials. A Philosophy» (1943), in: Joan Ockman: *Architecture Culture 1943–1968,* New York 1993, S. 31 ff.
2 Franz Füeg: «Was haben die Konstruktion und das Bauwerk mit Architektur zu tun?», in: *Schweizer Ingenieur und Architekt,* Nr. 8, 1979, S. 128
3 Ebd.
4 Claude Lichtenstein; Thomas Schregenberger (Hrsg.): *As Found. Die Entdeckung des Gewöhnlichen,* Zürich / Baden 2001

5 Vgl. Arnulf Lüchinger: *Strukturalismus in Architektur und Städtebau,* Stuttgart 1980
6 Wim J. van Heuvel: *Structuralism in Dutch architecture,* Rotterdam 1992, S. 7 ff.

MAN AS THE FOCAL POINT—THOUGHTS ON STRUCTURALISM IN POST-WAR ARCHITECTURE

Inge Beckel

It was not from mechanical engineering but from biology that the vocabulary of the structuralism-affiliated architects originated. Their search was for the structures that determine human life, and it was these structures that generated the primary forms of their buildings, while at the same time—on a second level—leaving scope for individual requirements and for alterations and growth over the course of the years.

However, anyone who thinks that this architecture is obedient to an organic formal language is mistaken. Contrary to the postulate of Frank Lloyd Wright, who decreed that technology should be used in the service of man in America as early as 1943,[1] structuralist buildings generally follow simple, technicistically implemented geometrical patterns. But the post-war Europeans were primarily interested in creating maximally neutral open spaces, for they were still intimidated by the pathos of formally strong "monumental" architecture. Nowadays, we might say they were searching for the genetic code of the architectural task; in any case, the intention was that the form should follow the (inner) being rather than a (momentary) function. The latter changes quickly, as we know, and will do so even more quickly in future. "The Germ is the real thing; the seat of identity,"[2] Franz Füeg quoted Louis Sullivan in the magazine *Schweizer Ingenieur und Architekt*. And Füeg continues, "Life itself, and man in particular, is the real […] reason for architecture, and technology and architecture must be subordinate to this reason."[3] Füeg is not exactly regarded as a structuralist, and his most famous work, the church in Meggen 1960–66, was celebrated as a work of brutalist architecture in the exhibition "As Found" in the Museum of Design in Zurich in 2001.[4] There are numerous parallels between brutalism and structuralism, but the differences have yet to be clearly defined. In this sense, the following reflections may be interpreted as a possible history of structuralism.

136→

THE RAW STRUCTURE AND THE SKELETON

One clear difference between brutalism and structuralism is their dates of origin. Whereas the former is regarded as a phenomenon of the 1950s, the latter emerges as an architectural concept only in the 1970s,[5] even though both refer, among other things, to the same "dissident" building by Le Corbusier from the immediate post-war period, the Unité d'habitation in Marseilles 1947–52, and even though Aldo van Eyck's orphanage, which is generally regarded as the structuralist key work per se was already completed by 1960.[6] On the other hand, both movements were probably basically orientated towards the lives of ordinary people rather than claiming to be representative or outstanding works of architecture. The creators regarded their products less as works of art than as raw structures or skeletons to be equipped and organised by their inhabitants and users according to their wishes and requirements, and this may be why no unified picture of brutalist—and even less of structuralist—architecture emerged. In addition, the latter comprised all kinds of different roof forms, ranging from steep pyramidal pitched roofs via saddle roofs to flat roofs; "Neues Bauen" on other hand, retained a strictly limited repertoire of roof forms. The broad formal range

1 Frank Lloyd Wright: "In the Nature of Materials. A Philosophy" (1943), in: Joan Ockman: *Architecture Culture 1943–1968*, New York 1993, p. 31 ff.
2 Franz Füeg: "Was haben die Konstruktion und das Bauwerk mit Architektur zu tun?", in: *Schweizer Ingenieur und Architekt*, No. 8, 1979, p. 128
3 ibid.

4 Claude Lichtenstein, Thomas Schregenberger (ed.): *As Found. Die Entdeckung des Gewöhnlichen*, Zurich / Baden 2001
5 cf Arnulf Lüchinger: *Strukturalismus in Architektur und Städtebau*, Stuttgart 1980
6 Wim J. van Heuvel: *Structuralism in Dutch architecture*, Rotterdam 1992, p. 7 ff.

unterschiedlichsten Dachformen, die von pyramidalen Spitzhäubchen über asymmetrische Satteldächer bis hin zu Flachdächern reichen; demgegenüber hielt das Neue Bauen dieses Repertoire eng begrenzt. Jene formale Breite aber war der Wahrnehmung der betroffenen Bauten in der Gesellschaft eher abträglich, denn «weniger das Wort als das Bild ist entscheidend, damit der Mensch das Wahrgenommene als wahr erachtet».[7]

Es waren Pariser Intellektuelle aus humanistischen Disziplinen, die sich nach dem Zweiten Weltkrieg Strukturalisten nannten. In einer Zeit von Wiederaufbau, Wirtschaftswunder und rasanter Technologisierung des Alltags machten sich auch Vertreter der sogenannten Geisteswissenschaften daran, Theorien auf «Naturgesetzen» aufzubauen. Sie suchten nach Daten und Methoden, die ihre Thesen unzweifelhaft, logisch nachvollziehbar und unanfechtbar machen sollten. Der Ethnologe Claude Lévi-Strauss etwa widmete sich Lebensweisen und Riten von Urvölkern in der Hoffnung, über die Beobachtung von der modernen Zivilisation fernen Lebensgemeinschaften an die Quelle der Menschheit schlechthin zu gelangen. Die Ergebnisse seiner Studien publizierte er 1955 unter dem Titel «Traurige Tropen», die ein unerwartetes Echo auslösten, das weit über die Grenzen der eigenen Disziplin und jene von Frankreich hinaus reichten. «Dem historizistischen europäischen 19. Jahrhundert, das die menschliche Geschichte als eine Befreiung von den Naturgesetzen denkt, tritt ein 20. Jahrhundert entgegen, das von der Geschichte Abstand nimmt, um wieder an eine Natur anzuknüpfen, die als ‹regulatorisches Ideal für das wiederzufindende Paradies› wahrgenommen wird»,[8] umreisst François Dosse die Stimmung jener Jahre.

WACHSTUM UND VERÄNDERUNG

Auch der Niederländer Aldo van Eyck *1918, der seine Ausbildung zum Architekten an der ETH Zürich absolviert hatte, verspürte offensichtlich jene Sehnsucht nach dem (verlorenen) Paradies, jedenfalls machte er sich im Februar 1960 zusammen mit seiner Frau Hannie, ebenfalls Architektin, nach Westafrika zum Volk der Dogon auf. Kleine runde oder quadratische Turmhäuser, einmal flach eingedeckt, einmal mit spitzen Strohhütchen versehen, unregelmässig über das Gelände verteilt: ein Raum, ein Haus. Dazwischen nur vereinzelt unwesentlich grössere Gebäude, Orte der Gemeinschaft. Vielzellige Cluster, die sich im Rhythmus der Lebenszyklen ihrer Bewohnerinnen und deren Begleiter leeren und füllen: eine Siedlung der Dogon in Mali. – Rund 340 eingeschossige, je von einer flachen Kuppel eingedeckte Zellen mit unterschiedlich grossen → Innenhöfen, acht grössere, diagonal zu ersteren versetzte, teils zweigeschossige Quadrate, ein Riegel auf Pilotis am Eingang, dergestalt präsentiert sich das teppichartige, unregelmässig in den Raum ausgreifende →
Waisenhaus 1955–60 im Süden Amsterdams.

Drei Punkte waren Jahre zuvor der Kern eines folgenreichen Papiers, das Aldo van Eyck aufgesetzt hatte, nämlich: «the greater reality of the doorstep», die Türschwelle als Symbol des menschlichen Massstabs

7 Siegfried Frey: «Bild dir deine Meinung. Wie der Mensch urteilt, bestimmt auch sein visueller Sinn», in: Neue Zürcher Zeitung, 19./20. Mai 2001, S. 97
8 François Dosse: Geschichte des Strukturalismus, Bd. 1, Das Feld des Zeichens 1945–1966, Hamburg 1996, S. 511

Eine Siedlung der Dogon in Mali
1960 hielt sich Aldo van Eyck bei den Dogon in Westafrika auf:
Vielzellige Cluster.
(aus: Peter-Matthias Gaede (Hrsg.), Yann Arthus-Bertrand (Fotos):
Die Erde von oben, Hamburg 1999)
Waisenhaus in Amsterdam. Aldo van Eyck, 1955–60
Einem Raster folgende, eingeschossige Zellen und Innenhöfe:
Geburtsstunde des Strukturalismus.
(aus: Wim J. van Heuvel: Structuralism in Dutch architecture,
Rotterdam 1992, S. 53)

was, however, inclined to have a detrimental effect on society's perception of the buildings, for "the visual impression is more crucial than the word, and man believes that what he sees is true."[7]

It was the Paris intellectuals from the humanistic disciplines who started calling themselves structuralists after World War II. At a time of reconstruction, economic miracles and the rapid advance of technology in everyday living, representatives of the arts and humanities started developing theories based on "natural laws". They looked for data and methods that would make their theses indisputable, logically implementable and unassailable. The ethnologist Claude Lévi-Strauss, for example, dedicated himself to exploring the ways of life and rituals of primitive peoples in the hope that he would arrive at the source of mankind per se by observing communities far removed from modern civilisation. He published the results of his studies in 1955 under the title of "Tristes Tropiques" ("Sad Tropics"), which received an unexpected response that extended far beyond its own discipline and also beyond the boundaries of France. "The historistic European 19th century, which is depicted in human history as a time of liberation from natural laws, was countered by a 20th century that dissociated itself from history in favour of a return to a kind of nature that could be interpreted as a 'regulating ideal for the paradise that has yet to be rediscovered',[8] is how François Dosse outlined the mood of those years.

GROWTH AND CHANGE

The Dutchman Aldo van Eyck *1918, who trained as an architect at the ETH Zurich, was evidently affected by a longing for a (lost) paradise; in any case, he and his wife Hannie, also an architect, travelled to West Africa to the Dogon people. Here he found small, round or square tower houses, some of them with flat roofs, others with pointed straw "hats", irregularly distributed over the terrain: one room, one house; in between, a few isolated, slightly larger buildings—communal places; multi-cellular clusters that were emp-
← tied and filled in the rhythm of the life cycles of their inhabitants: a Dogon housing estate in Mali. Around 340 single-storey cells, each covered by a flat dome and equipped with inner courtyards of various sizes, eight large square buildings, some of them with two storeys, placed diagonally to the clusters, a row of houses on pilotis at the entrance—this was the impression made by an orphanage 1955–60 to the south
← of Amsterdam, carpet-like in layout and extending irregularly into space.

Some years previously, a successful paper by Aldo van Eyck took three points as its focal statement: 1) "The greater reality of the doorstep", the doorstep as a symbol of human proportions and hybrid zone between inside and outside; 2) "Growth and change", referring to the search for architectural options that would permit buildings to grow or alter at reasonable cost; and 3) "The aesthetics of number", the question of the design of multi-cellular clusters.[9] In collaboration with a group of younger architects—later Team X—, the Dutchman van Eyck was commissioned to organise the CIAM, the tenth Congrès International d'Archi-

A Dogon settlement in Mali
In 1960, Aldo van Eyck visited the Dogons in West Africa: multicellular structure.
(from: Peter Matthias Gaede (ed.) Yann Arthus-Bertrand (photography): *Die Erde von oben*, Hamburg 1999)
Orphanage in Amsterdam. Aldo van Eyck, 1955–60
Single-storey cells and inner courtyards based on a grid: the birth of structuralism.
(from: Wim J. van Heuvel: *Structuralism in Dutch architecture*, Rotterdam 1992, p. 53)

7 Siegfried Frey: "Bild dir deine Meinung. Wie der Mensch urteilt, bestimmt auch sein visueller Sinn", in: *Neue Zürcher Zeitung*, 19 / 20 May 2001, p. 97
8 François Dosse: *Geschichte des Strukturalismus*, vol. 1, *Das Feld des Zeichens 1945–1966*, Hamburg 1996, p. 511
9 Francis Strauven: *Aldo van Eyck. The Shape of Relativity*, Amsterdam 1998, p. 260 ff.

und hybride Übergangszone von Innen und Aussen; dann «growth and change», also die Suche nach architektonischen Möglichkeiten, Gebäude kostengünstig wachsen zu lassen oder verändern zu können; und schliesslich «the aesthetics of number», die Frage nach der Gestaltung vielzelliger Cluster.[9] Der Holländer van Eyck war zusammen mit einer Gruppe jüngerer Architekten – das spätere Team X – beauftragt worden, CIAM X vorzubereiten, den zehnten Congrès International d'Architecture Moderne 1956 in Dubrovnik. Mit jenem Standpunkt löste er im Vorfeld des Kongresses bei der Advisory Group, wozu Sigfried Giedion, Walter Gropius und Josep Lluis Sert zählten, heftigen Widerstand aus, da diese die Charta von Athen von 1933 und damit die klassische Moderne der Zwischenkriegszeit wanken sahen – zu Recht. Es war die graue Eminenz Le Corbusier persönlich, der klärend in den Konflikt eingriff, indem er sich in einem offenen Brief an den CIAM-Präsidenten Sert vom Mai 1955 auf die Seite der Jungen stellte. Dies ist kaum verwunderlich, wenn man bedenkt, dass der ehemalige Protagonist der schwebend weissen Kuben zu jenem Zeitpunkt bereits die Unité in Marseille realisiert hatte, einen Betonrohling, und Notre-Dame-du-Haut in Ronchamp 1950–54, die erdverbundene Wallfahrtskapelle. Als strukturalistisch gilt die Unité u.a. deshalb, weil sie kleinere Zellen, Orte des Rückzugs, und gemeinschaftliche Einrichtungen vereint – die Folge eines Besuchs → Le Corbusiers in der Kartause Ema bei Florenz.[10]

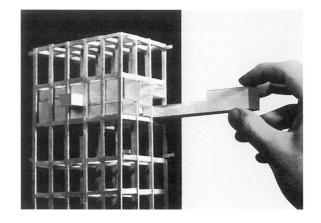

«MULTICELLULAIRES», DIE VIELZELLER DER EXPO 64

Alberto Camenzind *1914, der seit 1959 als Chefarchitekt der Expo 64 von Lausanne agierte, hatte nach eigenen Angaben keine direkten Vorbilder für die Konzeption der Landesausstellung, wollte er doch weder Monumentalbauten, wie sie London 1851 und Paris 1867 geprägt hatten, noch die Pavillons der Landi 39 von Zürich. Er hatte aber die Vorstellung von unterschiedlich dichten Gruppen, die sich sowohl harmonisch in ihr Umfeld einbinden liessen – die Ufer von Lausanne im Süden der Stadt – als auch kompakt genug waren, als zusammengehörige Anlage wahrgenommen zu werden. «Meine Vision diesbezüglich war immer das Tessiner Dorf!»[11] Eine mehrzellige Bauweise, genannt «multicellulaire», sollte das Wesen der vielschichtigen und gleichzeitig zusammengehörigen Nation zeigen und verständlich machen: Die Gemeinden und Kantone als Zellen des Organismus Schweiz, symbolisiert durch die Flaggen unter gemeinsamem Dach.[12] Rückblickend war hierzulande die Expo 64 Ausgangspunkt strukturalistischen Bauens. →50
Entsprechend fielen die einzelnen Sektoren der Lausanner Landesausstellung formal sehr unterschiedlich aus. Camenzind selbst zeichnete für den «Weg der Schweiz» verantwortlich, eine Enfilade von unregel- →50 mässig zu Clustern verdichteten, popartig aufgeblasenen Dreiecken. Konstruiert waren sie aus verleimten und genagelten Holzbalken, die mit einer eigens für die Expo entwickelten hellen Kunststoffhaut bespannt waren: Sarnafil. Für den Hafen, Endpunkt der Camenzindschen Passage, war Marc Saugey 1908–71 zuständig; →51 bunte, zeltähnliche Segel rahmten die U-förmige Uferzone. Frédéric Brugger *1912 hatte sich für «Industrie

Inge Beckel (*1962), Studium der Architektur an der ETH Zürich. Anstellungen in Architekturbüros in Amsterdam und Zürich; später beim Hochbauamt der Stadt Zürich. Ausstellungsmitarbeit bei «Hans Leuzinger. Pragmatisch modern» in Glarus 1993 und «50 Jahre Auszeichnungen für gute Bauten in der Stadt Zürich» 1995. Seit 1995 Architekturredaktorin der Fachzeitschrift tec21 (ehemals SI+A), seit 1997 in leitender Stellung. Freiberufliche publizistische Tätigkeit, Vorträge, Moderationen.

9 Francis Strauven: *Aldo van Eyck. The Shape of Relativity*, Amsterdam 1998, S. 260 ff.
10 Jürgen Joedicke: «Jakob Zweifel – ein Architekt und seine Zeit», in: Jürgen Joedicke, Martin Schlappner: *Jakob Zweifel. Architekt. Schweizer Moderne der zweiten Generation*, Baden 1996, S. 7
11 Christof Kübler: «Alberto Camenzind, Chefarchitekt der Expo 64. Ein Gespräch», in: *Kunst und Architektur*, Nr. 1, 1994, S. 13
12 Alberto Camenzind u.a.: *Construire une exposition / Eine Ausstellung bauen / Building an exhibition. Lausanne 1964*, Lausanne 1965, S. 18

Le Corbusier nimmt eine Wohneinheit aus der Tragstruktur der Unité d'habitation.
Strukturalistische Gliederung kleinerer, formal sich wiederholender Zellen und gemeinschaftlicher Einrichtungen.

tecture Moderne 1956, in Dubrovnik. His ideas aroused violent opposition in the preliminaries to the Congress within the advisory group, which included Sigfried Giedion, Walter Gropius and Josep Lluis Sert, because the group saw them as a threat to the Charter of Athens of 1933 and thus to the classical modern architecture of the period between the two wars—not without justification. It was the éminence grise Le Corbusier himself who intervened personally by placing himself firmly on the side of the younger architects in an open letter written to CIAM president Josef Lluis Sert in May 1955. This is hardly surprising when we remember that the former protagonist of the floating white cubes had by that time already realised the Unité in Marseilles, a concrete structure, and the earthy pilgrimage chapel of Notre-Dame-du-Haut in Ronchamp 1950–54. The Unité is regarded as structuralist, not least because it combines smaller cells, places of retreat, and common facilities—the result of a visit by Le Corbusier to the Ema Cartesian monastery
← near Florence.[10]

"MULTICELLULAIRES", THE MULTI-CELLULAR UNITS OF EXPO 64

Alberto Camenzind *1914, who was appointed architect-in-chief of Expo 64 in Lausanne in 1959, had, according to his own statement, no direct concept for the national exhibition, but he knew he wanted neither monumental buildings such as had featured in London in 1851 and Paris in 1867, nor pavilions like those of the "Landi 39" in Zurich. He did, however, have an idea of varyously dense groups which both fitted harmoniously into the landscape—the shores of Lausanne to the south of the city—and were compact enough to be perceived as a coherent complex. "My vision in this respect was always the Ticinese village!"[11] A multicellular building system, known as "multicellulaire", was intended to show and elucidate the essential nature of the multi-layered yet united nation of Switzerland, with the communes and cantons, the cells of Switzerland's organism, symbolised by all their flags under one roof.[12] In retrospect, it can be seen that
60 › Expo 64 was the starting point of structuralist architecture in Switzerland.

Accordingly, the individual sectors of the Lausanne national exhibition differed widely from one another in
50→ terms of form. Camenzind himself was responsible for The Swiss Way, a string of poppishly blown up triangles arranged in irregular clusters. They were made of glued and nailed wooden beams spanned with a light-coloured plastic skin called Sarnafil developed specially for the Expo. Marc Saugey 1908–71 was
51→ responsible for the final station of the Camenzind passage, the harbour, in which colourful, tent-like sails framed the U-shaped shore zone. For the section "Industry and Handicrafts", Frédéric Brugger *1912 decided on a mixture between orthogonal grids in the form of eight cubes tapering towards the centre of the sector, and 60° organic grids for the central Piazza. Florian Vischer 1919–2000, architect of the sector "The Exchange of Goods and Services", created curved, shell-shaped segments on the ground, superimposed by a large square roof composed of twenty-four translucent, membranous, funnel-shaped skins stretched

Le Corbusier removing a dwelling unit from the bearing structure of the Unité d'habitation
Structuralist organisation of small, formally repetitive cells and common installations.

10 Jürgen Joedicke: "Jakob Zweifel – ein Architekt und seine Zeit", in: Jürgen Joedicke, Martin Schlappner: *Jakob Zweifel. Architekt. Schweizer Moderne der zweiten Generation,* Baden 1996, p. 7
11 Christof Kübler: "Alberto Camenzind, Chefarchitekt der Expo 64. Ein Gespräch", in: *Kunst und Architektur,* No. 1, 1994, p. 13
12 Alberto Camenzind et al: *Construire une exposition / Eine Ausstellung bauen / Building an exhibition. Lausanne 1964,* Lausanne 1965, p. 18

Inge Beckel (*1962) studied architecture at the Federal Institute of Technology (ETH) in Zurich. She was subsequently employed by architectural offices in Amsterdam and Zurich, and later by the Hochbauamt der Stadt Zürich (City of Zurich Municipal Building Department). In 1993 she collaborated on the exhibition "Hans Leuzinger. Pragmatisch modern" in Glarus, and in 1995 on "50 Jahre Auszeichnungen für gute Bauten in der Stadt Zürich". Since 1995, she has been the architectural editor of the magazine *tec21* (formerly *SI+A*), since 1997 in a leading position. Freelance journalistic work, lectures, and presentations.

EXPO 64, LAUSANNE
Jeder Gemeinde ihre Flagge, vereint unter dem Dach
der Nation.
(Foto: Jakob Bräm, Arni)

EXPO 64, LAUSANNE
Each community with its own flag, united under one roof
of the nation.
(Photo: Jakob Bräm, Arni)

«Weg der Schweiz», Expo 64, Lausanne.
Alberto Camenzind, Guido Cocchi, 1964
Eine Enfilade von Clustern.
(Foto: Jakob Bräm, Arni)

"The Swiss Way", Expo 64, Lausanne.
Alberto Camenzind, Guido Cocchi, 1964.
A string of clusters.
(Photo: Jakob Bräm, Arni)

50

Sektor «Feld und Wald» im Aufbau, Expo 64, Lausanne.
Jakob Zweifel, 1964
Zwischen Holzstützen gespannte Baumwollsegel.

Sector "Land and Forest" under construction, Expo 64,
Lausanne. Jakob Zweifel, 1964.
Canvas sheets stretched between wooden struts.

Sektor «Feld und Wald», Expo 64, Lausanne.
Jakob Zweifel, 1964
Alberto Camenzind, als Chefarchitekt der Expo 64, hatte
aber die Vorstellung einer mehrzelligen Bauweise, genannt
«multicellulaire». Rückblickend war die Expo 64 Ausgangspunkt strukturalistischen Bauens in der Schweiz.

Sector "Land and Forest", Expo 64,
Lausanne. Jakob Zweifel, 1964
As architect-in-chief of Expo 64, Alberto Camenzind envisaged
a multi-cellular building method. In retrospect, Expo 64 was the
starting point of structuralist architecture in Switzerland.

Hafen der Expo 64, Lausanne. Marc Saugey, 1964
Bunte, zeltähnliche Segel rahmten die U-förmige Uferzone.
(Foto: Jakob Bräm, Arni)

The Expo 64 harbour, Lausanne. Marc Saugey, 1964
Colourful, tent-like sails framed the U-shaped shore zone.
(Photo: Jakob Bräm, Arni)

und Gewerbe» für eine Mischung aus orthogonalem – (in Form von) acht sich zum Sektorzentrum hin verjüngende Kuben – und organischem 60°-Raster für die mittlere Piazza entschieden. Florian Vischer 1919–2000, Sektorarchitekt von «Waren und Werte», liess muschelförmige Kurvensegmente am Boden von einem grossen rechteckigen Dach überlagern, das aus 24 nach oben trichterförmig anwachsenden, wiederum membranartig bespannten Trägern zusammengesetzt war. Jakob Zweifel *1921 schliesslich, verantwortlich für «Feld und Wald», den Sektor, der die Landwirtschaft repräsentierte (und gleichzeitig die 12. Schweizeri- ←51 sche land- und forstwirtschaftliche Ausstellung war), hatte einen dichten Wald von Holzstützen konzipiert, angeordnet aber nach strengem, auf einem Quadrat von 12 m Aussenlänge aufbauendem Raster. Der Erdboden dieses grössten, in den leicht durchgrünten Uferbereich quer zum «Weg der Schweiz» eingebetteten Sektors blieb im wesentlichen frei. Die Wände der somit in der Regel erhöhten Ausstellungsbereiche bildeten eingehängte und nach unten gespannte helle Baumwollsegel, an bäuerliche Heutücher erinnernd. Überdeckt waren die Zellen mit ebenfalls heruntergespannten, nach innen entwässerten Tuchblachen.[13]

In den 70er Jahren war es wiederum Zweifel, der zusammen mit weiteren Partnern den – neben der nur kurz existierenden Expo – grössten dem Strukturalismus zugehörigen Bau der Schweiz realisieren konnte: die erste Etappe der Eidgenössichen Technischen Hochschule in Ecublens 1970–84, unweit des Expo-Geländes. Die Universität von Annaba in Algerien war eine Weiterentwicklung von Lausanne; Zweifel legte die in der Schweiz gedeckte Mittelachse in Nordafrika teilweise offen und drehte sie um 45° zum Primärraster. Auch Annaba ereilte das Schicksal vieler strukturalistischer Grossprojekte und wurde nie gebaut. →

DAUERHAFTES RAUMGITTER, TEMPORÄRE INFILLS

Der visuell einprägsamste gemeinsame Nenner strukturalistischer Gebäude ist sicherlich die Gliederung respektive Unterteilung grosser Volumina in einzelne, formal sich wiederholende Zellen. Die Unité von Marseille als frühes Beispiel nach dem Krieg wurde bereits erwähnt. Ein interessanter Folgebau steht in Japan, das Apartmenthaus Harumi in Tokio 1957–60 von Kunio Mayekawas.[14] Ein monumentales Skelett voller indifferenter Wohnungen, das zudem der sehr anschaulichen Theorie der verschiedenen Grade statischer Haltbarkeit folgt. Obwohl nicht unter demselben Begriff diskutiert, zeigt der eben skizzierte Aspekt die Verwandtschaft des Strukturalismus mit den Metabolisten Japans. Die zwei Ebenen von dauerhaftem Rah- → men, der Primärstruktur, einerseits und Flexibilität im Nutzungsbereich, der Sekundärstruktur, anderseits trieben die Japaner im Gegensatz zu den Europäern gestalterisch sehr viel weiter, indem einzelne, individuell ausgestattete Wohnungen dem Prinzip nach als Ganzes aus den Megastrukturen ausgeklinkt und am neuen Arbeits- und Wohnort wieder in ein vergleichbares Rahmengebilde eingehängt werden konnten. Im Gegensatz zum Westen aber blieben Primär- und Sekundärstruktur in Architektenhand, nicht fix verbunden, sondern als Baukastensystem.

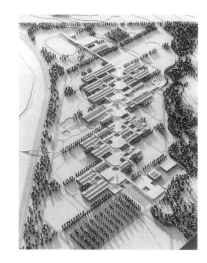

13 Vgl. hierzu auch: Bernhard Klein: «Politische Architektur als humane Disziplin», in: Kunst und Architektur, Nr. 1, 1994, S. 37 ff. Oder auch: Feld und Wald / La terre et la forêt. Expo 64, Wetzikon o. J.
14 Reyner Banham: «Die Japanisierung der Weltarchitektur», in: Reyner Banham, Hiroyuki Suzuki: Modernes Bauen in Japan, Stuttgart 1987, S. 19

Projekt für eine Universität in Annaba, Algerien.
Jakob Zweifel, 1975–82
Das «Stadtgebilde» der Universität Annaba in Algerien folgt den Prinzipien des arabischen Städtebaus mit einer dreistufigen Erschliessungshierarchie. Die Institutsbauten stehen quer zur Hauptwindrichtung und um 45° abgedreht zur offenen, aber überdeckten Haupterschliessungsachse mit allen Zentralfunktionen.
(Foto: Jean-Daniel Chavan, Archives de la Construction Moderne, Lausanne)

Nakagin-Turm, Tokio. Kisho Kurokawa, 1972
Anpassungsfähiges Bauen mit Elementen einer Megastruktur.
(aus: Michael Raeburn (Hrsg.): Architecture of the Western World, London 1980, S. 277)

between light steel ribs. Jakob Zweifel *1921, responsible for the sector "Land and Forest" which repre-
51← sented agriculture (and which was at the same time the 12th Swiss Exhibition of Agriculture and Forestry),
conceived a dense "forest" of wooden supports arranged on a strict 12 m square grid. The ground of the
large, lightly planted river shore area at right angles to the "Way of Switzerland" was left largely in its natural state. The walls of the exhibition areas, most of them raised, were composed of light-coloured canvas
stretched downwards, reminiscent of the huge white canvas sheets that farmers once used for gathering
hay. The cells were also covered by downward-stretched, canvas sheets with the drainage system in the
centre.[13] In the 1970s, it was once again Zweifel who, in collaboration with other partners, realised Switzerland's biggest structuralist building (not counting the short-lived Expo buildings): the first stage of the
Federal Institute of Technology in Ecublens 1970–84, not far from the Expo site. The University of Annaba
in Algeria was a further development of the Lausanne Institute of Technology; Zweifel partially opened up
the covered middle axis of the Swiss Institute and turned it 45° to form the primary grid for the North
African project. Unfortunately, Annaba suffered the fate of many large-scale structuralist projects and was
← never built.

LASTING SPATIAL GRID, TEMPORARY INFILLS
The most visually characteristic common denominator of structuralist buildings is surely the arrangement
or division of larger volumes into single, formally repeating cells. The early post-war example Unité in
Marseilles has already been mentioned. There is an interesting continuation of the concept in Japan, the
Harumi apartment house in Tokyo 1957–60 by Kunio Mayekawas,[14] a monumental skeleton structure filled
with virtually identical apartments, which also follows the explicitly clear theory relating to different degrees
‹ of static durability. Although not under discussion in this context, the aspect just outlined illustrates the
relationship between structuralism and the Japanese metabolists. The concept of two levels of durability,
the primary structure on the one hand and flexibility of use—the secondary structure—on the other was
taken much further by the Japanese than it was in Europe: the idea was to design single, individually
equipped apartments that could be removed from the overall megastructure and reincorporated in
a similar framework on a new working and living site. Unlike in the west, however, the primary and second-
→ ary structures remained in the hands of the architects, not fixed but as unit construction systems.
Yona Friedman from Paris wanted to create whole cities in the unit construction system, based on his "Programme of Mobile Urbanism" of 1958, in whose tradition the Swiss architect Erwin Mühlestein designed his
→ project for a spatial city over the Zurich Seefeld district 1963–68: the city as a permanent spatial grid, the
infrastructure with rapidly modifiable, inserted secondary structures for the living and working areas.[15]
Nicolaas John Habraken's publication *Die Träger und die Menschen*[16] of 1961, and the British group "Archi-

Project for a university in Annaba, Algeria.
Jakob Zweifel, 1975–82.
The "city structure" of the university of Annaba
in Algeria was based on the principle of Arab town planning
with a three-level circulation hierarchy. The buildings of
the individual departments are place diagonally to the main
wind direction and at an angle of 45° to the open-sided
but covered main circulation axis with all central functions.
(Photo: Jean-Daniel Chavan, Archives de la Construction
Moderne, Lausanne)

Nakagin Tower, Tokyo. Kisho Kurokawa, 1972
Adaptable construction with elements of a megastructure.
(from: Michael Raeburn (ed.): *Architecture of the Western World*,
London 1980, p. 277)

13 cf also: Bernhard Klein: "Politische Architektur als humane
Disziplin", in: *Kunst und Architektur*, No. 1, 1994, p. 37 ff. And:
Feld und Wald / La Terre et la forêt. Expo 64, Wetzikon, undated
14 Reyner Banham: "Die Japanisierung der Weltarchitektur",
in: Reyner Banham, Hiroyuki Suzuki: *Modernes Bauen in Japan*,
Stuttgart 1987, p. 19

Als Baukasten wollte Yona Friedman aus Paris ganze Städte organisieren, aufbauend auf seinem «Program →
of Mobile Urbanism» von 1958, in dessen Tradition auch das Projekt einer Raumstadt über dem Zürcher
Seefeld 1963–68 des Schweizers Erwin Mühlestein steht: die Stadt als ein permanentes Raumgitter, die →
Infrastruktur, mit schnell modifizierbarer, eingehängter Sekundärstruktur, die Wohn- und Arbeitsräume.[15]
Auch Nicolaas John Habrakens Publikation *Die Träger und die Menschen*[16] von 1961 und die britische
Gruppe Archigram mit ihrer Plug-in-City 1964–66 sind in diesem Kontext zu sehen. In den Niederlanden kam
nach van Eyck besonders das Bürogebäude Centraal Beheer in Apeldoorn 1970–72 von Herman Hertzberger
zu Ruhm und internationaler Ausstrahlung, wie sich etwa an der Zentralverwaltung der Schweizerischen
Betriebskrankenkasse in Winterthur 1978–83 von Werner Frey nachzeichnen lässt. Interessant wäre anderer-
seits etwa auch, das Zellengewebe der Siedlung Halen bei Bern vom Atelier 5 unter strukturalistischen
Aspekten zu diskutieren. Da die Anlage aber 1955–61 entstanden ist, wird sie bis anhin als Beispiel des
Brutalismus gehandelt.

Es war übrigens die Zeitschrift *Bauen + Wohnen* mit dem Redaktor Franz Füeg, die im Januar 1976 einen
Artikel des in den Niederlanden wohnhaften Schweizer Architekten Arnulf Lüchinger publizierte, der den
Strukturalismus als neuen Trend der Architektur vorstellte. Sieht man sich die letzten 50 Jahre Bauschaffen
an, ist klar, dass der Trend nicht zu einer wirklichen Bewegung angewachsen ist. Heute aber, eine Generation
später, erscheint die Idee eines Organismus, der in Grösse und Form nicht als hermetisch geschlossener
Monolith konzipiert ist, wieder bestechend aktuell. Zeitgenössische Architekturschaffende, die entgegen
ihren älteren Kollegen weniger Berührungsängste mit dem Thema Monumentalität haben müssen, könnten
das Prinzip einer dauerhaften Primär- und variablen Sekundärstruktur (ein wichtiges Kriterium der Nachhaltigkeit) mit starken, repräsentativen Formen vereinen!

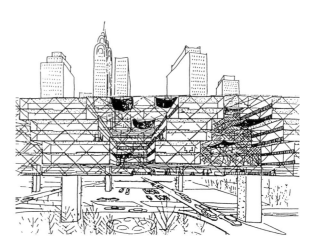

15 Vgl. Dieter Ackerknecht: «Wandel der stadträumlichen
Leitvorstellungen», in: Bauamt II der Stadt Zürich, art-ig Büro
für Kunstgeschichte Zürich (Hrsg.): *50 Jahre Auszeichnungen
für gute Bauten in der Stadt Zürich*, Zürich 1995, S. 37
16 N. John Habraken: *Die Träger und die Menschen,* übersetzt
und neu editiert von Arnulf Lüchinger, Den Haag 2000

Ville Spatiale. Yona Friedman, 1959
Die Stadt als Baukasten.

(aus: Wim J. van Heuvel: *Structuralism in Dutch architecture,*
Rotterdam 1992, S. 31)

Vorschlag für eine Raumstadt im Seefeldquartier, Zürich.
Erwin Mühlestein, 1963–68
**Individuelle Raumzellen in allseitig offener Raumstruktur bilden
eine abgelöste Schicht über der bestehenden Topografie.**

(aus: Bauamt II der Stadt Zürich, art-ig Büro für Kunstgeschichte
Zürich (Hrsg.): *50 Jahre Auszeichnungen für gute Bauten in der
Stadt Zürich*, Zürich 1995, S. 37)

gram" with its Plug-in City 1964–66 may be seen in the light of this context. After van Eyck, an outstanding work of architecture in the Netherlands was the Centraal Beheer office building in Apeldoorn 1970–72 by Herman Hertzberger, and its international significance can be measured by the influence it had on Werner Frey's Central Administration Building of the Schweizerische Betriebskrankenkasse in Winterthur 1978–83. Interesting, too, in terms of structuralism, is the cellular structure of the Halen housing development near Bern by Atelier 5. But since the complex was built in 1955–61, it has hitherto been treated as an example of brutalism.

It was, incidentally, the magazine *Bauen + Wohnen,* with its editor Franz Füeg, which published an article by the Netherlands-based Swiss architect Arnulf Lüchinger in January 1976 in which he introduced structuralism as a new trend in architecture. If we take a look at the architecture of the past fifty years, it becomes clear that the trend never developed into a real movement. Today, however, one generation later, the concept of an organism that is not conceived as a hermetically sealed monolith in terms of size and form is once again saliently relevant. Contemporary architects, who, unlike their older colleagues, no longer need to be so intimidated by the theme of monumentality, are in a position to unite the principle of enduring primary and variable secondary structures (an important criterion of sustainability) with strong, representative forms!

Translated from the German by Maureen Oberli-Turner

Ville Spatiale. Yona Friedman, 1959
The city as a building unit system.
(from: Wim J. van Heuvel: *Structuralism in Dutch architecture,* Rotterdam 1992, p. 31)

Proposal for a spatial city in the Seefeld district of Zurich. Erwin Mühlestein, 1963–68
Individual cells in a spatial structure open on all sides above the existing topography.
(from: Bauamt II der Stadt Zürich, art-ig Büro für Kunstgeschichte Zürich (ed.): *50 Jahre Auszeichnungen für gute Bauten in der Stadt Zürich,* Zurich 1995, p. 37)

15 cf Dieter Ackerknecht: "Wandel der stadträumlichen Leitvorstellungen", in: Bauamt II der Stadt Zürich, art-ig Büro für Kunst-geschichte Zürich (ed.): *50 Jahre Auszeichnungen für gute Bauten in der Stadt Zürich,* Zurich 1995, p. 37
16 N. John Habraken: *Die Träger und die Menschen,* translated and revised by Arnulf Lüchinger, The Hague 2000

Ein Rückblick auf die neuere Architekturgeschichte macht es deutlich: Meist prägen Bilder der äusseren Erscheinung der Gebäude unsere Erinnerung. Innenraumbilder sind spärlich publiziert, obwohl der Innenraum der eigentliche Grund einer Bauaufgabe ist.

Bei den Recherchen zu *Innenarchitektur in der Schweiz 1942–1992*[1] haben wir festgestellt, dass von 93 zur Publikation ausgewählten repräsentativen Beispielen von Innenräumen nur 24 in Neubauten gleichzeitig mit deren Erstellung entstanden sind. Alle anderen Beispiele wurden in bestehenden Gebäuden projektiert. Bei der Gestaltung von Innenräumen in Neubauten wurde in der Schweiz der Nachkriegszeit eine Einheit mit der Architektur des Äusseren angestrebt – anders als in denjenigen Kulturregionen, wo vorrangig Innendekoration die Raumgestaltung prägte. In der Schweiz bedeutete das Bekenntnis zur Moderne auch die Anerkennung der Gebrauchstüchtigkeit, die Einheit von Entwurf und Konstruktion und der sparsame Einsatz der Mittel. Ausnahmen bestätigen die Regel: Robert Haussmann *1931 formulierte in seinen Interieurs von repräsentativen Bauten eine reichere, erzählende Formensprache mit kostbaren Materialien, beispielsweise in der Kronenhallen-Bar in Zürich oder im Unesco-Gebäude in Paris.

Die moderne Haltung wurde auch an den Fachklassen der Kunstgewerbeschulen vermittelt. Durch die Biografien und Arbeitsweisen von Architekten und Innenarchitekten (von Designern sprach man in der Nachkriegszeit noch kaum) wird die Raumgestaltung verständlich. Die architektonischen Innenräume jener Zeit müssen ausserdem im Umfeld der Entwicklung von Innenausbau und Möbelentwurf eingeordnet werden, wie sie an offiziellen Ausstellungen, in der Ausbildung und in Publikationen manifestiert wurden.

GENERALISTEN WIE AM BAUHAUS

Die Entwurfslehre im Bereich Innenausbau und Möbelentwurf war in der Nachkriegszeit von der Bauhauslehre geprägt. In der Leitung der Kunstgewerbeschule Zürich folgte auf Johannes Itten 1888–1967 Hans Fischli 1909–89, auf den Bauhaus-Lehrer der Bauhaus-Schüler, auf den Künstler der Architekt, die beide eine ganzheitliche Gestaltung zum Ziel hatten. Man orientierte sich auch an Leitbildern der Bauhaus-Nachfolge in den USA, der frühen Moderne in Wien und des modernen Skandinavien. Die Schüler übten sich entsprechend dem Grundkurs am Bauhaus in der Formen- und Farbenlehre bis zu einfachen architektonischen Entwürfen. Stets war die Nähe zur Werkstatt und die Fähigkeit, was man entwarf, auch selber ausführen zu können, das Ziel. Nach der Schule setzten einige diese Gestaltungslehre in Architekturbüros in die Praxis um, zum Beispiel bei Max Bill 1908–94, und viele versuchten ihre in der Schule geweckten Ideale im eigenen Atelier zu verwirklichen.

1 Vereinigung Schweizer Innenarchitekten VSI (Hrsg.),
Alfred Hablützel, Verena Huber: *Innenarchitektur in der Schweiz
1942 – 1992,* Sulgen 1993

INTERIOR DECORATION AFTER 1945: REMINISCENCES—EXPERIENCES— RETROSPECTIVE PERCEPTIONS AND DISCOVERIES

Verena Huber

A retrospective look at recent architectural history clearly shows that our memories of buildings are primarily determined by their external appearance. Photographs of interiors are rarely published, despite the fact that it is the interior that is the real reason for a building project.

Research on *Interior Decoration in Switzerland between 1942 and 1992*[1] revealed that out of 93 representative examples of interiors selected for publication, only 24 of them were created as an integral part of the construction of the new building. All the others were projected in existing buildings.

Unlike the practice in cultural regions where the spatial design of a building was largely determined by its interior decoration, the interiors of new buildings in post-war Switzerland aimed at achieving a unity with the architecture of the exterior. In Switzerland, modern architecture was supposed to comprise efficiency, unity of design and construction, and the economic use of means and materials. The exceptions that prove the rule included Robert Haussmann's *1931 formulation of a richer and more narrative formal language with precious materials in his representative buildings, for example in the Kronenhalle bar in Zurich and in the Unesco Building in Paris.

The modern approach was also taught in special classes at schools of arts and crafts. Spatial design was made comprehensible by the biographies and ways of working of architects and interior decorators (the word "designer" was rarely used in the post-war era). At the time, architectural interiors were categorised according to the development of interior decoration and furniture design, as shown at official exhibitions, in educational material and in publications.

GENERALISTS IN THE BAUHAUS TRADITION

In the post-war era, the theory of design in the field of interior decoration and furniture design was greatly influenced by the Bauhaus theories. The director of the Kunstgewerbeschule (School of Arts and Crafts) Zurich, Johannes Itten 1888–1967, was succeeded by Hans Fischli 1909–89, thus the Bauhaus teacher was succeeded by the Bauhaus pupil, the artist by the architect, and both of them were dedicated to the concept of integral design. Their orientation was based on the guidelines of the successors of the Bauhaus in the USA, the early modern architecture in Vienna and modern Scandinavia. The students worked along the lines of the Bauhaus preparatory course theories ranging from form and colour to simple architectural design. The objective was always practice-orientated, and the students were supposed to be capable of realising their designs. After leaving the school, some of them implemented this theory of design in their own work, for example with Max Bill 1908–94, and many of them endeavoured to realise the ideals instilled into them at the Kunstgewerbeschule in their own studios.

1 Vereinigung Schweizer Innenarchitekten VSI (ed.),
Alfred Hablützel, Verena Huber: *Innenarchitektur in der Schweiz
1942–1992*, Sulgen 1993

DER WEG VOM INNENARCHITEKTEN ZUM ARCHITEKTEN

Die Planung von Architektur und Innenarchitektur wurde in der Nachkriegszeit nicht durch eine Grenze getrennt, sondern als Vernetzung gedacht. Die Sorgfalt bis ins Detail war eine Selbstverständlichkeit. Die Schnittstelle von architektonischem Raum und Innenausbau wurde als Verbindung ausformuliert.

Bedeutende Architektenpersönlichkeiten kamen aus den Kunstgewerbeschulen: Jacques Schader *1917 hatte nach der Matura die Fachklasse für Innenausbau in Basel bei Paul Artaria besucht. Seine praktische Tätigkeit begann er bei August Baur dem Basler Möbelentwerfer und Schreiner des Neuen Bauens. Während des Krieges studierte er dann an der ETH Architektur. Gleichzeitig entstanden die ersten Inneneinrichtungen mit zum Teil eigenen Möbelentwürfen, die eine klare, grosszügige Formensprache haben, in einer Zeit, die vom Heimatstil geprägt war. Für den ersten Auftrag in seinem eigenen Büro arbeitete er mit der Innenarchitektin Erika Thöne 1923–80 zusammen. Sie bearbeiteten den Auftrag für das kleine Ferienhaus für die Familie Hegnauer oberhalb des Luganersees mit viel Sorgfalt, indem sie sich in die Wünsche der Bauherren einfühlten, die sich auch an den Bauarbeiten beteiligten. Daraus entstand eine langjährige Beziehung der Bauherren zu den Architekten. Ab 1962 planten sie auch zusammen das Wohnhaus Hegnauer in Innerberg-Säriswil, Kanton Bern. Erika Schläpfer-Thöne projektierte im weiteren zwei Buchantiquariatsläden für Hegnauer in Bern.

Der Verkehrspavillon am Bucheggplatz in Zürich, 1957 fertiggestellt, war für uns junge Schüler und Schülerinnen der Innenausbauklasse an der Kunstgewerbeschule bei Willy Guhl *1915 ein wichtiges Leitbild. Die klare Strukturierung und Vernetzung von Bau und Innenausbau war unser Lernziel, der Bucheggplatz-Pavillon unser Modell. Die Entstehung der Schule Freudenberg verfolgten wir zur Schulzeit mit Aufmerk- →154
samkeit. Die sachliche Gestaltung und präzise Formulierung aller Einbauten und Details beeindruckte uns. So oder ähnlich stellten wir uns unseren Beitrag im Rahmen der Zusammenarbeit mit Architekten vor.

Auch Oskar Burri 1913–85 ging den Weg vom Innenarchitekten zum Architekten. Er besuchte nach einer Schreinerlehre in Luzern die Fachklasse für Innenausbau in Zürich bei Wilhelm Kienzle und holte sich seine Praxiserfahrung in Norwegen und bei Le Corbusier in Paris. Während des Krieges studierte er an der ETH Architektur, war aber ohne Matura nur als Fachhörer zugelassen. 1946 gründete er mit Jacques Schader und Otto Glaus, der ebenfalls als Absolvent der Kunstgewerbeschule an der ETH studiert hatte, eine Bürogemeinschaft. Zusammen gewannen sie den Wettbewerb für die Frauenklinik des Kantonsspitals Zürich. Danach plante und realisierte Burri in seinem Büro zahlreiche Häuser, die sich durch ihren archaisch einfachen Innenausbau auszeichnen. Einfachheit war bei Oskar Burri nicht nur Form, sondern handwerkliche Konstruktion und soziale Haltung.

→

Verena Huber (*1938), Ausbildung an der Fachklasse für Innenausbau der Kunstgewerbeschule Zürich, Abschluss 1961. Eigenes Innenarchitekturbüro seit 1967 in Zürich. 1969–73 Präsidentin der Vereinigung Schweizer Innenarchitekten (VSI). 1972–80 Vorstandsmitglied und 1976–80 Präsidentin der Internationalen Förderation der Innenarchitekten (IFI). Seit 1980 Lehrauftrag am Technikum Winterthur. Aufbau und Leitung der «Dokumentation Wohnen Zürich» für Wohnunterricht und Wohnberatung.

Verkehrspavillon Bucheggplatz, Zürich. Jacques Schader, 1956–57
Modellhaft in Konstruktion und Innenausbau.

Wohnhaus des Architekten in Zumikon. Oskar Burri, 1955
Blick von der Galerie mit der langen Fensterbank, einem Werk des Architekten.
(Foto: Max Hellstern, aus: Vereinigung Schweizer Innenarchitekten VSI (Hrsg.), Alfred Hablützel, Verena Huber: *Innenarchitektur in der Schweiz 1942–1992*, Sulgen 1993, S. 221)

FROM INTERIOR DECORATOR TO ARCHITECT

During the post-war period, the design of architecture and interior decoration was regarded as a network rather than as two separate issues. Meticulous planning up to the last detail was a matter of course, and the interface between architectural space and interior finishing was formulated as a connecting link.

A number of leading architectural personalities emerged from the schools of arts and crafts: after graduating, Jacques Schader *1917 attended the interior decoration class given in Basel by Paul Artaria, and he began his practical work with the Neues Bauen furniture designer and carpenter August Baur in Basel. During the war, Schader studied architecture at the Federal Institute of Technology in Zurich (ETH), at the same working as an independent interior decorator and designing his own furniture, which was distinguished by its clear, generous formal language at a time that was largely determined by the "typical Swiss" style known as "Heimatstil". He realised his first commissions at his own office in collaboration with the interior decorator Erika Thöne 1923–80, with whom he designed a small holiday house for the Hegnauer family above Lake Lugano. He carried out this commission with meticulous care, empathising with the wishes of the clients, who also helped with the construction work. This was the start of a long relationship between the architect and interior decorator and their clients. In 1970, they also collaborated on the planning of the Hegnauer home in Säriswil, Canton Bern, and Erika Schläpfer-Thöne also designed two antique bookshops for Hegnauer in Bern.

← The Transport Pavilion at Bucheggplatz in Zurich, which was completed in 1957, was an important model for us young students of the interior decoration class given by Willy Guhl *1915 at the Kunstgewerbeschule. Clear structuring and networking of the building with the interior decoration was our aim, and the Buchegg-

154→ platz Pavilion was our model. We also closely followed the construction of the Freudenberg School, and we were greatly impressed by the objective design and precise formulation of all the built-in units and fixtures. This was largely how we envisaged our contribution in collaboration with architects.

Oskar Burri 1913–85 was also an interior decorator before becoming an architect. After completing an apprenticeship as a carpenter in Lucerne, he attended the class for internal finishing given by Wilhelm Kienzle in Zurich and made his first practical experience in Norway and with Le Corbusier in Paris. During the war, Burri studied architecture at the ETH in Zurich, but he was only admitted as a passive student owing to the fact that he did not have a graduation certificate to his credit. In 1946, Burri founded a joint company with Jacques Schader and Otto Glaus, who had also studied at the ETH after attending the Kunstgewerbeschule. Together, they won the competition for the Women's Clinic at the Zurich Cantonal Hospital. Burri subsequently planned and realised numerous buildings distinguished by their archaically simple inner finishings. To Burri, simplicity was not only form but also structural craftsmanship and a social

← approach.

Transport Pavilion at Bucheggplatz, Zurich.
Jacques Schader, 1956–57
Exemplary in construction and interior finishing.

The architect's home in Zumikon. Oskar Burri, 1955
View from the gallery with the long window-bench,
designed by the architect.
(Photo: Max Hellstern, from: Vereinigung Schweizer
Innenarchitekten VSI (ed.), Alfred Hablützel, Verena Huber:
Innenarchitektur in der Schweiz 1942–1992,
Sulgen 1993, p. 221)

Verena Huber (*1938), studied at the interior decoration class
at the Kunstgewerbeschule Zürich, graduated in 1961. Own interior
decoration office in Zurich since 1967. 1969–73: president
of the Vereinigung Schweizer Innenarchitekten (VSI) (Association of
Swiss Interior Decorators). 1972–80: committee member and
1976–80 president of the Internationale Föderation der Innenarchitekten (IFI) (International Federation of Interior Decorators).
Since 1980: lecturer at the Technikum Winterthur. Development and
directorship of the "Dokumentation Wohnen Zürich" for
teaching and consultation on the subject of interior decoration
for the home.

Ein weiterer Architekt, der durch die Innenarchitekturausbildung zur Architektur fand, ist Ernst Gisel *1922. Für seine Bauten entwarf er in der Regel die ganze Einrichtung und prägte durch seine Formkultur die Räume bis zu den Gebrauchsgegenständen und zum künstlerischen Schmuck. →

ZUSAMMENARBEIT MIT INNENARCHITEKTEN UND INNENARCHITEKTINNEN

Einen hohen Stellenwert hat Jakob Zweifel *1921 in seinen Bauten der Innenarchitektur und dem Möbelentwurf beigemessen. Und er hat für die grösseren Bauprojekte die Zusammenarbeit mit Innenarchitekten gesucht. Ihm war es wichtig, dass in Zusammenhang mit seiner Architektur ebenso für die Einrichtung und den künstlerischen Schmuck Neues entstehen konnte.

Bei der Einrichtung des Schwesternhochhauses zum Kantonsspital Zürich strebte Zweifel in den Zimmern durch variable Möbelstellungen, verschiedene Möbel-Typen, Oberflächen und Textilfarben eine begrenzte Individualisierung der 237 Wohneinheiten an. Mit dem Entwurf beauftragte er die Innenarchitektin Marianne →180 Kägi *1931 und den Innenarchitekten Fritz Maurer *1919, der sich vor allem mit seiner Architekturfotografie einen Namen machte. Die Variabilität wurde durch die verstellbaren Regale mit einem Sekretär und durch die Wandleiste mit einer offenen Kabelführung und mobilen Wandlampe unterstützt. Die auf den Raum abgestimmten Möbelmasse erlaubten unterschiedliche Bettstellungen, wodurch der Raumeindruck wesentlich geprägt wird. Die Qualität der Inneneinrichtung hat sich bestätigt, als bei der Renovation 1993 ein grosser Teil des Mobiliars wieder verwendet werden konnte.

Auch andere Architekturbüros suchten die Zusammenarbeit mit Innenarchitekten. Das Atelier 5 hat jahrelang mit Hans Eichenberger *1926 zusammengearbeitet. Als Bewohner der Siedlung Halen hat dieser dort 1964 das Bistro gestaltet und später bei zahlreichen Architekturprojekten mitgewirkt. →

In den 70er Jahren gab es für Innenarchitekten die Möglichkeit, sich in grössere Bauprojekte einzubringen. So hat Alfred Senn *1930 die individuelle Ausgestaltung der Grossraumbüros Im Schoren in Basel von Burckhardt Architekten projektiert. Und die Innenarchitekten Fritz Keller *1919 und Urs Bachmann *1936 haben im Auftrag der Zürcher Flughafen Immobilien Gesellschaft für den Terminal B ein Ausstattungs- und Möbelsystem entwickelt, das bis heute in den Erweiterungsbauten zur Anwendung kommt.

Ganz anders war die Zusammenarbeit des Architekten Werner Frey 1912–89 mit dem Bühnenbildner und konstruktiven Künstler Roman Clemens 1910–92 für das Kino Studio 4. Dieser wurde als Berater für die →104 Gestaltung der Projektionswand beigezogen und hat dann ein Projekt für den ganzen Raum vorgelegt. Damals lehnten sich die meisten Kinoräume an die Theaterarchitektur an. Roman Clemens ging als Bauhaus-Schüler in Zürich neue Wege: Etwas Besonderes ist schon die transparente Eingangsfront. An der geschwungenen Decke des Foyers tragen die kleinen, runden Spiegel zur Einstimmung des Publikums bei. Der asymmetrische Kinoraum in Weiss, Schwarz und Grau wird durch verschiedenste optische

Wohnhaus in Zürich. Ernst Gisel, 1961
Auf den Innenhof ausgerichteter Wohnraum. Die kubischen Behältermöbel sind vom Architekten als Teil der Architektur des Raumes konzipiert.
(Foto: Fritz Maurer, aus: Vereinigung Schweizer Innenarchitekten VSI (Hrsg.), Alfred Hablützel, Verena Huber: *Innenarchitektur in der Schweiz 1942–1992,* Sulgen 1993, S. 225)

Bistro Halen bei Bern. Hans Eichenberger, 1960
Die Fotowand mit tapetenartigem Charakter wird durch die verspiegelten Seitenwände unendlich verlängert.
(Foto: Alfred Hablützel, aus: Vereinigung Schweizer Innenarchitekten VSI (Hrsg.), Alfred Hablützel, Verena Huber: *Innenarchitektur in der Schweiz 1942–1992,* Sulgen 1993, S. 72/73)

Another architect who progressed from interior decoration to architecture is Ernst Gisel *1922. He usually designed all the fixtures and installations for his buildings himself and determined the formal culture of his
← rooms right up to the basic commodities and artistic decoration.

COLLABORATION WITH INTERIOR DECORATORS

Jakob Zweifel *1921 always ascribed great importance to the interior decoration and furniture of his buildings, and he sought the collaboration of interior decorators for his larger projects. He set store on the creation of new furnishings and works of art in connection with his architecture.

In the case of the Nurses' Accommodation Building of the Zurich Cantonal Hospital, Zweifel endeavoured to achieve a limited individualisation of the nurses' rooms by means of variable placement and different
180→ types and models of furniture, textures and textile colours for the 237 living units. He assigned the design to the interior decorators Marianne Kägi *1931 and Friedrich Maurer *1919, who made a name for himself above all with his architectural photography. Means of achieving the desired variability included adjustable shelves comprising a secretaire, and by the fixture of a strip of wood along the walls through which cables could be run as required for the individual positioning of a mobile wall lamp. The furniture, which was adapted to the available space, was designed so that the bed could be placed in a number of different positions, a feature that made a considerable difference to the spatial impression of the room. The quality of the interior decoration was confirmed when it was found possible to retain a major part of the furniture during renovations to the building in 1993.

As a resident of Atelier 5's Halen housing development, Hans Eichenberger *1926 designed the estate's
← Bistro in 1964, and later collaborated on numerous architectural projects.

During the 1970s, interior decorators were frequently given the opportunity to collaborate on major architectural projects. Alfred Senn *1930, for example, designed the individual interior organisation of the "Im Schoren" open-plan office in Basel by the Burckhardt architects' firm. And the interior decorators Fritz Keller *1919 and Urs Bachmann *1936 were commissioned by Zurich Airport to develop a furniture and installations system for Terminal B which is still in use in the extension buildings.

Collaboration between the architect Werner Frey 1912–89 with the stage designer and constructive artist
104→ Roman Clemens 1910–92 for the Studio 4 cinema was of a quite different nature. Clemens was asked to advise on the design of the projection wall and came up with a project for the whole room. At the time, most cinemas were closely affiliated with theatre architecture. As a former Bauhaus student, Roman Clemens struck out along a different path in Zurich: the special character of the premises becomes clear at once on passing through the transparent entrance façade, and the small, round mirrors on the curved ceiling of the foyer contribute to the cinema-goers' mood. The asymmetrical cinema room in white, black and grey has an added

Residential building in Zurich. Ernst Gisel, 1961
Living room looking onto the inner courtyard. The cubic cupboards were conceived by the architect as part of the interior architecture.
(Photo: Fritz Maurer, from: Vereinigung Schweizer Innenarchitekten VSI (ed.), Alfred Hablützel, Verena Huber: *Innenarchitektur in der Schweiz 1942–1992*, Sulgen 1993, p. 225)

Bistro Halen near Bern. Hans Eichenberger, 1960
The photo wall with its wallpaper-like appearance is endlessly lengthened by the reflected side walls.
(Photo: Alfred Hablützel, from: Vereinigung Schweizer Innenarchitekten VSI (ed.), Alfred Hablützel, Verena Huber: *Innenarchitektur in der Schweiz 1942–1992*, Sulgen 1993, p. 72/73)

Gestaltungsmittel dynamisiert: Linien, die zur Leinwand führen, und senkrechte Streifen werden von wolkenartigen Feldern überlagert. Die Fotogalerie mit Bildern aus dem Archiv der Zeitschrift *Life* bereitet auf das Medium Film vor. Die Projektionsleinwand war eine Weltneuheit: Die vertikalen, drehbaren Prismen gingen vor Filmbeginn langsam in eine weisse, spielbereite Fläche über. Die Ausführung betreute Clemens anhand eines Modells 1:20. Nach der Eröffnung war er selber während einiger Jahre für das Filmprogramm des Studio 4 zuständig. Roman Clemens schuf im übrigen auch das Wandgemälde im Eingang des Schwesternhochhauses von Jakob Zweifel.

DIE EINHEITLICHE GESTALTUNG VON DER ARCHITEKTUR BIS ZUM DESIGN

Bei der klaren, modularen Bauweise der Architekten aus der Jurasüdfuss-Region ist die Ausformulierung der Einrichtung eine logische Konsequenz. So ist es verständlich, dass der Architekt Franz Füeg *1921, der Anfang der 50er Jahre mit eigenen Möbelentwürfen für das Schreinerhandwerk begann, sich mit der gleichen systematischen Konsequenz mit Möbeln und Inneneinrichtungen beschäftigte. →
Parallelen sind im Möbelsystem USM des Architekten Fritz Haller *1924 aus Solothurn zu finden. Er nahm in den 60er Jahren den Neubau der Metallbaufirma U. Schärer in Münsingen zum Anlass, neue Stahlbausysteme im Baukastenprinzip zu entwickeln und anzuwenden. Gleichzeitig entstand damit ein neuer Fabrika- → tionszweig für das Unternehmen. Die Grundidee eines Baukastens war auch das Leitbild beim Konstruieren des Möbelsystems für die firmeneigenen Arbeitsplätze im neuen Bürogebäude. Nach den Vorstellungen moderner Büroorganisation im Grossraumbüro hatte hier ein Möbelsystem als Raumkonzept seine Premiere. Am Anfang der Entwicklung stand die Idee des verschiebbaren, palettierten Aktenmaterials im Grossraumbüro. Die Konstruktion der anfänglich durchwegs offenen Behälter war auf eine flexible um- und ausbaubare Möblierungsorganisation ausgelegt. Dank seiner grossen internationalen Verbreitung trug es in der Folge massgebend zur Prägung vorbildlicher Innenarchitektur im Büro- und Präsentationsbereich bei.

DAS UMFELD: INNENRÄUME UND MÖBELENTWÜRFE

Innenarchitektur und Möbelentwurf hatten ausser im Bereich der Architektur der Nachkriegsmoderne auch eine von der Architektur unabhängige Entwicklung. Anlass, diese zu manifestieren, gaben unter anderem die grossen Ausstellungen. An der SAFFA 1958 zeigten im Wohnturm unterschiedliche Wohnkonzepte verschiedener Innenarchitektinnen und Architektinnen, was sich Fachfrauen unter modernem Wohnen vorstellten.[2] Im Atriumhaus, das von der Innenarchitektin Reni Trüdinger 1927–2000 eingerichtet wurde, verband → sich die Sachlichkeit und Transparenz der Architektur mit einer leichten, gebrauchsfreundlichen Möblierung zu einer besonders ansprechenden Ästhetik. An der Landesausstellung Expo 64 war die familienfreundliche Wohnung das Thema: Fünf Wohnungen wurden von fünf Innenarchitekten eingerichtet. Sie entwarfen und

2 Schweizerische Ausstellung für Frauenarbeit, 1958 in Zürich

Kassenhalle im Bürgerhaus, Solothurn. Franz Füeg, 1959
Der Innenausbau strahlt die Leichtigkeit und Transparenz der Architektur aus.

Bürogebäude USM, Münsingen. Fritz Haller, 1964
Das Möbelsystem «USM Haller» mit den ursprünglichen offenen Aktenbehältern im Grossraumbüro.
(Foto: Alfred Hablützel, aus: Vereinigung Schweizer Innenarchitekten VSI (Hrsg.), Alfred Hablützel, Verena Huber: *Innenarchitektur in der Schweiz 1942–1992*, Sulgen 1993, S. 33)

Wohnhilfe-Atrium-Haus an der SAFFA in Zürich.
Reni Trüdinger, 1958
Transparente Verbindung vom Gartenhof zum Wohnzimmer.
(Foto: Michael Wolgensinger, aus: *Wohnen heute*, Nr. 3, 1960, S. 45)

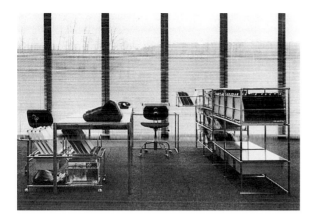

dynamism provided by a wide range of design elements: lines leading towards the screen and vertical stripes are partially obscured by cloud-like patches. A photo gallery with photos from *Life* magazine acts as a kind of preface to the medium of the film. The projection screen was a world innovation: vertical rotatable prisms merged slowly into a white projection surface before the actual film began. Clemens organised the realisation of his design on the basis of a 1:20 model. After the inauguration of the cinema, Clemens himself was responsible for the Studio 4 film programme for several years. Incidentally, Clemens is also the author of the painting in the entrance area of Jakob Zweifel's Nurses' Accommodation Building.

THE UNIFIED DESIGN OF ARCHITECTURE AND INTERIOR DECORATION

With the clear, modular building methods of the architects from the southern foothills of the Jura, the formulation of the interior design is a logical consequence. It is therefore not surprising that the architect Franz Füeg *1921, who began designing his own furniture in the early 1950s, concerned himself with furniture and ← interior decoration with the same systematic consistency.

Parallels can be found in the USM furniture system by the architect Fritz Haller *1924 from Solothurn. He took the new premises of the metal building company U. Schärer in Münsingen in the 1960s as an opportunity for developing and implementing new steel unit construction systems, which also represented a new ← branch of fabrication for the company. The basic idea of the unit construction system was also the guiding principle for the construction of the furniture system for his own company's workplaces in the new office building. After the introduction of the concept of the modern open-plan office organisation, this was the premiere of a furniture system as part of a spatial concept. The development began with the idea of mobile, palleted filing systems in open-plan offices. The construction of the containers, which were at first without exception open, was based on the flexible, convertible and extendable organisation of the furnishings. Thanks to its wide international dissemination, it subsequently made a valuable contribution to exemplary interior design in office and presentation areas.

THE ASSOCIATED AREAS: INTERIOR SPACE AND FURNITURE DESIGN

Interior decoration and furniture design also underwent a development independent of architecture. This was shown at events such as the great exhibitions. In the high-rise tower at the SAFFA 1958, for example, various concepts of interior design by different women architects and interior decorators showed what professional women thought about modern living.[2] In the atrium house, furnished by the interior decorator ‹ Reni Trüdinger 1927–2000, architectural objectivity and transparency and lightweight, user-friendly furnishings combined to create a particularly attractive aesthetic quality. At the Expo 64 national exhibition, family-friendly living was the theme: five homes were created by five different interior decorators who had designed

Cashpoint hall in the Bürgerhaus, Solothurn, Franz Füeg, 1959
The interior decoration radiates the lightness and transparency of the architecture.

USM office building, Münsingen. Fritz Haller, 1964
The "USM Haller" furniture system with the original open filing cabinets in the open-plan office.
(Photo: Alfred Hablützel, from: Vereinigung Schweizer Innenarchitekten VSI (ed.), Alfred Hablützel, Verena Huber: *Innenarchitektur in der Schweiz 1942–1992*, Sulgen 1993, p. 33)

Wohnhilfe-Atrium House at the SAFFA in Zurich.
Reni Trüdinger, 1958
Transparent connection from the garden courtyard to the living room.
(Photo: Michael Wolgensinger, from: *Wohnen heute*, No. 3, 1960, p. 45)

2 Schweizerische Ausstellung für Frauenarbeit, 1958 in Zurich

wählten Möbel für das Nebeneinander verschiedener Wohntätigkeiten auf kleinem Raum. Damit wurden die →
Ideen einer professionell geprägten Wohngestaltung ins breite Volk transportiert. Für die Expo entstanden
auch neue Möbel: der Expo-Klappstuhl von Hans Eichenberger für den Sektor «Feld und Wald» von Jakob →
Zweifel und das Aluminiumregal von Andreas Christen *1936 für den Sektor «L'art de vivre» von Max Bill. →
Beide werden heute noch hergestellt. Das Centre de l'hôtellerie von Robert Haussmann und die Spiegel-
Bar von Max Bill setzten stilbildende Akzente in der Innenarchitektur.

Insbesondere an der Kunstgewerbeschule Zürich wurden ganze Generationen von Innenarchitekten und
Produktentwerferinnen durch einen konsequenten Lehraufbau und klare Leitbilder geprägt. Wilhelm
Kienzle stand der Fachklasse für Innenausbau 1918–51 vor, Willy Guhl 1951–80. Eine sachliche Formensprache, die Reduktion auf das Wesentliche, den Anspruch an Gebrauchstüchtigkeit waren Kriterien, die
die Innenarchitektur in der Schweiz auszeichneten und noch auszeichnen.

Der Schweizerische Werkbund (SWB) hat mit seinem Warenkatalog *Wohnen heute,* der von 1949 bis 1970 in
sieben Ausgaben erschien, viel zur Verbreitung eines sachlich modernen Wohndesigns beigetragen, wurde
dieser doch häufig im Schulunterricht verwendet.[3] Mit der Aktion «Die gute Form» 1949–69 wurde die
moderne Formgebung auch an der Schweizer Mustermesse in Basel und durch Etiketten in den Verkaufs-
geschäften ausgezeichnet.[4]

Die Schweizerische Vereinigung der Innenarchitekten (VSI) wurde 1943 gegründet. Zu diesem Anlass gab
sie das Buch *Möbel und Wohnraum* heraus, mit zahlreichen Beispielen von Möbeln und Einrichtungen,
nach Wohnbereichen gegliedert.[5] Ein besonderes Kapitel bilden die Wiederaufbaumöbel, die für die Nachkriegszeit konzipiert waren und die Haltung der Innenarchitekten in jener Zeit stark prägten. Das in drei
Sprachen verfasste Buch stiess im Ausland auf grosses Interesse, war es doch in diesen Jahren als Publikation mit praktischen Gestaltungs- und Einrichtungshinweisen einmalig.

Zur Verbreitung eines zeitgemässen Wohnens trugen auch die öffentlichen Wohnberatungsstellen bei:
1955–61 im Gewerbemuseum Winterthur und 1958–61 im Kunstgewerbemuseum Zürich. Die Öffentlich-
keitsarbeit zum Thema Wohnen wurde ab 1978 von der «Dokumentation Wohnen, Zürich» mit dem Schwer-
punkt des nutzungsbezogenen Wohnens weitergeführt.

In der Möbelentwicklung der Nachkriegsmoderne ragte die Kollektion «Swiss Design» von Hans Eichenberger, Robert Haussmann und Kurt Thut *1931 aus den zahlreichen guten Entwürfen besonders heraus. →
Diese jungen Entwerfer mit Vorbildern wie Le Corbusier und Mies van der Rohe stellten ihre Stahlmöbel
1958 im Kunstgewerbemuseum Zürich erstmals aus. Im Geist der Moderne konzipiert, waren die Sitzmöbel
und Tische in verchromtem Stahlrohr und Leder in neueren Techniken gefertigt und einem zeitgemässen
Komfort verpflichtet. Die Möbel hatten nicht nur in der Schweiz, sondern auch in den USA Erfolg. Und sie
waren eigenständige Einrichtungselemente für die Räume in der Architektur der Nachkriegsmoderne.

3 Zuerst unter dem Titel *Schweizer Warenkatalog* 1949
und 1954, dann als *Wohnen heute* 1960, 1962/63, 1965/66,
1967/68 und 1969/70
4 Vgl: Peter Erni: *Die gute Form. Eine Aktion
des Schweizerischen Werkbundes,* Baden 1983
5 Hans Guyer, Ernst Kettiger: *Möbel und Wohnraum,*
Erlenbach 1946

Expo 64, Lausanne. Sektor «L'art de vivre», 5-Zimmer-Wohnung.
Jürg Bally, 1964
Die Wohnungseinrichtung für eine fünfköpfige Familie zeigte
praktische Möbelvorschläge.

Expo 64, Lausanne. Sektor «Feld und Wald». Klappstuhl
von Hans Eichenberger, 1964

Expo 64, Lausanne. Sektor «L'art de vivre», Bücherstube.
Aluminium-Regal von Andreas Christen, 1964
Von Rudolf Lehni seit 1964 hergestellt, ist das Regalsystem
noch heute Teil der Lehni-Kollektion.
(Foto: Fritz Maurer, aus: *Werk,* Nr. 9, 1964, S. 314)
Terrassenhaus an der Eierbrechtstrasse, Zürich.
Architekten Cramer, Jaray & Paillard, 1961
Wohnung von Kurt Thut mit zeitgemässen Möbeln, darunter
Modelle der «Swiss Design» Kollektion.
(Foto: Peter Grünert, aus: *Werk,* Nr. 2, 1961, S. 57)

64

and selected furnishings for a juxtaposition of different living activities in a small space, thereby disseminating the ideas of professionally defined living design among a wide public. New furniture was also designed for Expo 64 such as the Expo folding chair by Hans Eichenberger for Jakob Zweifel's sector "Land and Forest", and the aluminium shelves by Andreas Christen *1936 for the sector "The Art of Living" by Max Bill. Both items are still in production. The Centre de l'hôtellerie by Robert Haussmann and the Spiegel Bar by Max Bill provided style-setting accents in interior decoration. At the Zurich Kunstgewerbeschule in particular, whole generations of interior decorators and product designers benefited by consistent teaching methods and clear guiding principles. Wilhelm Kienzle was the director of the class for interior finishing between 1918 and 1951, and Willy Guhl between 1951 and 1980. An objective formal language, reduction to essentials and the demand for practicability were criteria that distinguished, and still distinguish, Swiss interior decoration. With its product catalogue *Wohnen heute*, which was issued in seven editions between 1949 and 1970, the Swiss Werkbund (SWB) made a big contribution to the propagation of objective modern living design, particularly since the catalogue was frequently used for teaching purposes.[3] Modern design was also distinguished through the campaign "Die gute Form" 1949–69, at the Swiss Trade Fair in Basel, and by labels in the furniture shops.[4] The "Schweizerischer Vereinigung der Innenarchitekten VSI" (Swiss Association of Interior Decorators) was founded in 1943, and the occasion was celebrated by the publication of the book entitled *Möbel und Wohnraum* (Furniture and Living Space), with numerous examples of furniture and installations arranged according to areas of living.[5]

The book, published in three languages, aroused considerable interest abroad since it was actually unique in those years as a publication with practical tips for design and interior installations. The propagation of the theme of contemporary living was also supported by the public interior design advisory offices at the Gewerbemuseum in Winterthur between 1955 and 1961, and the Kunstgewerbemuseum in Zurich between 1958 and 1961. Public work on the theme of living was continued after 1978 by "Dokumentation Wohnen, Zürich" with the emphasis on practical living. A particular highlight in the numerous excellent designs in the development of post-war modern furniture was the collection entitled "Swiss Design" by Hans Eichenberger, Robert Haussmann und Kurt Thut *1931. These young designers, whose role models included Le Corbusier und Mies van der Rohe, exhibited their steel furniture for the first time at the Kunstgewerbemuseum in Zurich in 1958. Thoroughly in the spirit of modern architecture, their chairs and tables in chrome steel and leather were produced with new techniques and dedicated to contemporary comfort. The furniture met with success not only in Switzerland, but also in the USA. And it consisted of independent elements for the rooms of post-war modern architecture.

Translated from the German by Maureen Oberli-Turner

Expo 64, Lausanne. Sector "The Art of Living", five-room apartment. Jürg Bally, 1964
The fitments for a family of five showed suggestions for practical furnishings.

Expo 64, Lausanne. Sector "Land and Forest". Folding chair by Hans Eichenberger, 1964

Expo 64, Lausanne. Sector "The Art of Living", reading room
Aluminium bookshelves by Andreas Christen, 1964
Produced by Rudolf Lehni since 1964, the system of shelves is still part of the Lehni collection.
(Photo: Fritz Maurer, from: *Werk*, No. 9, 1964, p. 314)
Stepped house in Eierbrechtstrasse, Zurich. Architects Cramer, Jaray & Paillard, 1961
Apartment by Kurt Thut with contemporary furniture, including models from the "Swiss Design" collection.
(Photo: Peter Grünert, from: *Werk*, No. 2, 1961, p. 57)

3 First published under the title *Schweizer Warenkatalog* 1949 and 1954, then as *Wohnen heute* 1960, 1962/63, 1965/66, 1967/68 and 1969/70
4 See also Peter Erni: *Die gute Form. Eine Aktion des Schweizerischen Werkbundes,* Baden 1983
5 Hans Guyer, Ernst Kettiger: *Möbel und Wohnraum,* Erlenbach 1946

Denkmalpflege im Sinn der Erhaltung «vaterländischer» Monumente wie Burgen, Kirchen und historischer Brücken besitzt eine Tradition, die ins 19. Jahrhundert zurückreicht. Es war eine junge Generation, die 1905 die Schweizerische Vereinigung für Heimatschutz gründete und populär machte, die sich vom klassischen Formenrepertoire des Historismus abgewandt hatte und von der einige zu den Pionieren und Pionierinnen der Moderne zählten.[1] Ihnen ging es einerseits um den Schutz von Bauten und Landschaften, anderseits bemühten sie sich um neue, schlichte Bauformen, um handwerkliches und materialgerechtes Bauen und um vermehrte Planung der baulichen Entwicklung. Die Heimatschutzbewegung war auf Anhieb in der Politik ebenso gut verankert wie unter den jüngeren Architekten. Das schweizerische Zivilgesetzbuch, das 1912 in Kraft trat, ermöglichte bereits Eigentumsbeschränkungen zum Schutz von Altertümern, Naturdenkmälern, Aussichtspunkten und Landschaften (ZBG § 702). Trotzdem kannte die Schweiz – im Gegensatz zu den meisten Nachbarländern – lange keine staatlichen Denkmalämter. Beratende Kommissionen für Denkmalpflege und Heimatschutz waren bis in die 1970er Jahre hinein die einzigen staatlichen Organe auf diesem Gebiet.[2] Der Schutz von Landschaften und Bauzeugen blieb privater Initiative überlassen; die Vereinigung für Heimatschutz ist bis heute wesentlicher Träger dieser wichtigen Aufgabe.

GEISTIGE LANDESVERTEIDIGUNG

Einen besonderen Aufschwung erlebte der Heimatschutz in den Jahren der «geistigen Landesverteidigung» rund um den Zweiten Weltkrieg. Gegen den Sog aggressiver nationalistischer Parolen in den Nachbarländern wehrte sich die Schweiz mit einem introvertierten Rückzug auf die eigene Vergangenheit. Berglandschaft und karges Bauerntum, schroffe Felswelt und Wehrbereitschaft ergaben das Bild, das die Schweizerinnen und Schweizer in jener Zeit von sich pflegten. Trachten und Volksmusik und die Pflege der ländlichen Dialekte erlebten ihren Höhepunkt und in der Architektur verbreitete sich ein sentimentaler Heimatstil, der für alle Bauaufgaben harmonische Lösungen bereit hatte. Erker und Biberschwanzziegel schienen jeden Neubau problemlos in die Umgebung von Dorf oder Altstadt einzubetten. Diese Art von Heimatschutz war damals (und später) ungemein populär. Ihre reaktionäre Tendenz wurde weniger von den Architekten getragen als von konservativen Ideologen, wie dem Schriftsteller Gonzague de Reynold oder dem langjährigen Heimatschutz-Geschäftsführer Ernst Laur 1896–1968. Der ebenso konservative wie umtriebige Laur war gleichzeitig Präsident der schweizerischen Trachtenvereinigung und Gründer des «Heimatwerks», eines Kaufhauses für traditionelles Kunsthandwerk. Mit der Lancierung des «Schoggitalers» 1945, der von Schulkindern verkauft wird, gelang Laur ein entscheidender propagandistischer und finanzieller Erfolg, der dem Heimatschutz grosse Projekte mit nationaler Symbolik ermöglichte, wie den Erwerb des Gotthard-Hospizes, den Schutz der Silserseelandschaft, den Kauf der Brissagoinseln oder die Säuberung → des Rigigipfels von Hotelbauten.

1 Zu den frühen Mitgliedern gehörten Architekten wie Robert Rittmeyer (1868–1960), Robert Bischoff (1876–1920), Karl Indermühle (1877–1933), Werner Pfister (1884–1950) und andere.
2 Der Bund sowie manche Kantone und Städte beschäftigten schon früher freiberufliche oder festangestellte Experten. In der Stadt Zürich zum Beispiel war das 1946 gegründete Büro für Altstadtsanierung für den Denkmalschutz zuständig.

HEIMATSCHUTZ ZWISCHEN MODERNE UND BEWAHRUNG

Daniel Kurz

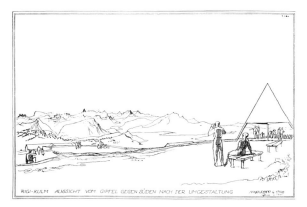

Räumung des Rigigipfels. Skizzen von Max Kopp, 1948
Mit Geldern der Schoggitaler-Aktion gelang es dem Heimatschutz in den späten 1940er Jahren, die Hotels auf dem Rigigipfel aufzukaufen und abzubrechen. Die Bauten aus dem 19. Jahrhundert mit ihrem internationalen Charakter wurden nicht als Zeitzeugen wahrgenommen, sondern als Verschandelung einer Landschaft von nationaler Bedeutung.
(aus: *Werk*, Nr. 9, 1954, S. 363)

HEIMATSCHUTZ BETWEEN MODERNITY AND TRADITION

Daniel Kurz

The tradition of preserving monuments in the sense of preserving "patriotic" monuments such as castles, churches, and historical bridges goes back to the 19th century. It was a young generation who in 1905 founded and popularised the Swiss Association for "Heimatschutz" (best translated as "the preservation of national heritage"). They had turned their back on the classical formal repertoire of historicism. Some of them belonged to the pioneers of modernity.[1] They were concerned, on the one hand, with the protection of buildings and landscapes, on the other, they stood up for new simple forms in architecture, for architecture that was craftsman-like and true to the materials used. And they insisted on more building development planning. Right from the beginning, the Heimatschutz movement was anchored in politics as firmly as among young architects. The Swiss Code of Civil Law (ZGB), that came into force in 1912, enabled a limitation of property for the purpose of protecting historical buildings, natural monuments, vantage points, and landscapes (ZGB § 702). Nevertheless, Switzerland, as opposed to its neighbouring countries, knew no public bodies for the preservation of heritage for a long time. Consultative committees for the preservation of monuments and the Heimatschutz remained the only public bodies in this field up to the 70s.[2] The preservation of landscapes and monuments was left to private initiative; the Heimatschutz Association has remained the major organization for this commitment to this day.

MORAL REARMAMENT
Heritage preservation had its particular hay-day during the years of the "moral rearmament" around the 2nd World War. Switzerland braced itself against the pull of nationalist propaganda in the neighbouring countries with an introverted retreat into its own past. Alpine landscapes and frugal peasant life, rugged rock scenery and military preparedness made up the image the Swiss fostered of themselves in those days. Regional dress and folk music and the promotion of rural dialects thrived, while in architecture a sentimental Heimatstil ("typical Swiss" style) proliferated. It offered a harmonious solution for every building task. Bays and shingle tiles seemed to embed each new building effortlessly into the environment of village or old town. This kind of preservation of heritage was immensely popular then (and later on). Its reactionary tendencies were supported less by architects than by conservative ideologists as, e.g., the writer Gonzague de Reynold or the longstanding general secretary of the Heimatschutz, Ernst Laur 1896–1968. Laur, who was as conservative as he was keen, was both chairman of the Swiss Regional Dress Association and founder of the Heimatwerk (a shop for traditional arts and crafts). Laur landed his decisive propagandistic and financial coup in 1945 with the launching of the "Schoggitaler" (chocolate dollar) that is sold by schoolchildren. It enabled the Heimatschutz to realise large projects of national symbolic significance, such as the acquisition of the Gotthard hospice, the preservation of the landscape around Lake Sils, the acquisition of the Brissago Islands, or the cleaning up of the peak of the Rigi by tearing down the hotels.

Cleaning-up of the peak of the Rigi. Sketches by Max Kopp, 1948
Thanks to money collected with the Schoggitaler (Chocolate Dollar) campaign the Heimatschutz succeeded in buying the hotels on the Rigi and to tear them down.
The buildings of the 19th century with their international character were not considered as witnesses of their time but rather as ruination of a landscape of national significance.
(from: *Werk*, No. 9, 1954, p. 363)

1 Architects such as Robert Rittmeyer (1868–1960), Robert Bischoff (1876–1920), Karl Indermühle (1877–1933), Werner Pfister (1884–1950) and others belonged to the early members.
2 The Federation as well as many cantons and cities employed free-lance and permanently employed experts even before that. In Zurich, for instance, the Büro für Altstadtsanierungen (bureau for the restoration of the old town) was responsible for the preservation of monuments.

Im Rückblick auf die Ausgangslage nach dem Zweiten Weltkrieg schrieb der Zürcher Planer Hans Marti 1913–93: «Besinnung auf uns selbst, Förderung der schweizerischen Eigenart und Schutz der Heimat vor fremden, zerstörenden Einflüssen, das waren leichtverständliche und festgefügte Grundlagen für den Aufbau.»[3] Die frühen Nachkriegsjahre blieben von diesem kleinstaatlichen Heimatgefühl geprägt.

Im Rahmen der Altstadtsanierung galt bis in die 60er Jahre hinein der bequeme Grundsatz, dass sich Neubauten in Form und Materialisierung dem historischen Bestand anpassen mussten. Man riss umso bedenkenloser alte Häuser ab, als man glaubte, sie problemlos durch nachempfundene Kopien ersetzen zu können. Bei Renovationen korrigierte man «Verschandelungen» des 19. Jahrhunderts durch grosszügige → Rückführung oder Neugestaltung in mittelalterlichem Sinn.[4]

Es gab aber auch andere Stimmen: Schon 1952 verwahrte sich der Präsident des Glarner Heimatschutzes, Architekt Hans Leuzinger 1887–1971, gegen den Heimatstil, «der in den Kriegsjahren als eine Seuche sich über Stadt und Land ergoss». «Der Heimatschutz», schrieb er, «will aus dem Lande kein Museum machen und weiss, dass das Gesicht der Heimat im Laufe der wirtschaftlichen und kulturellen Entwicklung nicht das gleiche bleiben kann. Die neuen Bauten sollen aber nicht schlechte Kopien der alten sein, welche unter ganz andern Verhältnissen entstanden. Man soll einem neuen Organismus kein altes Kleid überwerfen.»[5]

HOCHKONJUNKTUR UND ZUKUNFTSGLAUBE

Rechtzeitig zum 50 Jahre-Jubiläum der Schweizerischen Vereinigung für Heimatschutz zog die Zeitschrift *Werk* 1954 Bilanz über das Erreichte und redete der Heimatschutzbewegung gehörig ins Gewissen. Zukunft und Fortschritt zu bejahen und zu gestalten, das waren für das *Werk* die neuen und wesentlichen Aufgaben des Heimatschutzes. «Lebendiger Heimatschutz», schrieb der Architekt und einstige Direktor der Landesausstellung Hans Hofmann 1897–1957, «denkt nicht nur an die gute alte Zeit, sondern er glaubt auch an eine gute neue Zeit.»[6] Hofmann kritisierte den Heimatstil als «falschen folkloristischen Zauber», der vor allem dem Tourismus diene, «eine Verhöhnung der Heimat und des lebendigen Heimatschutzes, der sich für Echtheit und Wahrheit einsetzt».[7] Nicht nur die bäuerlichen Kulturlandschaften seien schön, meinte Hofmann, sondern auch die modernen, technischen Elemente könnten und müssten es sein. Kein Bauwerk von hoher künstlerischer Qualität, ob Wohnhaus, Kraftwerk oder Autobahn, würde in der Landschaft als störend empfunden.

Die deutlichsten Worte fand Hans Marti: «Wir müssen uns klar werden», schrieb er, «dass unsere Aufgabe die bewusste Gestaltung, das Anpacken der Zukunft und nicht das Kramen in der Vergangenheit, in Erinnerungen ist.» Der Schutzgedanke war für Marti obsolet, es ging ihm um grosszügige Planung und Neuschöpfung: «Unser Land steht mitten in der Entwicklung. Die Industrie entfaltet sich machtvoll, der Verkehr wächst. Beide kümmern sich kaum um Gefühlsduseleien. Bejahen auch wir mit ihnen die Zukunft, bejahen wir die → Stadt von morgen und ehren wir das Land von gestern.»[8]

3 Hans Marti: «Heimatschutz und Landesplanung», in: *Werk*, Nr. 9, 1954, S. 343
4 Richard A. Wagner: «Zürcher Altstadtprobleme – Neue Bauvorschriften für die Altstadt», in: *Heimatschutz*, Nr. 1, 1964, S. 29–43
5 Hans Leuzinger: *Das Glarnerland. Ein Heimatschutzbüchlein*, Glarus 1952, S. 13; vgl. auch: art-ig Büro für Kunstgeschichte (Hrsg.): *Hans Leuzinger 1887–1971. Pragmatisch modern*, Zürich 1993

6 Hans Hofmann: «Gedanken zum Natur- und Heimatschutz», in: *Werk*, Nr. 9, 1954, S. 346
7 Ebd., S. 348
8 Hans Marti: «Heimatschutz und Landesplanung», in: *Werk*, Nr. 9, 1954, S. 344

Altstadtsanierung Mühlegasse Zürich, Neubau 1948
Durch Übernahme historischer Bauelemente wie Dachformen, Erker und romantischer Staffelung der Volumen glaubte man, Neubauten problemlos in die Altstadtstruktur einpassen zu können.

Vorschlag für ein neues Wohnquartier für Zofingen.
Hans Marti, 1954
Statt formloser Zersiedelung und monotoner Siedlungen eine Siedlungsform mit bewusst gesetzten Akzenten und grossen Grünräumen. (aus: *Werk*, Nr. 9, 1954, S. 344)

Looking back on the situation after the 2nd World War, the planer, Hans Marti 1913–93, wrote: "Introspection, promotion of the Swiss character, and the protection of our country against destructive, alien influences, those were the easily understood and rigid bases for the new start."[3] The early post-war years remained imbued with this kind of national feeling typical for a small country.

When renovating old parts of town the safe rule, valid up to the 60s, was to adapt the new to the old both in form and material. Old houses were all the more unscrupulously torn down under the impression of being readily replaceable by mock copies. In the case of renovations the "ill deeds" of the 19th century were generously put right or redone in a medieval style.[4]

But there were other voices, too: as early as 1952 the chairman of the Glarus Heimatschutz, the architect Hans Leuzinger 1887–1971, protested against a Heimatstil "which during the war had spread like a disease through town and country." "National heritage preservation," he wrote, "does not want to turn a country into a museum and knows that the face of one's home country cannot remain the same in the course of economic and cultural change. New buildings should not be bad copies of old ones, which were built under wholly different circumstances. A new organism should not be clad in old clothes."[5]

BOOM AND THE FAITH IN THE FUTURE

In 1954, in time for the 50th anniversary of the Swiss Heimatschutz Association, the magazine *Werk* drew a balance on the achievements of the Heimatschutz movement and gave it a good talking-to. To accept and shape the future and progress was the *Werk's* message for the new and essential tasks of the Heimatschutz. Hans Hofmann 1897–1957, the architect and former director of the National Exhibition, wrote, "a vigorous preservation of heritage not only remembers the good old times, it also believes in the good new times."[6] Hofmann criticized Heimatstil as a "false folkloristic hocus-pocus", useful only to tourism, "a mockery of ones home country and of a *Heimatschutz* that sticks up for authenticity and truth."[7] Not only the rural landscapes are beautiful, Hofmann insisted, but also the modern technical elements could and should be so. No building of high artistic quality, be it a house to live in, a power station, or a highway, should be considered a disturbance in the landscape.

The clearest statement came from Hans Marti: "Let us face it," he wrote, "our task is to consciously shape and take on the future and not rummage about in the past or in our memory." To Marti the idea of protection was obsolete. He wanted generous planning and creating anew. "Our country is in the middle of a development. Industry is evolving mightily, traffic is on the increase. Neither is bothered with mawkishness. Let us join them in saying yes to the future, yes to the city of tomorrow and let us honour the country of old."[8]

The suggestions of *Werk* found little echo at the time. Into the 50s the Heimatschutz preferred to combat advertisement boards, TV aerials, and high voltage lines instead of confronting modern architecture and

Restoration of old parts of town, Mühlegasse Zurich, newly built 1948
By adopting old architectonic elements such as roof shapes, bays, and the romantic staggering of volumes new buildings were supposed to fit effortlessly into the original town structure.

Proposal for a new residential neighbourhood in Zofingen. Hans Marti, 1954
Consciously set points of reference and large green areas instead of a formless scattering of monotonous developments.
(from: *Werk*, No. 9, 1954, p. 344)

3 Hans Marti: "Heimatschutz und Landesplanung", in: *Werk*, No. 9, 1954, p. 343
4 Richard A. Wagner: "Zürcher Altstadtprobleme – neue Bauvorschriften für die Altstadt", in: *Heimatschutz*, No. 1, 1964, p. 29–43
5 Hans Leuzinger: *Das Glarnerland. Ein Heimatschutzbüchlein*, Glarus 1952, p. 13; cf. also: art-ig – Büro für Kunstgeschichte (ed.): *Hans Leuzinger 1887–1971. Pragmatisch modern*, Zurich 1993

6 Hans Hofmann: "Gedanken zum Natur- und Heimatschutz", in: *Werk*, No. 9, 1954, p. 346
7 ibid., p. 348
8 Hans Marti: "Heimatschutz und Landesplanung", in: *Werk*, No. 9, 1954, p. 344

Die Anregungen im *Werk* fanden damals wenig Echo. Auch in den 50er Jahren war im Heimatschutz die Bekämpfung von Reklametafeln, Fernsehantennen und Hochspannungsleitungen beliebter als etwa die Auseinandersetzung mit moderner Architektur. Seine planerischen Projekte konzentrierten sich auf den → Schutz von Landschaftsreservaten in unberührten ländlichen Gegenden. Während sich die Organisation sehnsuchtsvoll auf die Schweiz von gestern konzentrierte, herrschte im Mittelland, in den Städten und in den touristischen Zentren Bauboom im Zeichen der Hochkonjunktur. Doch darum kümmerte sich der Heimatschutz damals wenig.

DIE ZÜRCHER FLEISCHHALLE: EIN FANAL

Eine Auseinandersetzung von zukunftsweisender Tragweite entspann sich 1958–60 um den Abbruch der «Fleischhalle» am Zürcher Limmatquai, einer gedeckten Markthalle aus dem 19. Jahrhundert, die nun dem Verkehr Platz machen sollte. Ein ganz normaler Vorgang in jenen Jahren. Als 1952 der Abbruch erwogen → wurde, mochte sich niemand für die etwas skurrile, vor Alter schwarze Markthalle einsetzen; ihr Ende schien besiegelt, als 1958 eine Motion ihre sofortige Beseitigung forderte. Da mischte sich der Schriftsteller und *Du*-Redaktor Arnold Kübler in die Diskussion und wehrte sich für die «Halles» von Zürich. Das Gebäude sei wichtig für den Zürcher Limmatraum. Wenn der Bau den Verkehr störe, schrieb Kübler, so gelte auch das Umgekehrte: «Der Verkehr stört den Bau. Der Bau ist fest, der Verkehr ist flüssig, ihn kann man umleiten, ablenken, verlegen. Er soll weichen, vom Limmatquai, aus der Innenstadt.»[9] Das waren nun ganz neue Prioritäten, besonders ungewohnt deshalb, weil ein Bau des Historismus zur Debatte stand, den bis zu diesem Augenblick jedermann für eine Geschmacklosigkeit gehalten hatte. Bald fand Kübler Verbündete: Junge Architekten der Zürcher Arbeitsgruppe für Städtebau (ZAS) um Rolf Keller, Lorenz Moser und Adrian Willi entwarfen ein Projekt für eine neue Nutzung der Fleischhalle als urbanen Flanierraum, mit Café, Boutiquen und Läden.[10] Hans Marti unterstützte das Anliegen, *NZZ*-Kulturredaktor Martin Schlappner warb dafür und sogar der Kunsthistoriker und Denkmalpfleger Linus Birchler setzte sich dafür ein.
Der Einsatz für die Fleischhalle war erfolglos, aber nicht ohne Folgen. Erstmals in der Nachkriegszeit wurde hier grundsätzlich und mit Blick auf Stadtraum und Lebensqualität über die Entwicklung der Innenstadt und des Strassenverkehrs diskutiert. Erstmals wurde in Betracht gezogen, auf einen Strassenausbau zu verzichten. Zum allerersten Mal wurde um ein Werk des Historismus gekämpft. Bis solche Ideen und Anliegen in der Heimatschutzbewegung mehrheitsfähig wurden, sollte es noch fast zehn Jahre dauern.

PIONIERARBEIT IM GLARNER HEIMATSCHUTZ
Der Zeit voraus war man im Kanton Glarus. Der Präsident und Gründer der Glarner Sektion, Hans Leuzinger, war ein Architekt, der dem Neuen Bauen nahe stand. Sein Einfluss trug dazu bei, dass der Kanton 1952 zu

9 *Neue Zürcher Zeitung*, 29. 12. 1958
10 *Neue Zürcher Zeitung*, 27. 10. 1960; vgl. Rolf Keller: «Zürich – als ein lebendiges Ganzes», in: *Schweizerische Bauzeitung*, Nr. 43, 27. 10. 1960, S. 691–704

Entfernen von Reklameschildern, 1960er Jahre
Mit besonderem Stolz widmete sich der Heimatschutz in den 50er und 60er Jahren der Bekämpfung von Reklametafeln in ländlichen Gebieten. Inzwischen sind aus den Blechtafeln gesuchte Sammlerobjekte geworden.
(aus: *Heimatschutz*, Nr. 58, 1963, S. 104)

Fleischhalle Zürich
Kurz vor ihrem drohenden Abbruch setzten sich 1959 Schriftsteller, Künstlerinnen und Architekten für die Erhaltung der «Fleischhalle» am Zürcher Limmatquai ein. Sie hatten die städtebauliche Bedeutung und den Charme der «Zürcher Halles» als Zeuge des 19. Jahrhunderts entdeckt.
(Foto: Baugeschichtliches Archiv der Stadt Zürich)

← the like. Its planning projects centred on the protection of nature reserves in untouched rural areas. While the organisation was gazing longingly on a Switzerland of yore, a building boom, hand in hand with the economic boom, was underway in the towns and tourist centres in the midlands. But that was of no interest to the Heimatschutz, then.

THE ZURICH MEAT MARKET: A BEACON

A controversy of auspicious dimensions was sparked off in 1958–60 by the demolition of the Meat Market ("Fleischhalle") on the Zurich Limmatquai. It was a covered market of the 19th century which was to make
← way for the traffic. Quite a normal procedure in those days. When in 1952 the demolition was being considered, nobody thought of protecting this somewhat freakish market-hall blackened with age. Its end seemed sealed when in 1958 a motion required its immediate removal. Arnold Kübler, a writer and editor of the *Du* (the cultural magazine) entered the debate and began to take sides with the "Halles" of Zurich. The building, he argued, was important for the area along the Limmat. If it disturbed the traffic, Kübler wrote, the opposite was equally true. "The traffic disturbs the building. The building is fixed, while traffic flows and can be deviated, deflected, directed elsewhere. Let it be removed from the Limmatquai and from the inner city."[9] Entirely new priorities sprang up, here, which was particularly unusual, since a historistic building was being quarrelled over that, until then, everyone had deemed tasteless. Kübler soon found allies: young architects of the Zurich group for urbanism (ZAS, Zürcher Arbeitsgruppe für Städtebau) around Rolf Keller, Lorenz Moser, and Adrian Willi designed a project for a new use of the Meat Market as an urban promenade with cafeteria, boutiques and shops.[10] Hans Marti supported the venture. Martin Schlappner, the cultural editor of the *Neue Zürcher Zeitung,* wrote in favour of it, and even the art historian and heritage specialist, Linus Birchler, backed it.

The intervention in favour of the Meat Market failed, but not without consequences. For the first time after the war a fundamental debate about urban space, the quality of life, the development of the inner city and traffic had taken place. For the first time the idea of doing without widening streets had cropped up. For the very first time a historicist building was being fought over. It was to take almost another decade before such ideas and objectives were to find a majority in the Heimatschutz movement.

PIONEERS IN THE GLARUS HEIMATSCHUTZ

In the canton of Glarus they were ahead of their time. The chairman and founder of the Glarus section, Hans Leuzinger, was an architect close to Neues Bauen. It was through his influence that the canton obtained a very progressive building law in 1952 which enabled local planning with zones of utilisation and protective regulations. In 1955 the local development planning for Glarus came into force, which Leuzinger

Removing advertisement boards, 1960s
With particular pride the Heimatschutz dedicated itself in the 50s and 60s to fighting advertisement boards in rural areas. Meanwhile the metal signs have become collectors' items.
(from: *Heimatschutz,* No. 58, 1963, p. 104)

Meat Market Zurich
Shortly before its imminent demolition writers, artists, and architects intervened in favour of preserving the "Fleischhalle" on Zurich Limmatquai in 1959. They had discovered the urban significance and charm of the "Halles of Zurich" that bore witness to the 19th century.
(Photo: Baugeschichtliches Archiv der Stadt Zürich)

9 *Neue Zürcher Zeitung,* 29th Dec. 1958
10 *Neue Zürcher Zeitung,* 27th Oct. 1960; cf. Rolf Keller: "Zürich—als ein lebendiges Ganzes", in: *Schweizerische Bauzeitung,* No. 43, 27th Oct 1960, p. 691–704

einem sehr fortschrittlichen Baugesetz kam, das Ortsplanungen mit Nutzungszonen und Schutzbestimmungen ermöglichte. 1955 trat die Ortsplanung Glarus in Kraft, die Leuzinger zusammen mit Daniel Aebli und dem jungen, Jakob Zweifel, der 1953 dem Heimatschutz beitrat und ab 1963 die Glarner Sektion leitete, ausgearbeitet hatte. Der Respekt für die geplante Stadtanlage nach dem Simon & Wolff-Plan nach dem Brand 1861 und der Schutz des spätklassizistischen Ortsbildes spielten in dieser Planung eine ebenso grosse Rolle wie die geregelte Erschliessung neuer Entwicklungsgebiete und die Bewältigung des wachsenden Autoverkehrs. Altes und Neues, Schutz und Entwicklung standen in dieser frühen schweizerischen Ortsplanung gleichberechtigt nebeneinander, sich gegenseitig bedingend.

Für erfolgreiche Heimatschutzarbeit reichen Fachwissen und überzeugende Grundsätze nicht aus. Sehr oft erwiesen sich schnelle Interventionsbereitschaft, Schlauheit und Mut als entscheidend für den Erfolg. Auf das Interesse der Behörden konnte der Heimatschutz öfters nicht zählen; vielmehr mussten für spektakuläre Rettungsaktionen private Investoren und Nutzer gefunden werden. Häufig wurden Stiftungen gegründet, die über die Erhaltung wichtiger Zeugen in ihren Dörfern wachen.

Die Rettung des «Iselihauses» und des «Trümpyhauses» an der Hauptachse von Glarus sind Beispiele für dieses Vorgehen.[11] Das eine, ein mächtiges Bürgerhaus aus dem 16. Jahrhundert mit einer um 1800 erfolgten Aufstockung, sollte in den 1960er Jahren abgebrochen werden. Der Hausbesitzer, der die Bewilligung für einen Neubau bereits erhalten hatte, liess sich jedoch von der städtebaulichen Wichtigkeit überzeugen und überliess das Gebäude dem Heimatschutz, welcher es restaurierte und kostendeckend wieder verkaufte. Für das spätklassizistische «Trümpyhaus», das einen Eckpfeiler des Glarner Ortskerns bildet, waren wegen einer Strassenkorrektur 1969 Abbruch und Neubau bereits durch Regierungs- und Gemeinderat bewilligt, gar mit finanzieller Unterstützung der Abbrucharbeiten, als der Heimatschutz eingriff. Eine Intervention bei Bundesrat Hans Peter Tschudi half: Als dieser als Gast der Glarner Regierung in der Kutsche auf dem Weg zur Näfelser-Fahrt dort vorbeifuhr, ermahnte er den Landammann, hier sei die Denkmalpflege über den Strassenbau zu stellen. Bei beiden Häusern sicherte der Heimatschutz mit einem Servitutseintrag ihre dauerhafte Erhaltung.

DIE POLITISCHE HERAUSFORDERUNG AN DIE DENKMALPFLEGE
In den späten 60er und frühen 70er Jahren fand auf dem Gebiet von Heimatschutz und Denkmalpflege ein Paradigmenwandel statt und es kam zu einer fast explosionsartigen Ausweitung ihrer Tätigkeitsgebiete. Der Denkmalschutz fand Eingang in die staatliche Gesetzgebung. – Eine Entwicklung, die von breiter öffentlicher Zustimmung getragen wurde, aber nicht ohne interne Kämpfe und Auseinandersetzungen ablief. Die Ausweitung erfolgte, fast gleichzeitig, auf mehreren Ebenen. Mit der Aufwertung von Historismus und Jugendstil (durch die Kunstgeschichte) geriet erstens eine enorm vergrösserte Zahl von Bauzeugen ins

11 Jakob Zweifel: «Aktiver Glarner Heimatschutz», in: *Neujahrsbote 1978 für das Glarner Hinterland*, Glarus 1978, S. 7–8

Zonenplan für Glarus. Hans Leuzinger, 1948
Hans Leuzingers Zonenplan-Vorschlag für die Stadt Glarus stellte den Schutz der Stadtstruktur und ihrer Bauten in den Mittelpunkt. Er erlaubte daher auch im Stadtzentrum keine Mehrausnützung gegenüber dem Bestand, ausser bei noch bestehenden Baulücken.
(aus: Hans Leuzinger: *Ortsplanung Glarus*, Typoskript 1948, S. 17/18)
Iselihaus, Glarus
Das «Iselihaus» in Glarus überlebte den Dorfbrand von 1861. Es markiert die Einfahrt in den historischen Ortskern. Mitte der 60er Jahre in bedenklichem äusseren Zustand dem

Abbruch anheim gestellt, überlebte das aus dem 16. bis 18. Jahrhundert stammende Haus nur dank schneller Initiative des Glarner Heimatschutzes.
(Foto: Hans Ulrich Glauser, Zürich, 1971)
Trümpyhaus, Glarus
Durch die Rettung des Trümpyhauses vor dem Abbruch – links im Bild – blieb der einheitlich spätklassizistische Charakter der Diagonale der Nordeinfahrt von Glarus mit Blick auf das Gerichtshaus in glücklicher Weise erhalten.
(Foto: Fritz Maurer, Zürich)

had elaborated together with Daniel Aebli and the young Jakob Zweifel, who joined the Glarus Heimatschutz in 1953 and became its chairman in 1963. The respect for the Simon & Wolff-plan of the urban complex after the fire of 1861 as well as the protection of the late classicistic townscape played as major a role in this plan as did the controlled development of new areas and the management of increasing traffic. In this early Swiss local development plan the old and the new, protection and development were juxtaposed on equal terms, the one determining the other.

Successful heritage preservation requires more than expertise and convincing principles. Very often, a prompt readiness to intervene, cunning and courage are essential for success. On many occasions the Heimatschutz could not count on the support of the local authorities. Rather, it was necessary to find private investors and occupants to achieve spectacular rescue operations. Often foundations were established that would watch over the preservation of important local monuments.

The saving of the "Iseli House" and the "Trümpy House" on the main road of Glarus were examples of such arrangements.[11] The one, a mighty mansion of well-to-do citizens of the 16th century with an added storey of around 1800 was to be torn down in the 1960s. The owner, who had already obtained building permission, was persuaded of the urban significance of the building and donated it to the Heimatschutz which renovated it and sold it without loss. For the late classicistic "Trümpy House", a jamb-stone of the old centre of Glarus, the permission to tear it down and put up a new building in the course of a road correction in 1969 had already passed the cantonal and local governments, who were even paying towards its demolition, when the Heimatschutz intervened. The Federal Councillor, Hans Peter Tschudi, was called upon for help: on the carriage ride to Näfels he, as guest of the Glarus government, admonished the magistrate, as they were passing by "Trümpy House", that here heritage was to be given precedence over traffic. The permanent preservation of both buildings was safeguarded by the Heimatschutz by entering it as a servitude.

THE POLITICAL CHALLENGE OF THE PRESERVATION OF MONUMENTS

In the late 60s and early 70s a policy change took place in the field of Heimatschutz and the preservation of monuments. An almost explosive increase in its range of activities took place. The preservation of monuments found its way into public legislation. A development which met with broad public support, but, nevertheless faced a great deal of internal altercation and controversy.

The expansion occurred almost simultaneously on several levels. Firstly, the revaluation of historicism and art nouveau (by art history) brought a huge amount of architectural witnesses to the attention of those responsible for the preservation of monuments and the Heimatschutz.[12] What until then had been put down as "ruination" suddenly became valuable. Secondly and simultaneously the perspective of what was worthy of protection widened from single witnesses to whole ensembles, to townscapes, streets and squares.[13]

Zoning plan for Glarus. Hans Leuzinger, 1948
Hans Leuzinger's proposal of a zoning plan for the town of Glarus gave priority to the preservation of the urban structure and its buildings. It did not allow a higher utilization than the given, except in the case of building gaps.
(from: Hans Leuzinger: *Ortsplanung Glarus*, typescript 1948, p. 17/18)
Iseli House, Glarus
The "Iseli House" in Glarus survived the fire of 1861. It marks the entrance to the historical town centre. In the mid-60s the house from the 16th and 18th century was in an alarming

state of decay and was up for demolition. It survived only thanks to a prompt intervention by the Glarus Heimatschutz.
(Photo: Hans Ulrich Glauser, Zurich, 1971)
Trümpy House, Glarus
By saving the "Trümpy House" from destruction—left of the picture—the unity of the late classicistic character of the diagonal north access to Glarus, facing the court house, was luckily preserved.
(Photo: Fritz Maurer, Zurich)

11 Jakob Zweifel: "Aktiver Glarner Heimatschutz", in: *Neujahrsbote 1978 for the Glarner Hinterland,* Glarus 1978, p. 7–8
12 "Historismus in der Schweiz", series of articles in: *Heimatschutz,* No. 2, 1972, p. 1–31
13 Fritz Lauber: "Unsere alten Ortsbilder", in: *Heimatschutz,* No. 1, 1971, p. 1–27

DORFBILD MIT KIRCHE VON ELM
Vom Glarner Heimatschutz kam 1966 die Initiative zum Schutz des Bergdorfs Elm durch das Mittel der Ortsplanung. Der Ortskern mit der spätgotischen Kirche und bedeutenden historischen Holzhäusern ist geschützt. Eine grosse Wiesenfläche vor der Kirche wurde im Einvernehmen mit dem Besitzer als Grünfläche ausgezont, um die Dorfsilhouette (und den Blick in die Berge) frei zu halten. Eine Ortsbildschutz-Kommission wacht über den baulichen Bestand und die halbprivate Stiftung «Pro Elm» unter dem Präsidium von Kaspar Rhyner fördert sachgerechte Renovationen. Gut eingegliederte Neubauten sollen Zeitzeugen sein. 1975 wurde Elm für seinen Ortsbildschutz vom Europarat ausgezeichnet und 1981 erhielt es den Wakker-Preis.
(Foto: Fritz Maurer, Zürich, 1972)

VILLAGESCAPE WITH THE CHURCH OF ELM
The initiative for the preservation of the mountain village of Elm by way of a local development plan came from the Glarus Heimatschutz. The village centre with late Gothic church and significant historical wooden houses is protected. A large pasture in front of the church was declared open space in agreement with the owner in order to retain the village silhouette (and the view of the mountains). A commission for the protection of the villagescape watches over the buildings. And the semi-private foundation "Pro Elm", chaired by Kaspar Rhyner, promotes their correct renovation. Well integrated new buildings shall be witnesses of their time. In 1975 Elm was distinguished for its protection of the villagescape by the European Council and awarded the Wakker Prize in 1981.
(Photo: Fritz Maurer, Zurich, 1972)

ORTSPLANUNG ELM. Jakob Zweifel, 1967–68
Der Zonenplan der Gemeinde Elm in der revidierten Fassung
von 1998 (Ausschnitt). Die schraffierten Flächen zeigen
Ortsbild- und Landschaftsschutzgebiete. Braun angelegt ist
die Ortskernzone, wo erhöhte gestalterische Anforderungen
gelten – nach aussen abgeschirmt durch Freihalte- und
Landwirtschaftsflächen. Grau ist die Zone für öffentliche
Bauten, rot (abgesetzt vom historischen Dorfkern) die reguläre
Wohnzone, rosa die besonderen Zonen für Ferienhäuser,

die inselartig in die Berghänge gelegt sind. Die violetten Flächen dienen Gewerbe und Industrie, die grünen der Landwirtschaft.
(Plan: Ruth Wildberger, 1997–98)

LOCAL DEVELOPMENT PLANNING OF ELM.
Jakob Zweifel, 1967–68
The zoning plan of the village of Elm in the revised version
of 1998 (section). The hatched areas show the protected

village and landscape areas. The village centre zone—screened
off from the outside by open spaces and agricultural zones—is
brown. Here, higher architectural demands are enforced. Grey is
the zone for public buildings, red (at a distance from the centre)
the regular housing zone, pink the special zones for holiday
houses set like islands into the mountain slopes. The purple
areas serve for trade and industry, the green for agriculture.
(Plan: Ruth Wildberger, 1997–98)

Blickfeld der Denkmalpflegerinnen und Heimatschützer.[12] Was man bislang als «Verschandelung» bekämpft hatte, wurde plötzlich als wertvoll erkannt. Gleichzeitig weitete sich zweitens der Blick vom einzelnen wertvollen Zeugen zum Ensemble, zum Ortsbild, zu Strassen- und Platzräumen als eigentlichen Schutzobjekten.[13] Seit 1972 verleiht der Heimatschutz den Wakker-Preis als Auszeichnung für erfolgreichen Ortsbildschutz. Das wirkungsvolle Europajahr für Heimatschutz und Denkmalpflege machte das Ortsbild zum Thema einer internationalen Kampagne. In der Folge begann die Arbeit am Inventar schutzwürdiger Ortsbilder der Schweiz (ISOS). Als Teil eines wichtigen Ganzen erhielten damit unscheinbare und nebensächliche Bauten mit ihrer Umgebung eine neue Bedeutung – auch dies vergrösserte die Zahl schutzwürdiger Objekte. Drittens wurde die Kritik an der «Spekulation» (seit jeher ein beliebter Topos im Heimatschutz) grundsätzlicher. Die Erhaltung von preiswerten Wohnungen und humanem Lebensraum wurde jetzt mit als Ziel der Heimatschutzarbeit formuliert.[14] Die Kritik am «Bauen als Umweltzerstörung» verband sich mit immer strikterer Ablehnung von Autobahnen und Expressstrassen, in der Landschaft wie in den Städten.[15] →78 Mit diesen Entwicklungen bewegten sich der Heimatschutz als Bewegung und die Denkmalpflege als Institution aus ihrer konservativen (un-)politischen Ecke heraus und gerieten mitten in die gesellschaftlichen Auseinandersetzungen der Zeit.

Die kritische Architekturzeitschrift *Archithese* widmete 1974 dem Denkmalschutz eine eigene Nummer. Der Kunsthistoriker Stanislaus von Moos formulierte darin drei Kriterien für die Schutzwürdigkeit von Bauten. Erstens sammlerisches, «antiquarisches Interesse» an historischen Zeugen; zweitens «die ästhetische Dimension» im Sinn von architektonischer Qualität, drittens einen «sozio-ökonomischen Wert»: Wohnraum und Lebensraum für Menschen zu sein. «Es werden», schrieb er, «allenthalben die räumlichen und psychologischen Qualitäten alter, gewachsener Stadtstrukturen, ihre Individualität, ihre Differenziertheit und ihr humaner Massstab als Alternative zur verordneten Anonymität der fortschritts- und profitorientierten Massenbauerei erlebt.»[16] «Die Herausforderung an die Denkmalpflege der Zukunft», postulierte von Moos, «ist nicht primär eine architektonische, sondern eine planerische; nicht primär eine Sache der Ästhetik, sondern eine Sache der Politik.»[17]

Sein Kollege Hans Martin Gubler, der die Fabrikbauten des Zürcher Oberlandes als historische Zeugen entdeckt hatte, postulierte sogar: «Grundsätzlich verdient alle Bausubstanz Schutz und Pflege» – denn jeder Bau verkörpert Arbeit und damit historisches Kapital.[18] →

DIE DENKMALPFLEGE ALS STAATSAUFGABE

Die 70er Jahre brachten in der Schweiz den Schritt von der privaten, vom Staat nur durch Geldmittel und Verordnungen unterstützten Denkmalpflege zum Aufbau staatlicher (und kommunaler) Behörden. Seit 1962 ist der Natur- und Heimatschutz – als Kompetenz der Kantone – in der Bundesverfassung verankert.

12 «Historismus in der Schweiz», Artikelserie in: *Heimatschutz*, Nr. 2, 1972, S. 1–31

13 Fritz Lauber: «Unsere alten Ortsbilder», in: *Heimatschutz*, Nr. 1, 1971, S. 1–27

14 Bundesrat Hans Peter Tschudi zit. in: Nationales Schweizerisches Komitee; Gesellschaft für Schweizerische Kunstgeschichte (Hrsg.): *Europäisches Jahr für Denkmalpflege und Heimatschutz 1975. Orientierung und Vorschläge*, Bern 1974, S. 8

15 Rolf Keller: *Bauen als Umweltzerstörung*, Zürich 1968; «Heimatschutz und Strassenbau», Artikelserie in: *Heimatschutz*, Nr. 2, 1973, S. 1–29

16 Stanislaus von Moos: «Die politische Herausforderung an die Denkmalpflege», in: *Archithese*, Nr. 11, 1974, S. 2

17 Ebd. S. 6

18 Hans Martin Gubler in: *Archithese*, Nr. 11, 1974, S. 44

Hänggiturm, Ennenda
Erst spät entdeckte die Architekturgeschichte den historischen und ästhetischen Wert industrieller Bauwerke. Der «Hänggiturm» von Ennenda (Kanton Glarus) wurde 1865 von Hilarius Knobel erbaut. Sein auskragendes Galeriegeschoss diente zum Aufhängen und Trocknen bedruckter Baumwolltücher. Auf Betreiben des Glarner Heimatschutzes wurde der dem Abbruch geweihte, imposante Turm 1993 in einem benachbarten historischen Fabrikareal sorgfältig neu aufgebaut.
(Bild: Hansruedi Streiff)

Since 1972 the Heimatschutz bestows the Wakker Prize in recognition of a successful preservation of a village or townscape. Due to the effective "European Year for Heimatschutz and the Preservation of Monuments" the village and townscape was made the theme of an international campaign. Later on work began on the "inventory of Swiss village and townscapes worth preserving" (ISOS). Lesser buildings that were part of an important whole acquired a new significance with their environment. This, in turn, extended the number of objects worth protecting. Thirdly, the critical attitude towards "speculation" (a favourite and long-standing topos with the Heimatschutz) became more fundamental. The preservation of low-price apartments and a humane environment were now being integrated into the goals of the Heimatschutz.[14] The critique of "building as environmental pollution" joined forces with the strict opposition against motorways and high-ways in rural as well as urban areas.[15]

Through these developments the Heimatschutz as a movement and the preservation of monuments as an institution left their conservative (non-)political niche and entered the hothouse of public controversy.

In 1974 the critical architectural magazine *Archithese* dedicated a whole issue to the Heimatschutz. There the art historian, Stanislaus von Moos, formulated three criteria for a building to qualify as worthy of preservation. Firstly, the collectibility and "antiquarian interest" of a witness of its time; secondly, "the aesthetic dimension" in the sense of architectonic quality; thirdly, a "socio-economic" value of human housing and environment. He wrote, "wherever the spatial and psychological qualities of old, naturally evolved urban structures are experienced it is their individuality, their differentiation and their human scale that matter and not the imposed anonymity of progress and profit-oriented mass construction."[16] "The challenge for the future preservation of monuments," von Moos postulated, "is not so much a matter of architecture as of planning; not so much a matter of aesthetics as of politics."[17]

His colleague, Hans Martin Gubler, who had discovered the factory buildings of the Zurich Oberland as historical witnesses, went even further: "In principle, all built substance is worthy of protection and preservation"—since each building embodies labour and, with it, historical capital.[18]

THE PRESERVATION OF MONUMENTS AS A PUBLIC TASK

In the 70s Switzerland changed from private preservation of monuments, supported publicly only through funds and regulations, to the establishment of cantonal and communal bodies for that purpose. Since 1962 the preservation of nature and heritage is anchored in the Federal Constitution—as a cantonal responsibility. In 1967 the respective Federal Law was put into force. The Federal Government committed itself to take into account the preservation of nature and heritage in all its activities and to set up inventories of objects worthy of protection. Most Swiss cantons then began to include the preservation of nature and heritage into their building and other legislation. The regulations the canton of Glarus gave itself (as one of

Hänggi Tower, Ennenda
The history of architecture discovered the historical and aesthetic value of industrial buildings only very late. The "Hänggi Tower" of Ennenda (canton of Glarus) was built by Hilarius Knobel. Its projecting gallery storey served to hang up printed cotton cloth to dry. At the instigation of the Glarus Heimatschutz the imposing tower, doomed to be torn down, was carefully rebuilt on the neighbouring site of a historical factory.
(picture: Hansruedi Streiff)

14 Federal Councillor Hans Peter Tschudi cited in: Nationales Schweizerisches Komitee; Gesellschaft für Schweizerische Kunstgeschichte (ed.): *Europäisches Jahr für Denkmalpflege und Heimatschutz 1975. Orientierung und Vorschläge*, Bern 1974, p. 8
15 Rolf Keller: *Bauen als Umweltzerstörung*, Zurich 1968; "Heimatschutz und Strassenbau", series of articles in: *Heimatschutz*, No. 2, 1973, p. 1–29

16 Stanislaus von Moos: "Die politische Herausforderung an die Denkmalpflege", in: *Archithese*, No. 11, 1974, p. 2
17 ibid. p. 6
18 Hans Martin Gubler in: *Archithese*, No. 11, 1974, p. 44

1967 trat das entsprechende Bundesgesetz in Kraft. Der Bund verpflichtete sich, bei allen seinen Tätigkeiten den Natur- und Heimatschutz zu berücksichtigen und Inventare über die Schutzobjekte zu erstellen. Die meisten Schweizer Kantone begannen nun, den Natur- und Heimatschutz im Rahmen ihrer Baugesetze oder in eigenen Gesetzen zu regeln. Typisch sind die Regelungen, die sich der Kanton Glarus 1971 (als einer der ersten)[19] gab: «Die schutzwürdigen Naturschönheiten, Bauzeugen und Ortsbilder sind in Inventaren zu erfassen, wobei die betroffenen Grundeigentümer ein Anhörungsrecht besitzen. Der Staat erhält das Recht, zur Erhaltung der Schutzobjekte öffentlich-rechtliche Schutzmassnahmen zu beschliessen und durch Eintrag im Grundbuch, im äussersten Fall durch Enteignung des Objekts zu sichern. Für entstandene Nutzungseinbussen können die Eigentümer Entschädigung einfordern; an die Kosten von Renovationen und Unterhaltsmassnahmen bezahlt der Staat Beiträge.»[20] Der Denkmalschutz wurde mit diesem Gesetz im Kanton Glarus (und ähnlich in den meisten anderen Kantonen) zu einer regulären Staatsaufgabe.

AUSBLICK

Die Architektur der zweiten Generation der Moderne hat seit den späten 90er Jahren selber die Aufmerksamkeit und den Schutz durch die Denkmalpflege gefunden. Die Stadt Zürich zum Beispiel nahm 1998 140 Bauten und Baukomplexe der Nachkriegszeit ins Inventar schutzwürdiger Bauten auf, darunter zahlreiche Werke von André E. Bosshard, Werner Frey, Bruno Giacometti, Ernst Gisel, Jacques Schader, Ernst Schindler, Werner Stücheli und Jakob Zweifel. Damit soll sichergestellt werden, dass deren Renovation ebenso sorgfältig und materialgerecht erfolge wie ihre seinerzeitige Planung und Ausführung.[21]
Trotzdem: Am Anfang des 21. Jahrhunderts ist offensichtlich das Ende der Expansionsperiode im Schutzgedanken erreicht, die vor rund 30 Jahren begann. Auf die politische Herausforderung folgten – einschränkende – politische Antworten im Interesse von Markt und unternehmerischer Freiheit. Heute wird über Redimensionierungen der staatlichen Schutzinstrumente und über die Abschaffung des Verbandsbeschwerderechts laut nachgedacht. In Zukunft werden im Einsatz für das architektonische Erbe neben staatlicher Intervention privater Kampfgeist, gepaart mit Schlauheit und Mut vermutlich wieder eine grössere Rolle spielen.

Daniel Kurz (*1957) studierte Geschichte und Wirtschaftsgeschichte an der Universität Zürich. Er publiziert zu Themen der Stadt- und Architekturgeschichte. 1995–2001 war er Mitarbeiter der städtischen Denkmalpflege in Zürich.

19 Nur der Kanton Genf besitzt schon seit 1920 ein besonderes Heimatschutz-Gesetz.
20 *Natur- und Heimatschutzgesetz des Kantons Glarus*, vom 2. Mai 1971
21 Karin Dangel, Daniel Kurz: «Die Nachkriegszeit im Visier der Denkmalpflege», in: *Zürcher Denkmalpflege. Bericht 1997/98*, Zürich 1999, S. 23–34

Rolf Keller: *Bauen als Umweltzerstörung*, 1973. Buchumschlag
In den 70er Jahren geriet die Kritik an der Zerstörung von Landschaft und Bausubstanz zu grundsätzlicher Infragestellung des Fortschrittsglaubens. Rolf Kellers Slogan vom «Bauen als Umweltzerstörung» brachte 1973 die Empfindung einer ganzen Generation zum Ausdruck.

the first cantons)[19] in 1971 are typical: "The natural beauties, architectural witnesses, and village and town-scapes are to be inventoried; owners are to be given a right to be heard. The state has the right to decide protective measures under public law, for the sake of preserving valuable objects and, in extreme cases, to secure an object through expropriation by entry into the register of real estate. For incurred damages owners can demand compensation. The state subsidizes renovations and maintenance costs."[20] Through this law the preservation of monuments became a regular public task in the canton of Glarus (and similarly in other cantons).

PERSPECTIVES

The architecture of the second generation of modernity has attracted the attention and concern of the preservation of monuments. For instance, in Zurich 140 post-war buildings and building complexes were included in the inventory of buildings worth protecting in 1998. Among these are several works by André E. Bosshard, Werner Frey, Bruno Giacometti, Ernst Gisel, Jacques Schader, Ernst Schindler, Werner Stücheli, and Jakob Zweifel. This is to make sure that a renovation will be carried out as carefully and true to materials used as when they were planned and built.[21]

Nevertheless, at the outset of the 21st century, what began 30 years ago as an expansion period of the idea of heritage preservation, seems to be coming to an end. The political challenge has had to give in to a —restrictive—political answer in the interest of market forces and entrepreneurial freedom. Today a reduction of public protective measures and the abolition of the corporate right to lodge a complaint are being openly discussed. In the future architectural heritage will probably once again have to rely, apart from public intervention, on private fighting spirit joined with cunning and courage.

Translated from the German by Christian P. Casparis

Rolf Keller: *Bauen als Umweltzerstörung,* 1973. Book cover
In the 70s criticism of the destruction of landscapes and building substance turned into fundamental questioning of the belief in progress. Rolf Keller's slogan of "building as environmental pollution" in 1973 expressed the feeling of a whole generation.

19 Only the canton of Geneva has had a special law on heritage preservation since 1920
20 *Natur- und Heimatschutzgesetz des Kantons Glarus,* of 2nd May 1971
21 Karin Dangel, Daniel Kurz: "Die Nachkriegszeit im Visier der Denkmalpflege", in: *Zürcher Denkmalpflege. Bericht 1997/98,* Zurich 1999, p. 23–34

Daniel Kurz (*1957) studied history and the history of economics at Zurich University. Publications on the subjects of urban and architectural history. 1995–2001: worked with the Preservation of Historical Monuments in Zurich.

Die Notwendigkeit einer Landesplanung wurde in den 1940er Jahren definitiv auf die politische Bühne gebracht.[1] Die Raumplanung als öffentliche Aufgabe im Sinne des geltenden gleichnamigen Bundesgesetzes[2] hat sich erst dreissig Jahre später etabliert, und dies als primär kantonale Aufgabe.[3] Wichtigster Erfolg der schweizerischen Raumplanung seit Anfang der 70er Jahre ist die Verhinderung einer ungehemmten Zersiedlung durch Einführung getrennter Bodenmärkte. Diese Errungenschaft ist aber nicht ausreichend: Die zentralen Fragen der Zukunft, die sich um Energie und Umwelt, Verkehr und Migration drehen, machen die Hinwendung aller gesellschaftlichen und politischen Kräfte zu Fragen einer umfassend verstandenen nationalen Raumentwicklung nötig. Nur so können die Interessen von Wirtschaft, Umwelt und Gesellschaft, wie sie aus einer kurzfristigen Perspektive oft als sich widersprechend wahrgenommen werden, mit dem nötigen Blick auf die Zukunft abgewogen und harmonisiert werden. Von der Verfassung vorge-gebenes übergeordnetes Ziel ist «ein auf Dauer ausgewogenes Verhältnis zwischen der Natur und ihrer Erneuerungsfähigkeit einerseits und ihrer Beanspruchung durch den Menschen anderseits».[4]

ANHALTENDES WACHSTUM

Im Zuge der Industrialisierung, des Bevölkerungswachstums und der Wohlstandssteigerung wurde zunächst in städtischen Gebieten insbesondere eine Verkehrs- und Bebauungsplanung nötig. Bereits Ende des 19. Jahrhunderts wurde mit sogenannten Eingemeindungen ein finanzieller Ausgleich zwischen den damals reicheren Städten (!) mit ihrem nächsten Umland geschaffen und gestützt auf kantonale Baugesetze eine nach einheitlichen Gesichtspunkten geförderte Bebauung betrieben. Noch in den 1930er Jahren wurde z.B. in der Stadt Zürich nach diesem Muster eine zweite Eingemeindung vorgenommen.[5]

Nach dem Zweiten Weltkrieg, und hier beginnt das Wirken der Architekten der Moderne in der zweiten Generation, machte die anhaltend anziehende Baukonjunktur gesamtkantonale Überlegungen zur baulichen Entwicklung nötig, und es wurde durch unermüdlichen Einsatz einzelner Persönlichkeiten einer breiteren Öffentlichkeit bewusst, dass auch gesamtschweizerisch Vorstellungen einer geordneten und zukunftsgerichteten räumlichen Entwicklung der Gemeinden, der Kantone und des gesamten Landes nötig sind.[6] Gewarnt wurde schon damals vor der Ausbreitung eines ungeordneten «Siedlungsbreis» und vorausgesagt, dass ohne spezielle Anstrengungen das Mittelland vom Genfersee bis zum Bodensee von einer zusammenhängenden Band-Stadt durchzogen würde.

In Abkehr von der Eingemeindungs-Strategie wurde z.B. im Kanton Zürich 1943 eine Gesetzesgrundlage geschaffen, wonach sich «mehrere Gemeinden zur Aufstellung und Durchführung eines zweckmässigen Bebauungsplanes für ein grösseres Gebiet zu einem Verband vereinigen können».[7] Im selben Jahr wurden zwei wichtige Institutionen ins Leben gerufen: die Schweizerische Vereinigung für Landesplanung (VLP), eine privatrechtliche Organisation, die sich mit ihren Regionalplanungsgruppen bis heute als das nationale

LANDESPLANUNG BLEIBT MODERN!

Hansruedi Diggelmann

1 Zur Geschichte der Landesplanung siehe: Ernst Winkler, Gabriela Winkler, Martin Lendi: *Dokumente zur Geschichte der schweizerischen Landesplanung,* Schriftenfolge Nr. 1 zur Orts-, Regional- und Landesplanung, Zürich 1979. Zum Ganzen vgl. auch: Martin Lendi, Hans Elsasser: *Raumplanung in der Schweiz. Eine Einführung,* 2. Aufl., Zürich 1986; sowie: Heinz Aemisegger, Alfred Kuttler, Pierre Moor, Alexander Ruch (Hrsg.): *Kommentar zum Bundesgesetz über die Raumplanung,* Zürich 1999
2 Bundesgesetz über die Raumplanung vom 22. Juni 1979 (Raumplanungsgesetz, RPG)

3 Art. 22 der Bundesverfassung der Schweizerischen Eidgenossenschaft vom 29. Mai 1874 (Bundesverfassung, BV), eingefügt durch Volksabstimmung vom 14. September 1969
4 Art. 73 der (total revidierten) Bundesverfassung vom 18. April 1999, in Kraft seit 1. Januar 2000
5 Insbesondere auch zu Strukturreformen und Finanzausgleich im Kanton Zürich, vgl. Mario König: «Agglomeration, Planung, Verkehr. Die Politik vor der Bewältigung des Wachstums», in: Niklaus Flüeler, Marianne Flüeler-Grauwiler (Hrsg.): *Geschichte des Kantons Zürich,* Bd. 3, Zürich 1994, S. 459 ff.

6 Vgl. z.B. Rede von Nationalrat Armin Meili, erster Präsident der VLP, als Kommissionsberichterstatter zur Solothurner Standesinitiative betreffend Förderung der Regional- und Landesplanung, gehalten am 22. März 1945, in: *Dokumente zur Geschichte der schweizerischen Landesplanung,* (Anm. 1), S. 118
7 §8a des Baugesetzes für Ortschaften mit städtischen Verhältnissen vom 23. April 1893, eingefügt durch Gesetz vom 6. Mai 1943

NATIONAL DEVELOPMENT PLANNING— AS MODERN AS EVER

Hansruedi Diggelmann

The need for national development planning began to be regarded on a political level during the 1940s.[1] Land zoning as a public issue in the sense of the valid federal law of the same name[2] did not become established until thirty years afterwards, and even then it was primarily a cantonal task.[3] The most significant success of Swiss land zoning since the beginning of the 1970s is the prevention of uninhibited over-development through the introduction of divided land markets. However, this achievement is insufficient: the central issues of the future, which revolve around energy and the environment, traffic and migration, necessitate the involvement of all political and social powers with the questions relating to comprehensive national development. This is the only way that the interests of the economy, the environment and society, which often seem to be at cross purposes seen from a short-term point of view, can be assessed and co-ordinated with the necessary regard to the future. The overriding constitutional aim is "a sustainable, balanced relationship between nature and its capacity to be renewed on the one hand, and the demands made upon it by man on the other."[4]

SUSTAINABLE GROWTH

As a result of industrialisation, the increase in population and the higher standards of welfare, the first priority in urban districts was traffic and development planning. As early as the end of the 19th century, so-called "incorporation" created a financial balance between the then richer (!) cities and the immediate surrounding countryside, and development based on cantonal building laws was promoted according to uniform principles. In the city of Zurich, for example, a second incorporation was carried out according to this pattern as early as the 1930s.[5]

After World War II, and it is here that the work of the second generation of modern architects began, the continuously expanding building boom necessitated integral cantonal investigation into building developments, and the tireless endeavours of a few specific individuals acquainted a wider public with the fact that the well-organised, future-orientated development of the communities, cantons and country as a whole was also necessary on a national level.[6] Even at that early date, the spread of "development sprawl" was warned against, and it was predicted that, unless special efforts were made, the Central Plateau from Lake Geneva to Lake Constance was in danger of becoming covered by an uninterrupted "band city".

As a conscious rejection of the incorporation strategy, a legal basis was created, for example in Canton Zurich in 1943, according to which "several communities [could] join together to form an association for the crea-tion and implementation of an effective development plan for a larger area".[7] The same year saw the foundation of two important institutions: the Schweizerische Vereinigung für Landesplanung (VLP) (Swiss Association of National Development Planning), a private organisation that, in collaboration with its regional planning groups, became established as the national forum for questions relating to spatial and

1 For further information on the history of national development planning, see: Ernst Winkler, Gabriela Winkler, Martin Lendi: *Dokumente zur Geschichte der schweizerischen Landesplanung,* Report No. 1 on local-, regional- and national development planning, Zurich 1979. Cf. also: Martin Lendi, Hans Elsasser: *Raumplanung in der Schweiz. Eine Einführung,* 2nd edition, Zurich 1986; and: Heinz Aemisegger, Alfred Kuttler, Pierre Moor, Alexander Ruch (ed.): *Kommentar zum Bundesgesetz über die Raumplanung,* Zurich 1999

2 Federal law on land zoning of 22 June 1979 (Raumplanungsgesetz, RPG)
3 Art. 22quater of the Federal Constitution of the Swiss Confederation of 29 May 1874 (Bundesverfassung, BV), integrated by public voto, 14 September 1969
4 Art. 73 of the (totally revised) Federal Constitution of 18 April 1999, effective from 1 January 2000
5 For further information on structural reforms and the financial redistribution between state, cantons and communities in Canton Zurich, cf. Mario König: "Agglomeration, Planung, Verkehr.

Die Politik vor der Bewältigung des Wachstums", in: Niklaus Flüeler, Marianne Flüeler-Grauwiler (ed.): *Geschichte des Kantons Zürich,* vol. 3, Zurich 1994, p. 459 ff.
6 Cf. e.g. speech by National Council member Armin Meili, first president of the VLP, as committee reporter on the Solothurn State Initiative on the promotion of regional and national development planning held on 22 March 1945, in: *Dokumente zur Geschichte der schweizerischen Landesplanung,* (note 1), p.118
7 §8a of the building laws for urban built-up areas of 23 April 1893, integrated by the law of 6 May 1943

Forum für Fragen des Raums und der Umwelt etabliert hat,[8] und die Zentrale für Landesplanung am Geographischen Institut der ETH Zürich, heute Institut für Orts-, Regional- und Landesplanung (ORL). Das folgende Beispiel illustriert die Verzahnung der verschiedenen Planungsebenen und damit die Notwendigkeit einer fachübergreifenden sowie alle Staatsebenen integrierenden Raumplanung: Nachdem der Bund 1945 den Beschluss gefasst hatte, im Raume Oberglatt-Kloten einen Flughafen zu bauen, wurde vom neu gegründeten kantonalen Büro für Regionalplanung als erster der Gesamtplan Nr. 1 «Zürcher Unterland und Interkontinental-Flughafen» ausgearbeitet und vom Regierungsrat im Sinne eines Leitbildes genehmigt. Wie die →
heutige Entwicklung in der Flughafenregion zeigt, bleibt die Koordination der Bereiche Bau, Verkehr und Umwelt grösste Herausforderung einer föderalistisch und demokratisch organisierten Raumplanung.

In der Zeit des grossen Aufschwungs und der damit einhergehenden Automobilisierung breiter Bevölkerungsschichten hatte auch die Planung hohe Konjunktur. In den 50er Jahren wurde das Nationalstrassennetz geplant, welches die schweizerische Siedlungsstruktur, viele Landschaften und das Mobilitätsverhalten mit seither unüberbotener Wucht prägt.[9] Die laufenden und zusätzlich erwarteten Wachstumsschübe führten unter anderem zur Einführung einer Wohnbauförderung durch den Bund, und es wurden Anfang der 60er Jahre ganze neue Städte auf dem Reissbrett entworfen. Ein prototypischer Plan der «neuen Stadt» im Zürcher Furttal mit grosszügig geschwungenen, mehrheitlich kreuzungsfreien Erschliessungsstrassen bis hin zur Darstellung der Typologie einzelner Gebäudegruppen sollte die entscheidenden Erkenntnisse liefern.[10] Unter anderem die Ölkrise von 1973 hat die Verwirklichung solcher Ideen in ihrer reinen Form verunmöglicht. Stattdessen sind in allen Richtungen rund um die Städte Agglomerationen entstanden, in denen heute mehr als zwei Drittel der Schweizer leben. Für Arbeit, Konsum und Freizeit müssen täglich immer längere Wege zurückgelegt werden. Der Bodenverbrauch für Siedlungszwecke, d.h. vor allem für Gebäude mit Umschwung und für Verkehrsflächen, hat noch Ende des 20. Jahrhunderts innert 12 Jahren um 327 Quadratkilometer (13%) zugenommen, was einer Fläche von mehr als derjenigen des Kantons Schaffhausen entspricht.[11]

RAUMPLANUNG ALS STAATLICHE AUFGABE

Es ist kaum auszudenken, wie die Schweiz heute aussehen würde, wenn das anhaltende Wachstum nicht durch eine als öffentliche Aufgabe erkannte Raumplanung begleitet worden wäre. Die Auswüchse eines ungebundenen Bodenmarktes konnten bis Ende der 60er Jahre lediglich mittels Verkaufssperren und Einspruchsrechten gegen Landverkäufe von Landwirtschaftsland und durch teure Landkäufe der öffentlichen Hand zur Erhaltung von Grünzonen im Siedlungsbereich bekämpft werden, nachdem ein 1964 erstelltes Rechtsgutachten die Verfassungsmässigkeit der Landwirtschaftszone verneint hatte. Angesichts der weit überdimensionierten (potentiellen) Bauzonen und drohender Entschädigungsansprüche waren raumver-

8 Schweizerische Vereinigung für Landesplanung (Hrsg.): *Raumplanung vor neuen Herausforderungen. Referate zum 50jährigen Jubiläum der Schweizerischen Vereinigung für Landesplanung,* Schriftenfolge VLP Nr. 61, Bern 1994

9 Vgl. z.B. Interview mit Hans Marti, einem der herausragenden Pioniere der Raumplanung: «Autobahnen: Fehlprodukte der Planung von oben nach unten?», in: *Basler Zeitung,* 30.1.1982, S. 15

10 Die Idee neuer Städte sollte im Rahmen der nationalen Planung diskutiert und gelöst werden. Ernst Egli u.a.: *Die Neue Stadt. Eine Studie für das Furttal,* Zürich 1961; Ernst Egli, Werner Aebli, Ernst Winkler, Rico Christ: *Die Studienstadt im Furttal bei Zürich. Zweiter Bericht über die Grundlagen einer neuen Schweizer Stadt,* Zürich 1963

11 Bundesamt für Statistik (Hrsg.): *Bodennutzung im Wandel. Arealstatistik Schweiz,* Neuchâtel 2001

Termin beim Hochbauamt des Kantons Zürich. In Anwesenheit von Sir Patrick Abercrombie, Verfasser des «Greater London Plans 1944», ist der Gesamtplan Nr. 1 «Zürcher Unterland, Interkontinental-Flughafen Zürich Kloten» von 1950 Gegenstand der Aufmerksamkeit.
(aus: Christian Gabathuler, Sacha Peter: *Siedlungsentwicklung im Kanton Zürich. Ein Rückblick auf 50 Jahre Raumplanung,* Das kleine Forum in der Stadelhoferpassage, Zürich 2001, S. 5)

environmental issues, a position which it still holds today,[8] and the Zentrale für Landesplanung (National Planning Centre) at the Geographical Institute of the ETH, Zurich, now known as the Institut für Orts- ,Regional- und Landesplaning (ORL) (Institute for Local, Regional and National Planning). The following example illustrates the dovetailing of the different planning levels, and thus the necessity of interdiscipli-nary development planning on all national levels: when the Federal Government decided to build an airport in Oberglatt-Kloten in 1945, the newly founded cantonal office of regional development planning was the first to create overall plan No. 1 "Zurich Unterland and the Intercontinental Airport", which was approved as a model by the cantonal government. As today's development in the airport region shows, the co-ordina-tion between construction, traffic and the environment presents an enormous challenge to federally and democratically organised development planning.

During the height of the great economic upswing and the associated increase in the automobilisation of wide sections of the public, planning was also in the throes of a boom. The 1950s saw the planning of a national road network that had a hitherto unprecedented effect on the Swiss settlement structure, many landscapes and mobility behaviour.[9] The ongoing growth explosion, which was expected to continue into the future, led, among other things, to the introduction of the promotion of housing by the state, and the early 1960s saw the creation of drawing-board projects of whole new towns. A prototype plan of the "new town" in Furttal in Canton Zurich, which included proportioned access roads, mostly without crossings, and the portrayal of the typology of single groups of buildings, was intended to provide some crucial insights.[10] Among other things, however, the 1973 oil crisis made the implementation of such ideas in their original form impossible. Instead, agglomerations appeared all round the cities, in which over two thirds of the Swiss population now live. For work, consumption and leisure, ever-longer distances have to be covered daily. The use of land for housing purposes, i.e. above all for buildings with surrounding space, and for traf-fic had, by the end of the 20th century, increased by 327 square kilometres (13%) within 12 years, an area corresponding to that of the whole Canton Schaffhausen.[11]

LAND ZONING AS A STATE RESPONSIBILITY

It is almost impossible to imagine how Switzerland would look today if the ongoing growth had not been accompanied by development planning generally recognised as a public responsibility. Until the end of the 1960s, after a legal report had rejected the constitutional validity of the agricultural zones in 1964, the excesses of the free land market could only be countered by bans and rights of protest on the sale of agri-cultural land, and by expensive acquisition of land by the public authorities for the maintenance of open green zones in settlement areas. In view of the greatly over-dimensioned (potential) building zones and the threat of claims for compensation, planning-compatible and future-orientated housing and traffic concepts

Meeting at the Canton Zurich Public Works Office. In the presence of Sir Patrick Abercrombie, author of the "Greater London Plans 1944", the "Gesamtplan No.1 Zürcher Unterland, Interkontinental-Flughafen Zürich Kloten" of 1950 was the subject under discussion.
(from: Christian Gabathuler, Sacha Peter: *Siedlungsentwicklung im Kanton Zürich. Ein Rückblick auf 50 Jahre Raumplanung*, Das kleine Forum in der Stadelhoferpassage, Zurich 2001, p. 5)

8 Schweizerische Vereinigung für Landesplanung (Swiss associa-tion of national development planning) (ed.): *Raumplanung vor neuen Herausforderungen. Lecture at the 50th anniversary of the Schweizerische Vereinigung (Swiss Association of National Development Planning)*, report VLP No. 61, Bern 1994
9 Cf. e.g. Interview with Hans Marti, one of the outstanding pion-eers of national planning: "Autobahnen: Fehlprodukte der Planung von oben nach unten?", in: *Basler Zeitung*, 30 January 1982, p. 15

10 The idea of new towns was to be discussed and solved in the framework of national planning. Ernst Egli et al: *Die Neue Stadt. Eine Studie für das Furttal*, Zürich 1961; Ernst Egli, Werner Aebli, Ernst Winkler, Rico Christ: *Die Studienstadt im Furttal bei Zürich. Zweiter Bericht über die Grundlagen einer neuen Schweizer Stadt*, Zurich 1963
11 Federal Office for Statistics (ed.): *Bodennutzung im Wandel. Arealstatistik Schweiz*, Neuchâtel 2001

trägliche und zukunftsweisende Siedlungs- und Verkehrskonzepte schlicht unbezahlbar. Jede einzelne Gemeinde und jeder Grundeigentümer wollte und konnte an der Entwicklung teilhaben.[12] Dörfer in Stadt-nähe wuchsen je einzeln unkoordiniert und schliesslich zusammen, bestückt mit mehrheitlich belanglos gestalteten Wohnsiedlungen, ausladenden Einfamilienhausquartieren und einer eigenen kleinen Industrie-zone. Der Staat erstellte hinterher die nötige strassenmässige Erschliessung durch Ausbau bestehender Verkehrswege und unzählige sogenannte Umfahrungsstrassen, welche ihrerseits die Entwicklung eines weiteren Agglomerationsgürtels begünstigten.

So scheiterten nicht nur die Pläne einer «neuen Stadt» in der Art der Furttalstadt. Auch das Konzept einer →dezentralisierten Konzentration von Siedlungen mit regionalen Zentren blieb Fragment. Im Kanton Zürich wurde ein entsprechendes «Leitbild Regionalzentren» aus dem Jahre 1960 bereits 1970 durch eine «Skizze zur Konzeption der räumlichen Entwicklung» abgelöst.[13] Dieses Konzept ist mehr Chronik als Plan, indem es schlicht und nüchtern die Agglomerationsbildung nachzeichnet, wie sie sich kreisförmig (oder je nach Topografie sternförmig) um die bestehenden Städte entwickelte. →

Auch die Verkehrsplanung lag noch mehrheitlich in den Händen von Technikern und war als typisch sekto-rale Aufgabe organisiert, die weder auf raumplanerische Grundsätze noch auf die Berücksichtigung von Umweltanliegen verpflichtet war. Spektakuläre Beispiele dazu gibt die Nationalstrassenplanung ab. Einzelne Personen und private Organisationen mussten sich mangels gesetzlich gebotener gesamtheitlicher Sicht der Planung gegen die übelsten Auswüchse wehren. Es ist beispielsweise ganz direkt dem unermüdlichen Einsatz des Planers Hans Marti sowie dem Schweizer Heimatschutz mit seinem Chef für Bauberatung, Robert Steiner, zu verdanken, dass die Autobahn in der Tessiner Leventina die Ortschaft Faido nicht über-mässig tangiert und bei Bellinzona die Strassenführung auf der anderen Seite des Flusses erstellt wurde.

Mit Verankerung der Eigentumsgarantie und der Raumplanung in der Bundesverfassung wurden 1969 aus-reichende Grundlagen sowohl für die Etablierung getrennter Bodenmärkte (vorab Trennung Bau- und Landwirtschaftszone) als auch für eine sachlich umfassende und die Behörden aller Stufen verpflichtende Raumplanung geschaffen: «Der Bund stellt auf dem Wege der Gesetzgebung Grundsätze auf für eine durch die Kantone zu schaffende, der zweckmässigen Nutzung des Bodens und der geordneten Besied-lung dienende Raumplanung. Er fördert und koordiniert die Bestrebungen der Kantone und arbeitet mit ihnen zusammen. Er berücksichtigt in Erfüllung seiner Aufgaben die Erfordernisse der Landes-, Regional- und Ortsplanung.»[14]

Die Streubauweise konnte durch das Gewässerschutzgesetz des Bundes von 1971 wenigstens einge-dämmt werden: Fortan durften Bauten ausserhalb der (nach wie vor überdimensionierten) generellen Kana-lisationsprojekte nur noch «aus sachlich begründetem Bedürfnis» errichtet werden (also im wesentlichen für die Landwirtschaft). Mit Bundesbeschluss von 1972 über dringliche Massnahmen auf dem Gebiete der

12 Erst viel zu spät konnte sich gestützt auf das Raumplanungsgesetz (RPG) die Rechtsprechung entwickeln, wonach der Nichteinbezug einer Liegenschaft in eine Bauzone grundsätzlich entschädigungslos hinzunehmen ist, soweit die betreffende Zonenplanung noch nicht den bundesgesetzlichen Anforderungen entspricht.
13 *Geschichte des Kantons Zürich*, (Anm. 5), S. 460 ff.
14 Art. 22ter und Art. 22quater der Bundesverfassung der Schweizeri-schen Eidgenossenschaft vom 29. Mai 1874

«Furttalstadt» im Raum Otelfingen als Prototyp neuer Städte in der Schweiz? Forschung und Planung 1959–1963.
(aus: Christian Gabathuler, Sacha Peter: *Siedlungsentwicklung im Kanton Zürich. Ein Rückblick auf 50 Jahre Raumplanung*, Das kleine Forum in der Stadelhoferpassage, Zürich 2001, S. 6)

Skizze zur Konzeption der räumlichen Entwicklung des Kantons Zürich 1970: Desillusionierte Geschichtsschreibung statt Planung.
(aus: Niklaus Flüeler, Marianne Flüeler-Grauwiler (Hrsg.): *Geschichte des Kantons Zürich*, Bd. 3, Zürich 1994, S. 465)

were, quite simply, prohibitively expensive. Each individual community and each landowner wanted, and was able to, participate in the development.[12] Villages in the vicinity of towns expanded individually and without co-ordination, and finally grew together, dotted with mainly inconsequential housing estates, sprawling neighbourhoods with single-family houses, and their own small industrial zones. The state consequently constructed the necessary access roads through the expansion of existing roads and innumerable so-called bypasses, which actually facilitated the development of further agglomeration belts.

Thus it was not only the plans for "new towns" of the type planned for Furttal that remained in a fragmentary form, but also the concept of decentralised concentrations of housing estates with regional centres. In Canton Zurich, corresponding "regional centres guidelines" from 1960 were replaced as early as 1970 by a "draft on the conception of development planning".[13] This concept is more of a chronicle than a plan, in that it simply and soberly traces the development of agglomerations in the shape of a ring (or a star, according to the topography) around the existing towns.

Traffic planning was also mainly in the hands of technicians and was organised as a typically sectional task based on neither planning principles nor on consideration for the requirements of the environment. Spectacular examples in this context are provided by the national road planning. In the absence of a legally anchored overall view, individuals and private organisations were obliged to put up a fight against the worst excesses. It is, for example, due entirely to the tireless efforts of the planner Hans Marti and the Swiss Heimatschutz (National Heritage Preservation) with its head building advisor Robert Steiner that the motorway in the Ticinese Leventina did not interfere too gravely with the village of Faido but was constructed on the opposite side of the river near Bellinzona.

With the establishment of the property ownership guarantee and land zoning laws in the Swiss constitution in 1969, an adequate basis was created for both the establishment of separate land markets (consisting at first of the separation of building and agricultural zones) and objectively comprehensive development planning that allotted responsibility to authorities on all levels: "The Confederation shall decree by legislation principles applicable to zoning plans to be drawn up by the Cantons for the purpose of ensuring the judicious use of ground and rational land occupation. It shall encourage and co-ordinate the efforts of the Cantons, and collaborate with them. In carrying out its functions, it shall take into account the needs of land zoning at national, regional and local level."[14]

The Confederation's laws on the prevention of water pollution issued in 1971 made it possible to at least curb the scattered building developments, for from then on it was only permitted to build outside the (still over-dimensioned) general sewage projects "for objectively justified requirements"—thus essentially for agricultural purposes. With the Confederation's decision of 1972 on urgent measures pertaining to zoning plans, the cantons were placed under an obligation to define "without delay" areas whose development

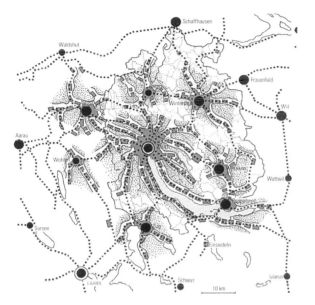

"Furttalstadt" near Otelfingen as the prototype of new towns in Switzerland? Research and planning 1959–1963.
(from: Christian Gabathuler, Sacha Peter: *Siedlungsentwicklung im Kanton Zürich. Ein Rückblick auf 50 Jahre Raumplanung*, Das kleine Forum in der Stadelhoferpassage, Zurich 2001, p. 6)

Draft on the conception of land zoning in Canton Zurich 1970: disillusioned history writing instead of planning.
(from: Niklaus Flüeler, Marianne Flüeler-Grauwiler (ed.): *Geschichte des Kantons Zürich*, vol. 3, Zurich 1994, p. 465)

12 The law according to which property owners were obliged to accept without compensation the exclusion of a property from the building zones, based on the Raumplanungsgesetz (RPG) (land zoning laws) if the building zone in question does not yet comply with the requirements of the Federal Laws, came much too late.
13 *Geschichte des Kantons Zürich (history of Canton Zurich)*, (note 5), p. 460 ff.
14 Art. 22ter and Art. 22quater of the Federal Constitution of the Swiss Confederation of 29 May 1874

Raumplanung wurden die Kantone verpflichtet, «ohne Verzug» jene Flächen als provisorische Schutzgebiete zu bezeichnen, deren Überbauung «aus Gründen des Landschaftsschutzes, zur Erhaltung ausreichender Erholungsräume oder zum Schutz vor Naturgewalten» einzuschränken oder zu verhindern war. Das Raumplanungsgesetz von 1979 fasst diese Massnahmen zusammen: «Nutzungspläne ordnen die zulässige Nutzung des Bodens. Sie unterscheiden vorab Bau-, Landwirtschafts- und Schutzzonen.»[15]

Das Raumplanungsgesetz verlangt in inhaltlicher Hinsicht mit seinen Planungsgrundsätzen und in verfahrensmässiger Hinsicht vorab mit dem Instrument des Richtplans von den Kantonen mehr als eine Bodennutzungsplanung und geht davon aus, dass verschiedene Sachpolitiken koordiniert und auch mit Vorhaben des Bundes abgestimmt werden.[16] Konzeptionelle Überlegungen und weitere Grundlagen wurden bereits früher auf Bundesebene und in den Kantonen in verschiedensten Leitbildern, Konzepten oder Inventaren festgehalten,[17] und sind nun auch Gegenstand der Richtplanung. Richtpläne müssen gestützt auf ein kantonales Raumentwicklungskonzept mindestens aufzeigen, wie die raumwirksamen Tätigkeiten im Hinblick auf die anzustrebende Entwicklung aufeinander abgestimmt werden und in welcher zeitlichen Folge und mit welchen Mitteln vorgesehen ist, die Aufgaben zu erfüllen.

Eine erste Generation kantonaler Richtpläne in den 70er und 80er Jahren enthielt angesichts des drängenden Nachholbedarfs vorab Vorgaben für die Bauzonenplanung und zeichnete auf Richtplan-Karten («Plänen») überkommunal bedeutsame bestehende und geplante Werke auf, wie solche des Verkehrs, der Ver- und Entsorgung sowie öffentliche Bauten. Mit seinem Raumplanungsbericht 1987 nahm der Bundesrat erstmals seit Inkrafttreten des Raumplanungsgesetzes (RPG) umfassend Stellung zum «Stand und der Entwicklung der Bodennutzung und Besiedlung in der Schweiz». Aus der Synthese dieses Berichts seien die folgenden vier der insgesamt 13 Leitsätze herausgegriffen: «Die Problemsicht der Raumplanung muss breiter sein als ihre Handlungsmöglichkeiten» – «Bisher war der haushälterische Umgang mit dem Boden ein Ziel; jetzt müssen Taten folgen» – «Verkehr und Siedlung sind besser aufeinander abzustimmen» – «Raumplanung muss vermehrt im Dienste der Umweltvorsorge stehen.»[18]

AGENDA

Im Nachgang zum Raumplanungsbericht 1987 wurden parallel zu den in Mode gekommenen Liberalisierungen und Privatisierungen in den Bereichen Verkehr, Energie und Telekommunikation die raumwirksam tätigen Verwaltungsstellen reorganisiert,[19] neue Leitbilder erarbeitet und eine zweite Generation Richtpläne erlassen.[20] Trotzdem ist es der Raumplanung bisher nicht gelungen, den Bodenverschleiss wirksam zu stoppen und mit nachhaltigen Konzepten Umwelt und Natur langfristig zu schonen und zu fördern. Verbesserungen beispielsweise durch Investitionen in den öffentlichen Verkehr werden mit der Neuüberbauung grüner Wiesen und mit zusätzlichen Strassenprojekten, welche ihrerseits Neueinzonungen nach

15 Art. 14 RPG

16 Grundsätze: Art. 1 und 3 RPG, Planungspflicht: Art. 2 RPG, Mitwirkung: Art. 4 RPG, Richtplanung: Art. 6 ff. RPG, Konzepte und Sachpläne des Bundes: Art. 13 RPG, vgl. auch Verordnung über die Raumplanung in der Fassung vom 28. Juni 2000

17 Vgl. z.B: Institut für Orts-, Regional- und Landesplanung an der ETH Zürich (Hrsg.): *Landesplanerische Leitbilder der Schweiz*, Kurzfassung, Schriftenreihe zur Orts-, Regional- und Landesplanung Nr. 13, Zürich 1973; oder auch das Bundesinventar der Landschaften und Naturdenkmäler (BLN) gemäss Verordnung von 1977

18 *Raumplanungsbericht des Bundesrates*, Separatdruck, Bern 1987

19 Einen guten Überblick gibt: Bundesamt für Raumentwicklung (Hrsg.): *Das Bundesamt für Raumentwicklung. Erwartungen und Perspektiven*, Informationsheft Nr. 3, Bern 2000

20 Eidg. Justiz- und Polizeidepartement (Hrsg.): *Grundzüge der Raumordnung Schweiz*, Separatdruck, Bern 1998

must be prevented or restricted "for reasons of landscape protection, for the maintenance of sufficient leisure areas or for protection against natural catastrophes" as provisionally protected zones. The land zoning laws of 1979 comprised the following measures: "Use-zoning plans stipulate the permissible use of the land. They differentiate primarily between building, agricultural and protected zones."[15]

The planning principles of the land zoning laws required the cantons to do more than just create land-use plans. Based on the instrument of the master plan, the aim was to co-ordinate the different policies, in agreement with the federal goals.[16] Conceptual considerations and other basic principles were established early on a federal and cantonal level in a wide range of guidelines, concepts and inventories,[17] and are currently also the subjects of general structural planning. Based on a cantonal land-zoning concept, master plans must at least show how effective zoning concepts can be adapted and co-ordinated in the interests of the desired developments, as well as indicating the chronological order and means by which it is planned to carry out the tasks.

Owing to the urgent need to make up for lost time, the first generation of cantonal master plans in the 1970s and 80s contained first and foremost stipulations for building development zones, producing master plans marked with supra-communally important existing and proposed projects such as traffic systems, mains and sewers, as well as public buildings. The federal government's land-zoning report of 1987 commented for the first time since the "Raumplanungsgesetz (RPG)" (land-zoning laws) came into effect on the "status of land zoning and housing developments in Switzerland". The synthesis of this report included the following four guidelines, extracted from a total of thirteen: "The grasp of the problems of land zoning must be broader than its options of action"—"Until now, the economic use of land was a goal; now action must follow"—"Traffic and housing must be better attuned to each other"—"Land zoning must be placed increasingly in the service of environmental care."[18]

AGENDA

In addition to the 1987 land zoning report, the administration offices of traffic, energy and telecommunications were reorganised parallel to the then fashionable liberalisation and privatisation issues,[19] new models were developed, and a second generation of master plans drawn up.[20] Nevertheless, land zoning has not yet succeeded in effectively curbing the misuse of land and in promoting the protection of nature and the environment by means of sustainable concepts.

Improvements through, for example, investments in public transport are invalidated by new housing developments in rural locations and additional road projects, which for their part lead to the creation of new building zones. The description and subsequent "planned" extrapolation of reality seems to come easier to the majority of politicians than taking far-sighted decisions. The core of the problem is the fact that until

15 Art. 14 RPG

16 Principles: Art. 1 and 3 RPG, planning obligations: Art. 2 RPG, collaboration: Art. 4 RPG, master plan: Art. 6 ff. RPG, federal concepts and plans: Art. 13 RPG, cf also Verordnung über die Raumplanung in der Fassung of 28 June 2000

17 Cf. Institut für Orts-, Regional- und Landesplanung at the ETH Zürich (ed.): Landesplanerische Leitbilder der Schweiz, Kurzfassung, report on local-, regional and national development planning No. 13, Zurich 1973; also, Federal Inventory of Landscapes and National Monuments (Bundesinventar der Landschaften und Naturdenkmäler (BLN)), according to the decree of 1977

18 Federal land zoning report, offprint, Bern 1987

19 A useful overview is contained in: Das Bundesamt für Raumentwicklung. Erwartungen und Perspektiven, issued by the Federal Office of Land Development Planning (Bundesamt für Raumentwicklung) (ed.), information booklet No. 3, Bern 2000,

20 Federal Department of Justice and Police (ed): Grundzüge der Raumordnung Schweiz, offprint, Bern 1998

sich ziehen, mehr als zunichte gemacht. Die Beschreibung und die nachträgliche «planliche» Fortschreibung der Realität scheint der Mehrheit der Politiker nach wie vor leichter zu fallen als weitsichtige Entscheide zu fällen. Kern des Problems ist, dass bis heute kein Konsens darüber herrscht, dass der Markt allein keine wirtschaftlichen Siedlungsstrukturen sichert und dass trotz verfassungsrechtlicher Verankerung aller wichtigen Aspekte des Umgangs mit Raum und Umwelt von der Tagespolitik laufend die Tatsache verdrängt wird, dass Raumplanung und Umweltschutz wie die Marktwirtschaft zu den in der Schweiz staatlich festgelegten Rahmenbedingungen allen gesellschaftlichen und wirtschaftlichen Tuns gehören.[21]

Es zeigt sich, dass die seit nunmehr 30 Jahren in den öffentlichen Verwaltungen institutionalisierte Raumplanung nur organisatorische Zwischenetappe auf einem von der Verfassung allen gesellschaftlichen Kräften verordneten Dauerlauf zur Erreichung einer nachhaltigen Raumentwicklung ist. Die Grundanliegen haben sich seit den flammenden Reden der Väter einer modernen Landesplanung in ihrem Kern nicht geändert und an entsprechenden aktuellen inhaltlichen Herausforderungen fehlt es nicht. Alle, die es wahrhaben wollen, wissen, welche herausragenden Prioritäten auf der landesweit täglich zu konsultierenden Agenda stehen: 1. Markante Senkung des Energieverbrauchs und Förderung erneuerbarer Energien, 2. Nullwachstum des Kulturlandverschleisses und der Bodenversiegelung, 3. aktive Gestaltung der Landschaft in einem veränderten wirtschaftlichen und gesellschaftlichen Umfeld.[22] Die über den traditionellen Schutz hinausgehende aktive Gestaltung von Landschaftsräumen ist besonders wichtig, weil einerseits die bare Landbewirtschaftung nicht mehr ohne weiteres sichergestellt ist und anderseits in der Landschaft insbesondere zur Verbesserung geeigneter Naherholungsmöglichkeiten und für den Naturschutz mehr als einzelne Biotop-Inseln gestaltet werden müssen, damit die Schweiz als Wirtschaftsstandort attraktiv bleibt.

→

Dagegen nimmt sich fast als Kleinigkeit aus, dass die Erstellung und Gestaltung einzelner Bauten in den letzten Jahrzehnten durch viele unsinnige Bauvorschriften übermässig reglementiert worden ist. Diese Auswüchse können durch Änderungen der Gesetze leicht rückgängig gemacht werden, damit der Architektur und der Planung wieder Vorrang zukommen kann. Entsprechende Revisionen der kantonalen Baugesetze sind verbunden mit der Chance, im weitgehend überbauten Gebiet künftig vermehrt Neubauten zu erstellen, und zwar nicht nur in Industriebrachen, sondern auch durch Abriss und Neubau in dysfunktional gewordenen Wohn- und Mischzonen. Nur so können langfristig der Baulandverschleiss gestoppt und der Energieverbrauch gesenkt werden. Zur Schaffung des nötigen Druckes wäre als Sofortmassnahme die fortschreitende Auslagerung städtischer Funktionen in die Agglomeration und auf die grüne Wiese rigoros zu unterbinden, insbesondere durch Verbote der Erstellung von Konsum- und publikumsintensiven Freizeiteinrichtungen auf der grünen Wiese und die Neuentwicklung von Büro-Monokulturen an den Siedlungsrändern. Zur Verhinderung von Neuerschliessungen am falschen Ort ist davor zu warnen, dass die mit Privaten und der Wirtschaft neuerdings unter dem Namen «kooperative Planung» betriebene Entscheidungsfindung

21 Bundesverfassung vom 18. April 1999, 4. Abschnitt: Umwelt und Raumplanung (Art. 73 ff.); vgl. auch Referat des damaligen Präsidenten der VLP, Regierungsrat Eduard Belser, in: *Raumplanung vor neuen Herausforderungen. Referate zum 50jährigen Jubiläum der Schweizerischen Vereinigung für Landesplanung,* (Anm. 8), S. 15
22 Zur Multifunktionalität der Landwirtschaftszone und einer entsprechenden Planungspflicht vgl. Art. 16 Abs. 1 und 3 RPG, gemäss Revision in den Bereichen Landschaft und Landwirtschaft vom 20. März 1998

Während in Randregionen eine natürliche Wiederbewaldung von Alpwiesen voranschreitet ...
(aus: Schweizerisches Bundesamt für Statistik (Hrsg.): *Bodennutzung im Wandel. Arealstatistik Schweiz,* Neuchâtel 2001, S. 20)

... werden im Mittelland und auf Talböden nach wie vor beste Landwirtschaftsflächen für Siedlungszwecke verbraucht. Unter anderem zur Finanzierung des Erneuerungsbedarfs bestehender Infrastrukturen und für eine umweltgerechte Abwicklung des Verkehrs ist aber eine konsequente Beschränkung der Bautätigkeit auf das bereits überbaute Gebiet unerlässlich.
(aus: Schweizerisches Bundesamt für Statistik (Hrsg.): *Bodennutzung im Wandel. Arealstatistik Schweiz,* Neuchâtel 2001, S. 16)

now no consensus has been reached about the fact that the market alone cannot ensure an economic housing structure and that, in spite of the constitutional anchorage of all the important aspects of land zoning and the environment, the fact that in Switzerland land zoning and environmental protection, like the market economy, are obedient to the fixed conditions of all social and economic action established by the state.[21]

It appears that the land-zoning system that has been institutionalised in the public administration for more than 30 years is no more than an organisational intermediate stage, prescribed by the constitution for the attention of all the social powers, of an ongoing plan for the achievement of sustainable land zoning. The basic demands have not changed since the vehement speeches of the fathers of modern land zoning, and there is no dearth of appropriate current challenges. The priorities on the national agenda are clear: 1. a marked decrease in energy consumption and the promotion of renewable energy, 2. a complete stop in the misuse of and building on agricultural land, 3. the active design of the landscape in a changed economic and social environment.[22] The active design of the landscape over and above the traditional protective measures is particularly important for two reasons: a) because the future of farming can no longer be guaranteed, and b) because there is a need for easily accessible recreation areas with improvement potential, and for nature reserves that are more than mere isolated biotopes, if Switzerland is to remain attractive as an economic centre.

By comparison, the fact that the construction and design of single buildings has been over-regulated during recent decades by senseless building regulations would appear to be unimportant. These excesses can easily be reversed by changing the laws so that priority is once again given to architecture and planning. Appropriate revisions of the cantonal building laws are associated with the opportunity of the future construction of more new buildings in largely built-up areas, not only in industrial waste lands but also through demolition and new construction in residential and mixed zones that have become dysfunctional. This is the only way that misuse of building land can be stopped on a long-term basis and energy consumption reduced. The necessary pressure could be created by an immediate and strict ban on the progressive evacuation of urban functions to the agglomerations and the countryside, in particular through bans on the construction of consumption- and public-intensive leisure amenities in the countryside and the development of office mono-cultures on settlement peripheries. In order to prevent new developments in the wrong places, it should be noted that decisions made recently in the name of "co-operative planning" between private persons and the economy threaten to lead to private planning and construction of the basic infrastructures. This would represent a grave setback that would extend far beyond the achievements of the 1971 laws relating to the prevention of water pollution. Land zoning and public building activities are inseparably connected, and the responsibility for the system lies with the state.

While a natural reforestation of alpine meadows progresses in peripheral regions ...
(from: Schweizerisches Bundesamt für Statistik (ed.): *Bodennutzung im Wandel. Arealstatistik Schweiz,* Neuchâtel 2001, p. 20)

... on the Central Plateau and in the valleys the best agricultural land is still being used for housing developments.
But consistent restrictions on building on the already built-up areas is essential, among other things to facilitate the financing of necessary restorations to existing infrastructures and the environment-friendly development of the traffic system.
(from: Schweizerisches Bundesamt für Statistik (ed.): *Bodennutzung im Wandel. Arealstatistik Schweiz,* Neuchâtel 2001, p. 16)

21 Federal Constitution of 18 April 1999, paragraph 44: Environment and Physical Development Planning (Art. 73 ff.); cf also the lecture by the then president of the VLP Eduard Belser, in: *Raumplanung vor neuen Herausforderungen, Lecture on the 50th anniversary of the Swiss Association of National Development Planning,* (note 8), p. 15
22 On the multi-functionality of the agricultural zones and appropriate planning obligation, cf Art. 16 par. 1 and 3 of the RPG, according to the revision in the areas of landscape and agriculture of March 20 1998

dahingehend auswachsen könnte, dass Infrastrukturen der Grob- oder Basiserschliessung letztlich privat geplant und erstellt werden. Das wäre ein Rückfall bis weit hinter die Errungenschaften des Gewässerschutzgesetzes von 1971. Raumplanung und öffentlicher Bau gehören zusammen, die Systemverantwortung liegt beim Staat.

Die innovative Architektur der Nachkriegsmoderne zeichnet sich unter anderem dadurch aus, dass ihre Schöpfer immer über die einzelne gestellte Aufgabe hinaus gedacht und ihren Arbeiten ein neues Verständnis von Raum zugrundegelegt haben (Räume für Menschen – Bewegung – Zeit). Auch deren Maxime, wonach immer auf die Gegebenheiten des Ortes, die Elemente der Natur sowie auf ökologische und soziale Aspekte zu achten ist, liest sich wie eine Kurzumschreibung der aktuellen Forderung nach einer nachhaltigen Raumentwicklung. Die erwähnten Prioritäten auf der Agenda der Raumplanung können nicht von den Städten und den Kantonen allein gemeistert werden. Zu fordern ist deshalb eine in enger Zusammenarbeit mit dem Bund betriebene Landesplanung der zweiten Generation. Wie bereits in der Pionierphase seit den 40er Jahren bleiben eine kritische Öffentlichkeit sowie der beherzte Einsatz einzelner Persönlichkeiten und privater Organisationen zentraler Erfolgsfaktor zur Erreichung einer nachhaltigen Entwicklung.

Hansruedi Diggelmann (*1960) lic. iur. & Raumplaner ETH / NDS.
1986–89 Tätigkeit beim Hochbauamt der Stadt Zürich.
Ab 1989 wissenschaftlicher Mitarbeiter am Institut für Rechtswissenschaft der ETH Zürich bei Prof. Dr. h.c. Martin Lendi.
Leiter des Projekts «Baurecht» im Rahmen des 1990–95 vom Bund geführten Impulsprogramms «Bau – Erhaltung und Erneuerung».
Seit 1991 Tätigkeit bei der Baudirektion Kanton Zürich, ab 1996 als Chef Rechtsdienst des Amtes für Raumordnung und Vermessung (ARV). Leiter des laufenden Projekts «Neugestaltung PBG» zur Revision des kantonalen Planungs-, Bau- und Umweltrechts.

The innovative architecture of post-war modernism is characterised, among other things, by the fact that its creators always thought beyond the specific task in hand and based their work on a new understanding of space (space for people—movement—time). Their maxims, too, according to which attention must always be paid to the attributes of the site, the elements of nature and to ecological and social aspects, reads like a brief summary of today's demand for sustainable development. The priorities on the land-zoning agenda mentioned above cannot be implemented by the towns and cantons alone. What is needed is a second generation of national development planning carried out in close collaboration with the state. As in the pioneer stage that began in the 1940s, a critical public and the wholehearted commitment of individual personalities and private organisations are the focal success factors in the achievement of sustainable development.

Translated from the German by Maureen Oberli Turner

Hansruedi Diggelmann (*1960) lic. iur. & planner ETH / NDS. 1986–89: activities with the Hochbauamt der Stadt Zürich (City of Zurich Municipal Building Department). From 1989: scientific collaborator at the Institute of Jurisprudence at the ETH Zurich with Prof. Dr. h.c. Martin Lendi. Since 1991 active with the Baudirektion Kanton Zürich (Canton of Zurich Building Administration), since 1996 head of the Rechtsdienst des Amtes für Raumordnungund Vermessung (ARV) (Legal Department of the Department of Land Zoning and Surveying). Head of the current project "Neugestaltung PBG" for the revision of the cantonal planning, building and environmental laws.

WAS IST MODERN IN DER ARCHITEKTUR?
EINE STRUKTURANALYSE DER ZEITGENÖSSISCHEN BAUKUNST[1]

Franz Füeg

MODERN UND MODERNISTISCH

Der grösste Teil unserer Architektur, der als modern bezeichnet wird, hat in Wirklichkeit mit Modernität nichts zu tun. Gewöhnlich beschränkt sich das Moderne auf neue Baustoffe, auf das Flachdach vielleicht, oder auf den neuzeitlichen Komfort. Es gilt daher nicht nur zu sagen, was moderne Architektur, sondern auch, was modernistische Architektur ist.

Als modern wird hier die Architektur der letzten sechzig Jahre bezeichnet, deren Werke vollkommen anders erscheinen als jene früherer Epochen. Als modernistisch wird jene Architektur bezeichnet, die einzelne Elemente des Modernen übernimmt, im wesentlichen aber klassizistische Strukturmerkmale beibehält.

URSACHEN DES MODERNISMUS

Das modernistische Bauen trat wie der Heimatstil als Bewegung gegen das Moderne auf und ist seinem Wesen nach arational. Anders als beim Heimatstil bemühen sich die Vertreter modernistischer Prägung jedoch, ihre Bauwerke so erscheinen zu lassen, als sei deren Form rational aus Konstruktion und Funktion gewonnen. Modernistische Bauwerke können aber auch aus einem Missverständnis des Modernen entstehen. In jedem Fall wirken hier noch Reste der romantischen und idealistischen Ästhetik nach, die, ohne Zusammenhang mit dem Ganzen, einseitig und unzulänglich angewendet werden. Vor allem aber scheint die Einsicht zu fehlen, wie die moderne Architektur ihrem Wesen nach beschaffen ist. Diese Unkenntnis lässt sich auf drei Gründe zurückführen:
1. Es besteht die verbreitete Ansicht, dass die Integration von neuen Lebensbedingungen und neuen technischen Möglichkeiten von selbst ein modernes Bauwerk ergebe.
2. Es fehlt die Kenntnis von den allgemeinen Merkmalen der modernen Architektur, und es fehlt (in der deutschen Sprache wenigstens) das Wort, mit dem ihre Eigenart eindeutig zu fassen wäre.
3. Die Sicht auf das moderne Kunstwerk wird von ästhetischen Vorstellungen der klassizistischen Kunst seit der Renaissance und vor allem des 19. Jahrhunderts verdeckt.

Dieser dritte Grund verursacht die grosse Schwierigkeit, das Neue und Besondere des Modernen vorzustellen und zu begreifen, obwohl in der idealistischen und romantischen Ästhetik Ansätze zu einem solchen Verständnis vorhanden sind. Hegel erhob die Ästhetik zu einer Stufe philosophischer Erkenntnis, Friedrich Schlegel und Novalis träumten von einer Identität von Philosophie und Poesie; Schelling wollte gar die «ästhetische Anschauung zum Organon der Philosophie machen». Man glaubte, «dasselbe Grundwesen, das im Ich bewusst wird, in allen Dingen und im Ganzen der Welt als Hintergrund zu erkennen»[2]. Diese Anschauung ist heute ein wesentliches Element im Urteil der modernen Kunst bei Sedlmayr so gut wie bei Haftmann. Noch weiter geht Max Bense, der versucht, die Ästhetik an die Stelle der Metaphysik und einer Gegenstands-Ontologie zu setzen.[3] Er will damit ein Werkzeug schaffen, das dazu dienen soll, die gegenstandslose Technik und deren Abbild in der gegenstandslosen Kunst philosophisch gleichzeitig zu bewältigen.

Die Nachahmer des 19. Jahrhunderts bemühten sich, vom philosophischen Idealismus solche anthropomorphen Weltformeln zu übernehmen. Sie betrachteten aber die Ästhetik als eine autonome Kategorie des Kunstwerks und setzten bestimmten Zwecken bestimmte Ideen oder «Werte» und bestimmten Ideen bestimmte Formen gleich. Das Schema war einfach; die Formel «Zweck – Idee – Form» passte auf alle Aufgaben etwa so: «Gymnasium – humanistisches Bildungsideal – Renaissance» oder «Kirche – Frömmigkeit – Gotik oder Romanik». Dabei waren die klassizistischen Grundstrukturen bei einem neubarocken so gut wie bei einem neugotischen Bau stillschweigend vorausgesetzt. Beim Modernismus, der im Grunde ein modernistischer Klassizismus ist, wird eine ähnliche Ideenmechanik noch immer praktiziert. An das Bauwerk werden solche Formen und Proportionen herangetragen, die «zeitlose Schönheit» gewährleisten und eine Verpflichtung auf das abendländische Erbe ausdrücken sollen.

ZUM BEGRIFF DES MODERNEN

Diese Auffassungen sind dem modernen Bauen fremd. Bis jetzt scheint aber noch kaum ins Bewusstsein gedrungen zu sein, was die moderne Architektur von jeder früheren Baukunst wesentlich unterscheidet.

Was aber nicht richtig verstanden wird, kann auch nicht zulänglich bezeichnet werden. Daher fehlt – wenigstens im deutschen Sprachgebrauch – das Wort, das den Gegenstand, und nur diesen Gegenstand, trifft und in der Vorstellungskraft hervorrufen könnte. Das Wort «modern» reicht dazu nicht aus, denn es ist abgegriffen und ungenau. Es müsste durch ein neues Wort ersetzt werden, wenn die Architekturkritik und die Architekturdiskussion sich mit der Sache, die es zu bezeichnen hat, zureichend beschäftigen will. Vorderhand ist es als Provisorium zu verwenden, da es immerhin die meisten richtigen Vorstellungen vom Gegenstand weckt, der hier gemeint ist, und weil es im Namen jener Vereinigung enthalten ist, die unsere Anliegen repräsentativ vertritt, des «Congrès International de l'Architecture Moderne» (CIAM). Neue Sachlichkeit, Neues Bauen, Technischer Stil oder Funktionalismus und Konstruktivismus sind hilfreiche Bezeichnungen für einzelne Erscheinungen; sie treffen aber nicht das Ganze.

Sie treffen das Ganze vor allem deshalb nicht, weil sie aus einer Vorstellungswelt stammen, der die Schlüssel zur neuen Kunst fehlen. Es gelingt nicht, mit überkommenen kunstgeschichtlichen Kategorien das Phänomen des Modernen zu fassen.

BAUSTOFF, FORM, GESTALT UND STRUKTUR

Antike Baustile sind an der Säulenordnung, Romanik von Gotik an der Gewölbeform unterscheidbar. Zur Unterscheidung von modern und nichtmodern, von modern und modernistisch reichen dagegen Form- und Gestaltelemente nicht aus. Wohl scheint das Flachdach ein typisch modernes Formelement zu sein; es kann aber ebenso bei modernistischen Bauwerken verwendet werden. Ein Walmdach erscheint als typisch unmodern, doch erhält es bei F. L. Wright einen durchaus modernen Aspekt. Das gleiche gilt vom technischen Komfort, und zwar auch dann, wenn er als Gestaltelement auftritt: ein Berghaus mit Petroleumlampen kann moderner sein als ein grossstädtisches Hochhaus mit Fluoreszenzbeleuchtung. Und dasselbe gilt vom Baustoff: das Berghaus, in Holz gebaut, kann moderner sein als das Hochhaus in Beton, Stahl und Glas.

Die Entwicklung der neuen Architektur kann freilich ohne Beton, Stahl und Glas, ohne das Flachdach und ohne den heutigen Stand der Technik nicht vorgestellt werden. Die Merkmale des Modernen sind aber nicht an den Einzelheiten, sondern nur an der Beziehung der Gestaltelemente zueinander zu erfahren, nur aus der Frage also, wie die Gestaltelemente zueinander in Beziehung treten und wie dieses Gefüge in seiner gesamten inneren und äusseren Struktur beschaffen ist.

Die Struktur eines Bauwerks wird bestimmt von den Zwecken, die es veranlasst haben, von den Zwecken, denen es dient, von der praktischen und ideellen Ordnung dieser Zwecke, von wirtschaftlichen Fragen, von der Wahl der Baustoffe, vom tektonischen Aufbau, von der Erscheinung der Formen und von der Beschaffenheit der Oberfläche dieser Formen nach Textur und

1 Vortrag, gehalten am 6. Dezember 1956 vor dem Groupement d'études germaniques an der Universität Neuenburg. Abgedruckt in: *Bauen + Wohnen*, Nr. 1, 1958, S. 31–36 (hier wiedergegeben mit einer Auswahl der begleitenden Abbildungen, jedoch ohne deren Kommentare).
2 Nicolai Hartmann: *Ästhetik*, Berlin 1953, S. 2
3 Nach Notizen über den Vortrag «Die Welt der Kunst in der künstlichen Welt», gehalten am 20. Oktober 1956 an der Hochschule für Gestaltung in Ulm.

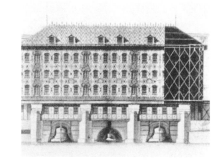

Jules Saulnier, Schokoladenfabrik Menier in Noisiel-sur-Marne, 1871–72

Jules Saulnier, Menier Chocolate Factory in Noisiel-sur-Marne, 1871/72

WHAT IS MODERN IN ARCHITECTURE?
A STRUCTURAL ANALYSIS OF CONTEMPORARY BUILDING[1]

Franz Füeg

MODERN AND MODERNISTIC
Most architecture that is regarded as modern has in fact nothing to do with modernity. Usually, the term "modern" is used in connection with the new building materials, flat roofs, perhaps, or contemporary standards of comfort. It is therefore necessary to explain the meaning of both modern and modernistic architecture.

"Modern" is the word ascribed to the architecture of the past sixty years, which is entirely different in appearance to that of earlier epochs. Modernistic, on the other hand, is used to describe architecture that integrates elements of modernity but which essentially retains its classicist structural features.

MOTIVES OF MODERNISM
Like "Heimatstil" ("typical Swiss" style), modernistic building developed as a movement in opposition to modern architecture and is, by definition, a-rational. Unlike Heimatstil, however, its advocates endeavour to make their buildings look as if their form were rationally based on construction and function. But modernistic buildings can also result from a misunderstanding of modern architecture. In any case, the remains of romantic and idealistic aesthetics continue to play a part, aesthetics which, devoid of any connection with the whole, are used in a one-sided and inadequate fashion. Above all, what seems to be lacking is an understanding of what modern architecture really is, and this can be traced to three causes:

1. There is a widespread view that the integration of new living conditions and new technical possibilities automatically result in modern architecture.
2. There is a general lack of knowledge of the general characteristics of modern architecture, as well as a of word that would adequately express its unique features.
3. The perception of modern works of art is largely blurred by the aesthetic ideas of classical art since the Renaissance, and above all by those of the 19th century.

This third aspect generates considerable difficulties as regards visualising and grasping the new and special attributes of modern architecture, although the principles of such an understanding are in fact inherent in idealistic and romantic aesthetics.

Hegel elevated aesthetics to the level of philosophical cognition, Friedrich Schlegel and Novalis dreamed of the identity of philosophy and poetry; Schelling even wanted to make aesthetics "the Organon of philosophy". It was believed that "the same fundamental essence that becomes conscious in the ego is present as a background in all things and in the world as a whole".[2]

This concept is now an essential element of both Sedlmayr's and Haftmann's assessment of modern art. Max Bense goes even further,[3] attempting as he does to replace metaphysics and object-ontology by aesthetics, thus endeavouring to create a tool with which simultaneously to achieve a philosophical way of dealing with abstract technology and its representation in abstract art.

The imitators of the 19th century strove to appropriate anthropomorphic world formulas of this kind from philosophical idealism. However, they regarded aesthetics as an autonomous category of art and equated specific ideas or "values" with specific purposes, and specific ideas with specific forms. The schema was simple enough: the formula "purpose—idea—form" fitted all situations, thus: "high school—humanistic educational ideal—Renaissance", or "church—piety—Gothic or Romanesque", whereby the classicist fundamental structures of both neo-Baroque and neo-Gothic buildings were tacitly predetermined. In the case of modernism, which is basically a kind of modernistic classicism, a similar ideational mechanism is still prevalent. The buildings are given forms and proportions that endow them with a "timeless beauty" and are intended to signal a commitment to our western heritage.

THE CONCEPT OF MODERNISM
These views are alien to modern architecture. As yet, however, the essential distinctions between modern architecture and all earlier building do not seem to have been generally understood. But since that which is not understood cannot be adequately described, we have no word that defines this object and only this object, and that evokes its image. The term "modern" is inadequate because it is both hackneyed and imprecise, and it needs to be replaced by a new word if architectural criticism and architectural discussion are to be able to probe deeply enough into the issue they purport to describe. For the time being, it has to be used as a stop-gap since it does, after all, trigger most of the appropriate images of the object under discussion, and also because it is included in the name of the association that represents our interests, the "Congrès international de l'architecture moderne" (CIAM). New objectivity, new building, technical style, functionalism and constructivism are

helpful terms for individual phenomena, but they do not adequately define the whole.

The reason for this failure is primarily because they stem from a realm of imagination that lacks the key to contemporary art. Attempts at grasping the phenomenon of modernism by means of conventional categories are doomed to failure.

BUILDING MATERIALS, FORM, DESIGN AND STRUCTURE
Antique building styles can be recognised by the arrangement of the columns, and the Romanesque can be distinguished from the Gothic by the form of the vaults. To distinguish between the modern and the non-modern, between modern and modernistic, on the other hand, form and design are not sufficient. True, the flat roof may seem to be a typical modern element of form, but it can just as well be used in modernistic buildings. A hipped roof gives the impression of being typically non-modern, but it assumes a thoroughly modern aspect as used by Frank Lloyd Wright. The same applies to aspects of technical comfort, even when they take the form of elements of design: a mountain chalet with oil lamps can be more modern than a metropolitan high-rise building with fluorescent lighting. The same is true of building materials: the mountain chalet, built of wood, can be more modern than a high-rise building constructed of concrete, steel and glass.

But although it is hard to imagine the development of the new architecture without concrete, steel and glass, flat roofs and state-of-the-art technology, the essence of modern architecture is not dependent on the details but on the relationship between the formal elements, i.e. on the interrelation between the elements of design and the organisation of the whole interior and exterior structure.

The structure of a building is determined by the reasons for its construction, by the purpose for which it is intended, by the practical and ideational organisation of these purposes, by economic issues, by the choice of building materials, the tectonic structure, the appearance of the forms and by the nature of the surface of these forms in terms of texture and colour. Thus the word structure does not apply solely to the tectonic elements but to the whole material and ideational appearance of a work of architecture.

In order to discover the true nature of the structure, we must consider why the building was constructed, how it was built and what it looks like. As far as the aspect of construction is concerned, we can limit our explorations to the issues of the tectonic structure, and as regards appearance we can concentrate on the structure of the building forms.

1 Lecture, held on 6 December 1956 to the Groupement d'études germaniques at the University of Neuchâtel. Published in: *Bauen + Wohnen*, Nr. 1, 1958, S. 31–36 (reproduced here with a selection of the accompanying illustrations but without their commentaries)
2 Nicolai Hartmann: *Ästhetik*, Berlin 1953, p. 2
3 From notes on the lecture "Die Welt der Kunst in der künstlichen Welt", held on 20 October 1956 at the Hochschule für Gestaltung in Ulm.

Daniel Burnham und John Root, Montauk-Hochhaus in Chikago, 1882
Daniel Burnham and John Root, Montauk highrise building in Chicago, 1882

Farbe. Das Wort Struktur ist also nicht nur auf die tektonischen Elemente angewendet, wie es in angelsächsischen Ländern geschieht, sondern auf die gesamte materielle und ideelle Erscheinung eines architektonischen Werkes.

Um zu erfahren, wie die Struktur beschaffen ist, müssen wir fragen, warum das Bauwerk zu machen war, wie es gemacht ist und wie es erscheint. Im Bereich des Machens können wir uns auf die Fragen der tektonischen Struktur beschränken und im Bereich des Erscheinens auf die Struktur der Bauformen.

DIE STRUKTUR DER TEKTONIK

TEKTONIK UND GESTALT

Tektonik ist die Bezeichnung für den konstruktiven Aufbau eines Bauwerks und dessen statische Grundlagen. Konstruktion ist die Bezeichnung für das Zusammenfügen von Baustoffen und Bauteilen. Zu allen Zeiten hat das tektonische Gefüge wesentlich und unmittelbar den Charakter eines Bauwerks mitgestaltet. In der modernen Architektur ist das nicht anders, und wer den Aufbau einer romanischen Kirche, eines gotischen Münsters und eines Renaissancedomes verfolgt, dem bedeutet dieses moderne Bemühen nichts Aussergewöhnliches.

Verschiedene konstruktivistisch genannte Richtungen der Moderne versuchen aber, die Gestalt ihrer Bauwerke vorwiegend aus den tektonischen Gegebenheiten zu gewinnen. Eine andere, die funktionalistische Richtung, gestaltet ihre Bauwerke in erster Linie von den Gebrauchsfunktionen her. Es ist sehr schwierig und in der Regel unmöglich, die funktionalen und konstruktiven Gegebenheiten am Bauwerk gleichzeitig und auf derselben Ebene sichtbar zu machen. Der Gestaltcharakter wird stets von den einen stärker geprägt als von den andern. Dennoch hat die moderne Architektur vor allem im letzten Jahrzehnt eine Synthese angestrebt und erstaunliche Resultate erzielt. Hier findet in der Werkstatt des Architekten eine stille, aber bedeutungsvolle Auseinandersetzung mit der architektonischen Gestalt des Bauwerks unserer Zeit statt.

Der Modernismus nimmt an dieser Auseinandersetzung wenig teil. Er ist seit Perret konstruktivistisch geblieben. Was dort aber wirklich und meisterhaft aus der Konstruktion gestaltet wurde, ist heute selbst an Werken, die künstlerisch wertvoll scheinen, mit anderen als mit konstruktiven Mitteln gestaltet, aber immer so, als seien die Gestaltelemente aus der Konstruktion gewonnen: Pfeiler werden eingeführt, die nichts zu tragen haben; werkgerechte Formen einer Stahlkonstruktion werden in Stahlbeton ausgeführt, trotzdem einer Betonkonstruktion ganz andere Gesetze innewohnen; Blechprofile ver-

decken senkrecht die Betonpfeiler an einer Fassade und werden waagrecht als Rahmen weitergeführt und so weiter.

Diese Scheinkonstruktionen des Modernismus und die material- und werkgerechte Formgebung des Modernen können als Tendenzmerkmal gelten. Als solches reicht es aber nicht aus, um den Unterschied von modern und modernistisch festlegen zu können. Denn auch ein modernes Bauwerk kann Scheinkonstruktionen aufweisen, und ein modernistisches Bauwerk kann durchaus den tektonischen Gegebenheiten gemäss gestaltet sein. Wenn ein Bauwerk aber einen Teil seiner Gestalt aus dem tektonischen Gefüge gewinnt und wenn der Charakter dieser Gestalt sich von anderen unterscheidet, dann muss auch die tektonische Struktur anders sein. Somit wäre zu fragen, wie diese in den Einzelheiten der Konstruktion beschaffen ist.

EINFLÜSSE DER FESTIGKEITSLEHRE AUF DIE VERÄNDERUNG DER TEKTONISCHEN STRUKTUR

Einem Teil der Konstruktion des Architekten hat die Rechnung der Statik und der Festigkeitslehre vorauszugehen. Die Statik liefert der Festigkeitslehre unabhängig von Baustoff und seinen Verbindungen die Werte, die das Gleichgewicht der äusseren Kräfte am festen Körper wiedergeben.

Die Festigkeitslehre stellt die Beanspruchung des Baustoffes und seiner Verbindungsstellen fest und sagt somit aus, wie die Baustoffe zu bemessen und die Bauelemente miteinander zu verbinden sind. Sie hat dabei die verschiedenen Eigenschaften der Baustoffe und die verschiedenen Konstruktionsweisen vorauszusetzen; sie kann aber deren Wahl von der ökonomischen Seite her beeinflussen. Die Rechnung der Festigkeitslehre sagt somit etwas aus über die Beanspruchung der Bauelemente.

Die Festigkeitslehre hat die tektonische Struktur im Laufe der letzten Jahrzehnte dauernd und entscheidend verändert. Unter ihrem Antrieb und unter ihrer Kontrolle wurden nicht nur neue, sondern auch konventionelle Baustoffe, wie zum Beispiel das Holz, vollkommen neuartig angewendet. Die Nutzlast konnte ständig erhöht und das Eigengewicht vermindert werden. Gewicht und Masse von Stützelementen wurden im Verhältnis zu den äusseren Kräften immer kleiner, und Masse und Gewicht sind in diesem Zusammenhang theoretisch bedeutungslos geworden. Solche Veränderungen haben eine elementare Veränderung der Baugestalt bewirkt. Nun erwecken die neuen Erkenntnisse des Ingenieurs, wenn sie am Bauwerk richtig angewendet sind, optisch vielfach den Eindruck einer grossen Spannung. Diese Spannung, das dynamische Element des Rhythmus, ist aber ein ästhetischer Begriff und als solcher objektiv nicht fassbar. Die Spannung könnte vom Ungewohnten erzeugt sein und mit der

Gewöhnung verflachen. Es scheint aber, dass die Rechnung der Festigkeitslehre einen zahlenmässigen Wert vom Mass dieser Spannung liefern kann, dass also der optische Eindruck der Spannung den verschiedenen Kategorien der Beanspruchung von Bauelementen adäquat wäre.

Eine Analyse dieser Beanspruchungen erschliesst sehr eindeutig strukturelle Unterschiede zwischen der vormodernen und der zeitgenössischen Baukunst. Zwar treten die genannten Eigenschaften schon im 18. Jahrhundert auf. Sie finden sich dort aber erst an technischen Werken (Stahlbrücken) oder an Manifestationen der Technik (Kristallpalast, Eiffelturm). Keine Antwort gibt die Analyse über den Unterschied von moderner und modernistischer Architektur. Wahrscheinlich werden die Bauelemente an modernen Werken durchschnittlich höher beansprucht; ein allgemeiner Schluss ist aber aus dieser Tatsache nicht zu ziehen. Am ehesten dürfte ein schlüssiger Unterschied an dreidimensionalen Gebilden etwa von Pier Luigi Nervi und von Konrad Wachsmann festzustellen sein, weil diese unmittelbar als Gestaltungselement des Raumes auftreten, als formale Erscheinungen also, die nicht nur von der Festigkeitslehre, sondern mehr als andere Bauelemente vom Konstruktiven her bestimmt werden.

VOM EINFLUSS DER KONSTRUKTION AUF DIE TEKTONISCHE STRUKTUR

Die Konstruktion ist jener Teil der Bauaufgabe, nach deren Regeln die Baustoffe und die Bauelemente miteinander verbunden werden und das Haus gegen mechanische, thermische und chemische Einflüsse zu schützen ist. Die konstruktiven Methoden sind seit Jahrhunderten dieselben geblieben. Erst dort, wo neue Baustoffe verwendet werden, haben sie sich wesentlich geändert. Nach jahrtausendealter Regel werden Ziegel- und Naturstein noch immer in einzelnen Stücken aufeinander geschichtet und durch Fugen voneinander getrennt. An die Stelle des Schichtens ist bei den neuen Baustoffen Beton, Stahl und Glas der Guss getreten. Die Mauer oder der Pfeiler sind nicht mehr aus einzelnen Stücken zusammengesetzt und durch Fugen voneinander getrennt, sondern ein einziges fugenloses Stück.

Die moderne Architektur versucht, die Fuge, die von jeher ein wichtiges Gestaltungselement war, auszuschalten. Bis jetzt ist es gelungen, Metall zu verschweissen oder Holz mit synthetischem Leim so zu verbinden, dass die Fuge mit dem Baustoff eine homogene Einheit bildet. Fugenlos und zu einem monolithischen Stück von dreidimensionaler Abmessung kann bis jetzt erst Beton verarbeitet werden. Die Möglichkeiten, fugenlos

Frank Lloyd Wright, Willits-Haus in Chikago, 1902
Frank Lloyd Wright, Willits House in Chicago, 1902

Adolf Loos, Geschäftshaus Goldman & Salatsch in Wien, 1909–11
Adolf Loos, Goldman & Salatsch commercial building in Vienna, 1909–11

THE STRUCTURE OF TECTONICS

TECTONICS AND DESIGN

Tectonics is the term used for the structural development of a building and its static bases. Construction refers to the assembly of building materials and structural components. Tectonic structure has always been a direct and important element in determining the character of a work of architecture. This applies equally to modern architecture, and anyone who traces the structural development of a Romanesque church, a Gothic cathedral or a Renaissance dome will be familiar enough with this modern aspiration.

However, representatives of various so-called constructivist trends in modern architecture attempt to develop the design of their architecture primarily on the basis of tectonic conditions. Members of another group, advocates of the functionalistic trend, base their architecture primarily on the function for which it is intended. It is very difficult, and usually impossible, to give both the functional and constructive aspects of a building a visible form at the same time and on the same level, particularly since the character of the design is always influenced more strongly by one aspect or the other. Nevertheless, modern architecture has, particularly in the last decade, been working towards a synthesis and achieved some remarkable results. There is a quiet, unobtrusive but significant discussion about the architectural design of our time going on in the architects' studios.

Modernism does not play a big part in this discussion. Ever since Perret it has remained constructivist. The difference, however, is that architecture that used to be genuinely and skilfully based on its construction is nowadays designed on the basis of other aspects, while including elements of design that make it appear to have been constructively conceived, even in the case of works that seem to be of considerable artistic value. Columns are added which have no bearing function; forms suitable to a steel construction are executed in reinforced concrete even though concrete structures are obedient to quite different laws; vertical metal profiles disguise the concrete columns of a façade, continuing horizontally in the form of frames etc.

Although these spurious structures of modernistic architecture and the materials and design appropriate to modern architecture may be regarded as characteristic tendencies, they are not sufficient to distinguish between modern and modernistic. For the fact is that even a modern building can evidence spurious structures, and a modernistic work can be designed in accordance with the prevailing tectonic conditions. When, however, part of a work of architecture is based on the tectonic structure, and when the character of this part is different from the others, then the tectonic structure must be different too. Thus the question arises of the nature of the tectonic structure in terms of the details of construction.

THE INFLUENCES OF THE STRENGTH THEORY ON CHANGES IN THE TECTONIC STRUCTURE

Part of architectural construction must be preceded by calculations relating to statics and the strength theory. Regardless of the building materials and their interrelationships, statics provides the strength theory with information about the values that represent the balance of external forces on the solid building volume.

The strength theory establishes the stress to which the building materials and their joints are subjected, thus determining the methods of calculating the building materials and joining the different structural components, while taking into consideration the different qualities of the building materials and the different methods of construction; it can also influence the choice of materials and methods for economic considerations. Thus the calculations of the strength theory have something to say about the stresses to which the structural components are subjected.

During the past decade, the strength theory has made some crucial and enduring changes in tectonic structure. It has stimulated, and also supervised, the use not only of new materials, but also some entirely new ways of using of conventional substances such as wood, increasing the bearing capacity while diminishing the weight of the material itself. The weight and volume of supporting elements have decreased in comparison with the external forces, and weight and volume have thus, in this context, become theoretically unimportant.

Changes of this kind have resulted in basic changes in building design. The new knowledge of engineering, when it is correctly used, often gives the appearance of great tension. This tension, the dynamic element of rhythm, is, however, an aesthetic concept, and as such not objectively comprehensible. But although the impression of tension could result from unfamiliarity and diminish with familiarity, it seems that the calculations of the strength theory can provide numerical values relating to this tension, and thus that the visual impression of tension in the different categories of stress imposed upon structural components is appropriate.

An analysis of these stresses establishes unequivocal structural differences between pre-modern and contemporary architecture. Although the qualities mentioned appear as early as the 18th century, they occur only in technical works (steel bridges) or in manifestations of technology (e.g. the Crystal Palace, the Eiffel Tower). Analysis does not provide any answers about the difference between modern and modernistic architecture. It is probable that the structural components in works of modern architecture are subjected to greater stress, but there are no general conclusions to be drawn from this fact. A valid distinction is most likely to be established on the example of three-dimensional constructions by, for example, Pier Luigi Nervi and Konrad Wachsmann, because these structures take the form of elements of spatial design, thus of formal manifestations determined not only by the strength theory but also, and primarily, by other structural components of construction.

THE INFLUENCE OF CONSTRUCTION ON TECTONIC STRUCTURE

Construction is the part of the building process according to whose laws the building materials and structural components are joined together in such a way that the completed building is protected against mechanical, thermal and chemical influences. The constructive methods have remained the same for centuries, and it is only when new building materials are introduced that the methods change to any appreciable degree. According to a millennium-old custom, natural stones and bricks are still placed separately one on top of another with joints in between. With the new materials of concrete, steel and glass, the process of arranging the materials in layers has been replaced by casting, and walls and columns are cast in single jointless units.

Modern architecture attempts to eliminate the joint, which has been an important element of design since time immemorial. Up till now, metal has been successfully welded and wood glued with synthetic adhesives so that the joint forms a homogeneous unit with the building materials, but concrete is the only material that has, as yet, been successfully used to form jointless, monolithic three-dimensional units. The possibilities of jointless construction are thus still limited; nevertheless, they have had a strong influence on the design of the new architecture. It is now thoroughly possible to create jointless structures with synthetic, weldable materials, and this possibility will, for its part, continue to influence form and design. Could it be that Le Corbusier anticipated this new form in Ronchamp? Another example of the influence of construction methods on architectural design and character is the use of glass. With the possibility of making larger panes of glass, window openings became bigger and their frames stronger, and the need for more efficient sun protection and heating created new

Walter Gropius mit Adolf Meyer, Faguswerke in Alfeld an der Leine, 1911
Walter Gropius with Adolf Meyer, Fagus factory in Alfeld an der Leine, 1911

zu konstruieren, sind also noch gering; trotzdem haben sie den Gestaltcharakter der neuen Architektur stark beeinflusst. Indessen ist es heute durchaus möglich, mit synthetischen schweissbaren Baustoffen ein fugenloses Bauwerk zu schaffen. Und diese Möglichkeit wird wiederum Form und Gestalt beeinflussen. Ob in Ronchamp diese neue Form vorausgenommen ist?

Ein anderes Beispiel für den Einfluss der Konstruktionsweise auf die Baugestalt und auf den Gestaltcharakter stellt die Anwendung des Glases dar. Die Glasscheiben konnten grösser hergestellt werden: damit wurden die Fensteröffnungen grösser und die Fensterrahmen stärker; der Sonnenschutz und die zureichende Heizung stellten neue Anforderungen. Mit dem Verbundglas wurden die Festigkeit und die Wärmedämmung grösser, die Fensterrahmen schwächer und der Kalorienbedarf der Heizung geringer. Wo Gläser verwendet werden, die Sonnenstrahlen reflektieren, kann der Sonnenschutz verringert oder weggelassen werden. Und endlich ist überhaupt kein Glas mehr nötig: den Schutz gegen Kälte, Wärme, Wind und in beschränktem Mass gegen den Regen übernehmen Warm- und Kaltluftströme; alle stofflich sichtbaren Vorrichtungen fallen weg, eine Tendenz, die in der Technik allgemein sichtbar wird. Und soweit die Architektur aus den technischen Gegebenheiten gewonnen wird, erscheint diese immer mehr entstofflicht und entsinnlicht.

Aber genügt das, um zu sagen, was daran modern ist? Wenn wir ein modernes Bauwerk genau betrachten, können wir an der kleinsten Einzelheit seiner Erscheinung eine ganz besondere konstruktive Verarbeitung der Bauelemente feststellen, und wir können feststellen, wie sehr die Konstruktionsweise die Baugestalt mitbestimmt! Die gleichen konstruktiven Einzelheiten finden wir aber auch an Werken, die strukturell ganz anders erscheinen. Das bedeutet, dass die tektonischen Voraussetzungen den Gestaltcharakter zwar im einzelnen mitbestimmen, dass ihr Einfluss aber allgemein unbestimmbar ist. Nach umfassenden Untersuchungen wird es vielleicht möglich, einige allgemeine Relationen von Konstruktion, Baustoff und Form festzuhalten. Es ist aber nicht möglich, den Einfluss von Konstruktion und Baustoff auf den Gestaltcharakter eines Bauwerks methodisch vollständig zu erfahren und eindeutig festzulegen, denn je weiter eine solche Untersuchung ins Einzelne geht und Vergleiche anstellt, umso weniger sind allgemeine Gesetzmässigkeiten in der Beziehung von Konstruktionsweise und formaler Erscheinung festzustellen. Der technische Aspekt der Bauformen erweist sich als mehrdeutig und allgemein unbestimmbar.

Für alle, die glauben, moderne Architektur sei ein seelenloses technisches Monstrum, ist das der deutliche Hinweis, dass die Dinge anders liegen. Und für alle, die glauben, moderne Architektur könne eindeutig und ausschliesslich aus technischen Voraussetzungen heraus zur architektonischen Gestalt kommen, ist es ein Hinweis, dass gerade die technischen Bereiche in der Architektur Grenzphänomene darstellen, von denen nur Spezielles und selten Allgemeines ausgesagt werden kann.

Hier wird auch etwas von der Freiheit und der Gebundenheit des Künstlers sichtbar. Er ist frei in der Wahl der Mittel; aber die gewählten Mittel setzen ihn unter den Zwang ihrer Eigenschaften; aus ihnen und aus ihrem Zusammentreffen hat er dann zu entwickeln und zu gestalten. Erst an der ganzen Gestalt erhält alles seinen Sinn.

DIE STRUKTUR DER FORM

Diese Gestalt nun, so wie sie ist und so wie sie erscheint, drückt daher mehr aus als nur jene Bedingungen, die zur Form führen. Wie aber sind die Formstrukturen beschaffen? Es können zwei Hauptkategorien der formalen Struktur unterschieden werden:
die Struktur der Begrenzung und
die Struktur des Raumes.

DIE STRUKTUR DER BEGRENZUNG

Seit der Renaissance ist der Raum begrenzt von Wänden, Decke und Boden, und eine solche Wand oder eine Fassade sind begrenzt von Pilastern, Gesimsen, Sockeln, Fugen, Lisenen. Die Öffnungen von Türen und Fenstern sind der Mauer untergeordnet. Diese Unterordnung und damit die räumliche Gestaltung und Begrenzung durch Mauern ist auch an modernen Bauwerken, vor allem an früheren Beispielen zu finden. Aber Lisenen, Gesimse, Einfassungen fehlen, oder sie sind nicht mehr als Rahmen durchgeführt: die Mauern sind «vom Ornament gereinigt»[4]. Bei Wright schon 1902 und bei Perret 1903 wird die raumbildende Eigenschaft der Mauer reduziert. Später wird die Öffnung gleichwertig und zuletzt vorherrschend; Mauern erscheinen nur noch sporadisch; der Raum wird von der Öffnung begrenzt. Nach der Vorstellung seit der Renaissance ist der Raum jedoch etwas Geschlossenes. Wo aber eine Mauer fehlt, ist die Eigenschaft des Geschlossenen aufgehoben. Freilich stehen noch Innenwände, Boden und Decke, doch der Raum läuft durch die Öffnung weg. Wenn auch die Innenwände fortgerückt sind, beginnt der Raum in unbestimmte Richtungen zu fliessen. An technischen Bauwerken treten solche Erscheinungen schon im 19. Jahrhundert auf. Die gleichen strukturellen Eigenschaften

können nicht nur im Gesamten, sondern an allen einzelnen Formelementen auftreten. Die Säulen haben weder Basis noch Kapitäl; sie steigen im gleichen Profil vom Grund zur Decke und erscheinen so ihrer tektonischen Struktur adäquat, denn sie sind entweder mit Boden und Decke ein fugenloses monolithisches Stück oder mit ihnen sonst wie starr verbunden. Der Übergang vom Getragenen zum Tragenden findet nicht mehr unterhalb der Decke im Bereich der Fuge, sondern in der Decke selber statt.

Die gleichen Eigenschaften sind in der Beziehung der Fensteröffnung zur Mauer sichtbar. Das klassizistische Fenster ist vielfach von einem Rahmen eingefasst. Dieser Rahmen gehört zur Öffnung und nicht zur Mauer, denn Rahmen und Öffnung haben zusammen eine künstlerische Substanz, die auch dann bestehen bleibt, wenn sie zum Beispiel als Ruinenstück von der Fassade abgetrennt sind. Am modernen Bauwerk dagegen ist die Gestalt der Fensteröffnung für sich allein genommen künstlerisch durchaus belanglos. Die Bauformen sind in der Regel auf jene Masse beschränkt, welche das tektonische Gefüge benötigt.

Nun haben aber klassizistische Bauwerke auch rahmenlose Fensteröffnungen. Umso stärker erscheint hier der geschlossene Charakter der Fassade: die Mauer umschliesst die Öffnung; die Öffnung ist von der Mauer festgehalten; die Mauer ist durchbrochen. Am modernen Bauwerk dagegen wird die Öffnung nicht mehr der Mauer untergeordnet, sondern hat selbst die Eigenschaft der Wand, so dass nicht mehr von Öffnungen, sondern von offenen Wänden zu sprechen ist. Das Offene ist nicht mehr vom Geschlossenen gehalten, sondern erscheint als gleichwertiges Gestaltelement, das dem Geschlossenen gegenübergesetzt wird. Und dieses Geschlossene muss nicht nur Wand, es kann auch Boden oder Decke sein.

Eine Wand ist dann als offen zu bezeichnen, wenn an ihr der Aufriss eines Innenraumes oder eines ganzen Gebäudes abgezeichnet ist, wenn das Licht durch sie hindurchdringen kann und wenn sich die statischen Strukturelemente von ihr abheben. Die Wand muss allerdings nicht vollständig in Glas aufgelöst sein, sondern kann lichtundurchlässige Bauelemente aufweisen, Brüstungen und ganze Wandteile also, die aber von Decken, Stützen und Tragmauern abgesetzt und nach Baustoff, Oberflächenstruktur und Farbe von diesen unterschieden sind. Ausnahmen im tektonischen Bereich treten freilich in grosser Zahl auf. Durchgehende Betonbänder beispielsweise, die nicht nur als Fensterbrüstungen dienen, sondern gleichzeitig Decken tragen und ein Bauwerk versteifen, beeinträchtigen den Eindruck des Offenen nicht, vorausgesetzt, dass sie vom übrigen Tragwerk unterschieden sind.

---

4 Das Ornament war in der abendländischen Baukunst immer ein wichtiges Begrenzungselement. Die moderne Baukunst hatte es dann in Acht und Bann getan, doch ist es neuerdings auch hier zu finden. Freilich wird es nicht mehr als Band, sondern als Teil einer Fläche ausgeführt. Es begrenzt nicht mehr linear die Flächen, sondern ist selbst Fläche auf einer ganzen Wand wie die Azulejos von Portinari, oder als kleines Stück in einer grösseren Fläche, aber immer so, dass die Wand, der die Fläche zugehört, in ihrer raumbewegenden Wirkung nicht beeinträchtigt, sondern unterstützt wird. Plastische Ornamente treten in gleicher Weise auf (Hans Arp, Wandrelief in Holz im Harvard Graduate Center, 1950; Harry Bertoia, Wandplastik in Stahl, vergoldet, im Bankgebäude der Manufacturers Trust Company in New York).

demands. Then multi-layer glass increased stability and heat insulation, window frames no longer needed to be as strong, and energy requirements for heating decreased. The use of sun-reflecting glass made it possible to cut down on sun protection or do without it altogether. Finally, it seems that the use of any glass at all may become superfluous: streams of warm or cool air will effect the necessary protection against cold, heat, wind and, up to a point, rain, and all visible material devices will become redundant—a trend which is becoming increasingly noticeable in technology. And to the extent that architecture is influenced by technical conditions, it appears to be becoming less and less material and sensory.

But does this explain what is meant by "modern" in connection with architecture? If we make a meticulous study of a modern building, it is possible to detect specific constructive processes of the structural elements from the tiniest details, and we can establish the extent to which the method of construction determined the design of the building. We may, however, discover the same constructive details in buildings with a quite different structural appearance. This means that although the tectonic pre-conditions have a determining influence on the character of the design, it is usually impossible to define exactly what this influence is. Comprehensive investigations may result in the establishment of a few general connections between construction, building materials and form. A comprehensive and methodical definition of the influence of construction and building material on the design character of a building is not, however, possible, for the further an investigation of this kind delves into details and makes comparisons, the harder it becomes to establish general laws of the relationship between construction methods and formal appearance. The technical aspect of the architectural form turns out to be ambivalent and generally undefinable.

This, then, would appear to be irrefutable proof that those who regard modern architecture as a soulless technical monster are under a misapprehension. And for those who are convinced that modern architecture can only achieve an architectural form on the basis of tectonic pre-conditions, it is an indication that the technical aspects of architecture in particular represent borderline phenomena which can only be discussed on the example of individual cases, and about which it is seldom possible to make generally valid statements.

This has something to do with the licence and restrictions to which the artist is subjected. Whereas he is free to choose his methods and materials, these very methods and materials subject him to the constraints and obligations inherent in their specific properties. He is compelled to develop his design and concept on the basis of these properties and the ways in which they can be united. It is only when the work of architecture is completed and whole that the reason and meaning of all the aspects become legible.

THE STRUCTURE OF FORM
Thus the architectural design, in both its essence and its appearance, expresses more than the conditions that lead to its form. But what makes the formal structures what they are? Two main categories of formal structure can be distinguished: the structure of demarcation and the structure of space.

THE STRUCTURE OF DEMARCATION
Ever since the Renaissance, space has been demarcated by walls, ceilings and floors, and walls and façades are demarcated by pilasters, cornices, bases, joints, and lesenses. The openings of doors and windows are subordinated to the walls. This subordination, and thus spatial design and demarcation by walls, is also present in modern buildings, particularly in earlier examples. Here, however lesenses, cornices and borders are either missing altogether, or they no longer take the form of frames: the walls are "cleansed of decoration"[4]. In the case of Wright as early as 1902, and of Perret in 1903, the space-shaping role of the wall became less important. Later, the openings became of equal value, then predominant; walls appeared only sporadically, and space was demarcated by openings. Since the Renaissance, however, space has been regarded as being enclosed. But where there are no walls, there can be no enclosure. Of course, there were still interior walls, floors and ceilings, but the space escaped through the openings. When the interior walls moved away as well, space began to flow in undefined directions. In technical buildings, such manifestations appear as early as the 19th century, and the same structural qualities are evident in individual formal elements as well as in whole buildings. The pillars have neither bases nor capitals; their profiles remain the same from the floor to the ceiling and appear thus to be adequate to their tectonic structure since they are either united jointlessly with the floor and ceiling as monolithic forms, or rigidly connected with them in some other way. The transition from the borne to the bearing elements takes place not beneath the ceiling in the area of the joints, but in the ceiling itself.

The same qualities are visible in the relationship between the window openings and the walls. The classicist window is often set in a frame. This frame is part of the opening rather than of the wall, for the combination of the frame and the opening has an artistic quality that remains valid even as an isolated element in the ruin of a façade. In modern buildings, on the other hand, the design of the window opening is, by itself, artistically inconsequential. The architectural forms are usually limited to the volumes required by the tectonic structure.

However, window openings without frames do sometimes occur in classicist architecture, and this makes its façades appear even more closed; the walls surround the openings, the openings are contained by the walls, and the walls are opened up. In modern architecture, on the other hand, the openings are no longer subordinate to the walls but have themselves the character of walls, so that we can speak not of openings but of open walls. The openness is no longer contained by the closed walls but is an equally valid element of design confronting the closed structure, regardless of whether it takes the form of a wall, a floor or a ceiling.

A wall may be regarded as open when it is recognisable as the elevation of an interior space or a whole building, when it is penetrable by light and when the static structural elements stand out against it. The wall must not be constructed entirely of glass, but it may include light-permeable elements, parapets and whole wall sections, which must, however, be separate from the ceilings, columns and bearing walls and distinguished from them by material, surface structure and colour. Of course, there are plenty of exceptions in terms of tectonics. Unbroken concrete bands for example, which serve not only as window parapets but which bear ceilings and provide rigidity, do not detract from the impression of openness as long as they are distinct from the rest of the bearing structure.

The open wall also appears in modernistic works of architecture, preferably on screened façades in which each window opening is framed by a grid element. The openings are dominated by the grid and thus separated from one another. Even the windows and parapets are separated by additional interior frames, thus each element of design can be regarded as a separate entity forming an aesthetic unit in its own right.

In architectural competitions, participants are often encouraged to design a window opening drawn on a larger scale isolated from the façade. The jury takes this detail as an indication of the competitor's artistic ability. But since the design of a window on the model of a modern building is of absolutely no aesthetic consequence, it is impossible to draw a valid conclusion in this way.

What has been said about the demarcation structure of exterior walls is equally valid for interior walls, as well as for floors and ceilings, which can also be open. All the elements of design that

4 Decoration was always an important element of demarcation in western architecture. Although it was deplored by the architects of modern architecture, it has recently been in evidence here too, although it is used as an integrated part of the surface area rather than as a band. It no longer takes the form of a linear demarcation of a surface area but is itself part of a wall, like the Portinari Azulejo, or a small section of a larger area; it is always, however, used to support rather than restrict the spatial quality of the wall surface. Plastic decoration takes a similar form (Hans Arp, wall relief in wood at the Harvard Graduate Center 1950; Harry Bertoia, wall sculpture in steel, gilded, in the bank building of the Manufacturers' Trusts Company in New York).

Die offene Wand erscheint auch am modernistischen Bauwerk, und dort mit Vorliebe an der gerasterten Fassade, darin jede Fensteröffnung von einem Rasterelement umrahmt wird. Die Öffnungen sind vom Raster dominiert und deshalb voneinander abgegrenzt. Selbst Fenster und Brüstungsfeld werden durch zusätzliche Binnenrahmen voneinander getrennt. Jedes Gestaltelement kann so für sich genommen werden und stellt damit ästhetisch eine Einheit dar, die auch ohne die übrigen Gestaltelemente bestehen kann.

Bei architektonischen Wettbewerben wird die Struktur solcher Fensteröffnungen zuweilen provoziert: der Teilnehmer muss ein Fensterelement isoliert von der Fassade in einem grösseren Massstab darstellen. Das Preisgericht möchte aus dieser Einzelheit auf die künstlerische Fähigkeit des Verfassers schliessen. Da aber die Gestalt eines Fensters am Modell des modernen Bauwerks ästhetisch durchaus belanglos ist, kann hier ein solcher Schluss nicht gezogen werden.

Was bis jetzt von der Begrenzungsstruktur der Aussenwände gesagt wurde, gilt ebenso für Innenwände, und es gilt für Böden und Decken, die gleicherweise offen sein können. Alle Gestaltelemente, die in der Renaissance, im Barock oder in der klassizistischen Architektur Fläche und Raum begrenzt haben, sind weggerückt. Die Öffnung ist zur offenen Wand geworden; das Offene ist dem Geschlossenen nicht mehr untergeordnet, sondern gleichgesetzt; es ist nicht mehr umgrenzt, sondern gegenübergestellt. Die Wände grenzen den Raum nicht mehr ein, sondern lassen ihn hindurchführen und weggleiten nach aussen, nach innen, nach oben und nach unten.

DIE STRUKTUR DES RAUMES

Der Raum ist nicht mehr geschlossen, sondern offen. Den meisten Menschen erscheint es heute aber undenkbar, sich den Raum anders vorzustellen als umgrenzt von Mauern, als ein Inneres, das nach aussen abgetrennt wird. Das ist die Raumvorstellung, die sich mit dem Bewusstwerden der Perspektive in der Frührenaissance eingestellt hatte. Der nachmittelalterliche Raum setzt, gleich wie die konstruierte Perspektive, Begrenzungselemente voraus, mit deren Hilfe der Raum erst umschrieben werden kann. Der Raum erscheint eindeutig: er ist von einem Standort aus zu erfassen.

Der mittelalterliche Raum dagegen war in Vorstellung und Wirklichkeit ganz anders beschaffen und dem modernen Raum verwandt. Das mittel- und althochdeutsche «rûm» bedeutet ursprünglich «das Weite», im engeren Sinn «freier Sitzplatz», immer aber «das Offene». Dieses Offene war nun architektonisch stets von einer Grenze her gestaltet, von Bauwerken, die

bedeutende materielle und ideelle Werte dargestellt haben: der Kirche, dem Stadttor, dem Kornhaus, dem Turm am Markt. Auf diese führten die Gassen zu, weiteten sich dort zu Plätzen und führten zurück in die Verengung anderer Gassen oder durch das Tor hinaus in das flache Land.

Das Modell des modernen Raumes kennt solche materielle und ideelle Grenzen nicht. Es ist, wie Giedion in *Time, Space and Architecture* schreibt, bloss Funktion der Zeit. Das bedeutet fasslicher: Der Raum ist weder von einem Standort noch von einer Grenze her, sondern nur im Durchschreiten zu erfahren. Fenster, Fassaden und ganze Bauwerke stehen nicht mehr für sich, sondern ausschliesslich in Beziehung zu anderen Fenstern, Fassaden und Bauwerken. Das Entscheidende geschieht nur noch in der räumlichen Beziehung der Gestaltelemente. Der Raum selbst ist Grenze.

Stellen wir uns eine unbebaute Ebene vor, ohne die Fluchtlinien eines Weges, ohne Baum, weit wie ein Meer. In diese Ebene sind ein Haus zu bauen und ein Garten anzulegen. Dem modernen Architekten ist diese Ebene Raum. Er spannt sein Haus in diesen Raum hinein und lässt ihn durch das Bauwerk hindurchgehen: durch ein offenes Säulengeschoss oder durch die offenen Wände oder durch die plastische Gestalt der Baumassen, die in den Raum hinausgreifen. Dasselbe geschieht mit der Anlage von Bäumen, Sträucherreihen und Wegen. Der Raum wird als etwas Bewegtes genommen. Die geschlossenen Gestaltelemente des Bauwerks halten ihn nicht auf, grenzen ihn nicht ab, sondern lassen ihn an sich vorbeifliessen, bewegen ihn und geben ihm dauernd ein neues Gesicht. So entsteht aus dem einen Raum eine Raumfolge, die von den Gestaltelementen geordnet und in Bewegung gehalten wird.

In der Renaissance dagegen, im Barock und später, grenzen sich Bauwerk und Garten von der Ebene ab und ziehen sich auf ihre eigene Erscheinung zurück. Der Raum wächst nicht aus der Ebene, sondern entsteht erst durch Hecken, Mauern, Fassaden und Baukörpern. Der vormoderne Raum ist geschlossen und von Baumassen begrenzt.[5] Der moderne Raum ist offen und von Räumen begrenzt.

Damit ist das Entscheidende des Modernen in der Baukunst festgehalten und das Gemeinsame, das die Arbeiten von Wright, Aalto und Scharoun, von Le Corbusier und Niemeyer, des «Stijl» und der Mailänder Schule, von Gropius, Breuer und Neutra, von Mies van der Rohe und Eiermann verbindet.

ENTWICKLUNG UND SINN DER MODERNEN ARCHITEKTUR

Nun kann eingewendet werden, dass nur wenig Bauwerke bestehen, auf welche die Eigenschaften, wie sie hier aufgezählt wurden, in vollem Umfang zutreffen. Dieser Einwand ist verständlich, weil die kontinuierliche Entwicklung der modernen Architektur als kunstgeschichtliches Ereignis noch kaum ins Bewusstsein getreten ist, und weil diese Entwicklung immer wieder von aussen gehemmt wurde.

Vor 1938 entstanden in der Schweiz neben Einfamilienhäusern und einigen Fabriken nicht mehr als vier grössere Bauwerke, die ihrer räumlichen Struktur nach in jeder Hinsicht modern sind: 1930–32 der Wohnflat «Clarté» von Le Corbusier in Genf, 1933–34 das Innere der Kirche St. Karl in Luzern von Fritz Metzger, 1935–36 die Miethäuser im Doldertal Zürich von Marcel Breuer mit A. und E. Roth, und 1937–39 die Gewerbeschule in Bern von Hans Brechbühler. Daneben entstand eine Vielzahl sehr guter Bauwerke, deren Begrenzungsstrukturen der Fläche durchaus modern sind, deren Baumassen aber klassizistisch geschlossen blieben.

Aber nicht die Zahl ist für unsere Betrachtung entscheidend, sondern die Existenz der Beispiele und der Gang der Entwicklung, der zu ihnen geführt hat. Der moderne Raum erscheint erst am Schluss einer langen Reihe von Versuchen. Vorher sind die Bauwerke erst ihrer Begrenzungsstruktur nach neuartig. Allem voraus ging eine hundertjährige Geschichte der technologischen Entwicklung. 1775 bis 1779 wurde die erste Brücke in einer Stahlkonstruktion gebaut (über den Severn River bei Coalbrookdale in England, von T. F. Pritchard). In New York baute 1848 James Bogardus seine Fabrik mit Gusseisen statt mit Mauersteinen. Der erste reine Stahlskelettbau entstand 1871–72 (Schokoladenfabrik Menier in Noisiel-sur-Marne von Jules Saulnier). 1882 wurde mit dem Bau des Montauk-Hochhauses in Chikago der Bruch mit der traditionellen Gestaltung eingeleitet. Daniel Burnham und John Root, seine beiden Architekten, gehörten zur sogenannten Ersten Schule von Chikago, die in Verbindung mit den neuen technologischen Möglichkeiten eine neue Ästhetik der Architektur begründete. Innerhalb von dreizehn Jahren hatte diese Schule die Architektur vollkommen revolutioniert.

Der Geschmack der französischen Akademie setzte sich aber wieder durch; die schöpferischen Kräfte wurden totgeschwiegen; der Führer der Schule von Chikago, Louis Sullivan, musste gegen sein Lebensende ein armseliges Dasein fristen.

---

5 Einige wichtige Ausnahmen wären beim Barock, dessen Raumbild dem modernen erstaunlich nah verwandt ist, zu nennen. Im Wiener Belvedere sind die entfernteren Zimmer nicht über einen Gang, sondern nur durch andere Zimmer zu erreichen; die Zugänge zum Treppenhaus auf zwei Ebenen erinnern an grosszügige moderne Beispiele.

Le Corbusier und Pierre Jeanneret, Haus La Roche in Auteuil, 1923
Le Corbusier and Pierre Jeanneret, La Roche House in Auteuil, 1923

demarcated surface areas and space in the Renaissance, the baroque period and classicist architecture have disappeared. The opening has developed into the open wall; openness is no longer subordinate to closedness but of equal value; it is no longer enclosed but confronted. Walls no longer delimit space but allow it to flow through them outwards, inwards, up or down.

THE STRUCTURE OF SPACE

Space is no longer closed but open. Yet the majority of people find it impossible to think of space in any other way but enclosed by walls, as an interior detached from the exterior. This is the spatial concept that began with the nascent awareness of perspective in the early Renaissance. Like constructed perspective, post-medieval space presupposed limiting elements with whose help space could be described. Space appeared to be unambiguous: it could be perceived and comprehended from a single standpoint.

Medieval space, on the other hand, was conceptually and realistically quite different and related to modern space. The middle and high German "rûm" originally meant "distance", in a narrower sense "free seating room", but always "openness". This openness was architecturally created on the basis of boundaries, of buildings that represented important material and conceptual values, such as the church, the city gates, the granary, the tower in the market place. The streets and alleys led towards these landmarks and back into the narrowness of other streets or through the town gates into the open landscape.

The model of modern space does not recognise such material and conceptual limits. It is, as Giedion wrote in *Time, space and architecture,* merely a function of time; or, to put it another way, space cannot be experienced either from a standpoint or a boundary, but only by walking through it. Windows, façades and whole buildings do not exist solely by themselves but only in relation to other windows, façades and buildings. The crucial moment occurs only in the spatial relationship between the elements of design. Space itself is the boundary.

Let us imagine a vast plane with no buildings, no roads or paths, and no trees, as endless as the sea. Our task is to construct a house and garden on this expanse of land. The modern architect sees this plane as space. He inserts his house in this space and allows the space to flow through the building, through a storey with open columns, through the open walls, and through the plastic forms of the building volumes that reach out into space. The same thing happens with the trees, bushes and paths. Space is seen as something moving. The building's closed elements of design do not impede or restrict it but let it

flow past, encouraging its movement and endowing it with constant new aspects. Thus a spatial sequence emerges out of one particular unit of space, a sequence organised and kept in motion by the elements of design.

During the Renaissance, on the other hand, as well as during and after the baroque period, the house and garden were dissociated from the surrounding plane and became self-contained. Space did not grow out of the plane but came into being through the way it was expressed, with trees, hedges, walls, façades and building volumes. Pre-modern space was closed and delimited by building volumes.[5] Modern space is open and delimited by spaces.

This, then, is the crucial factor of the modern element in architecture; it is also the common denominator in the work of Wright, Aalto and Scharoun, of Le Corbusier and Niemeyer, of the "Stijl" and the Milan School, of Gropius, Breuer and Neutra, of Mies van der Rohe and Eiermann.

THE DEVELOPMENT AND MEANING OF MODERN ARCHITECTURE

It could be objected that there are only a few works of architecture that evidence, in full, all the attributes mentioned here. The objection is understandable, because the ongoing development of modern architecture is an art-historical phenomenon that has barely achieved recognition, and because the development is constantly impeded from outside sources.

Before 1938, apart from some single-family houses and a few factories, only four great works of architecture that can be regarded as thoroughly modern in terms of their spatial structure were built in Switzerland: the "Clarté" flats by Le Corbusier in Geneva in 1930–32, the interior of the St. Karl Church in Lucerne by Fritz Metzger in 1933/34, the Doldertal apartment house in Zurich by Marcel Breuer with A. and E. Roth in 1935/36, and the Trade School in Bern by Hans Brechbühler in 1937–39. There were also a number of good works of architecture whose demarcated surface structures were thoroughly modern but whose volumes were classicistically closed.

However, it is not the quantity that is important for our discussion but the very existence of the examples and the course of the development that led to them. Modern space only emerged after a long series of attempts. Before this, the buildings were only "modern" in terms of their demarcation structure. All this was preceded by a hundred-year history of technical development: the first bridge was built in steel (over the River Severn near Coalbrookdale in England, by T. F. Pritchard in 1775–79); James Bogardus constructed a factory with cast iron instead of

bricks in New York in 1848; the first pure steel frame construction, the Menier Chocolate Factory in Noisiel-sur-Marne by Jules Saulnier, was built in 1871/72; and 1882 saw the introduction of the break with traditional design with the Montauk high-rise building in Chicago. Its architects, Daniel Burnham and John Root, were members of the so-called First School of Chicago which founded a new aesthetics of architecture in connection with the new technical possibilities. Within thirteen years, this school completely revolutionised architecture.

The taste of the French Academy, however, continued to hold its own: the new creative forces were completely hushed up, and Louis Sullivan, the head of the Chicago School, was compelled to eke out a wretched existence towards the end of his life.

But new ideas had been generated and new technical preconditions created. Frank Lloyd Wright incorporated all the essential elements of modern spatial structure in his work as early as 1902. Europe looked to America, and Wright's work was heeded in Belgium, Holland and Germany. The neo-Renaissance architects Otto Wagner and H. P. Berlage broke away from eclecticism. Berlage built a new stock exchange building in Amsterdam between 1898 and 1903, Otto Wagner constructed the Post Office Savings Bank in Vienna in 1905, and Henry van de Velde built his home "Bloemenwerf" near Brussels as early as 1895/96.

But it was not until 1907 that Europe achieved a work of architecture that demonstrated a new concept of space: the reading room of the Art School in Glasgow by Charles R. Mackintosh. A few years later, Berlage built the Municipal Museum in The Hague, which evidenced the direct influence of Wright. The—at the time complete—work of Wright was published in a Dutch de luxe edition. And it is highly probable that Wright also had a considerable influence on the "Stijl" movement. Theo van Doesburg analysed the design elements of space in single surface areas, thereby freeing space from its rigid connection with closed building volumes. Rietveld and Schröder demonstrated these attempts in 1924 in the famous villa in Utrecht.

Around the same time, in 1923, Ludwig Mies van der Rohe designed his house in brick; Le Corbusier published his *Vers une architecture;* and Richard Neutra, a student of Otto Wagner, moved to Chicago.

It appeared that a glorious era of the new architecture had begun in Europe. Walter Gropius, who built the Fagus factory in Alfeld in 1911, a work that is quite as historically important as Wright's work, founded the "Bauhaus" in Dessau in 1926. Ernst May became director of building works in Frankfurt, the Weissenhofsiedlung was constructed in Stuttgart, Mies van der Rohe built the German pavilion at the World Exhibition in

5 There were a few important examples during the Baroque period whose spatial concept is remarkably similar to that of modern architecture. In the Viennese Belvedere, the furthest rooms are accessible not by corridors but only through other rooms: the accesses to the staircase on two levels are reminiscent of generously conceived modern examples.

Ludwig Mies van der Rohe, Deutscher Pavillon auf der Weltausstellung Barcelona, 1929
Ludwig Mies van der Rohe, German pavilion at the World Exhibition Barcelona, 1929

Die Ideen aber waren wachgerufen und die technischen Voraussetzungen geschaffen. Bei Frank Lloyd Wright erschienen schon 1902 alle wesentlichen Elemente der modernen Raumstruktur. Europa blickte nach Amerika. Wrights Arbeiten wurden in Belgien, Holland und Deutschland beachtet. Die Neurenaissance-Architekten Otto Wagner und H. P. Berlage lösten sich vom Eklektizismus. 1898 bis 1903 entstand in Amsterdam die neue Börse von Berlage, 1905 die Postsparkasse in Wien von Wagner. Und schon 1895–96 baute Henry van de Velde sein Haus «Bloemenwerf» bei Brüssel.

Aber erst 1907 entsteht in Europa ein Werk, an dem ein neuer Raum dargestellt ist: der Lesesaal der Art School in Glasgow von Charles R. Mackintosh. Einige Jahre später baut Berlage das Gemeindemuseum von den Haag, das den unmittelbaren Einfluss von Wright bezeugt. Das damalige Gesamtwerk von Wright wurde in einer holländischen Luxusausgabe publiziert. Und man geht kaum fehl, wenn angenommen wird, dass Wright auch die Bewegung des «Stijl» entscheidend angeregt hat. Theo van Doesburg zerlegte analytisch die Gestaltelemente des Raumes in einzelne Flächen und löste damit den Raum aus der starren Bindung an die geschlossenen Baumassen. Rietveld und Schröder demonstrierten diese Versuche 1924 an der berühmten Villa in Utrecht.

Um die gleiche Zeit, 1923, entwarf Ludwig Mies van der Rohe das Haus in Ziegelstein. Von Le Corbusier erschien *Vers une Architecture*. Richard Neutra, ein Schüler von Otto Wagner, zog nach Chikago.

In Europa schien eine herrliche Zeit der neuen Architektur angebrochen zu sein. Walter Gropius, der 1911 die Faguswerke in Alfeld gebaut hatte, jenes Werk, das geschichtlich so bedeutungsvoll ist wie die Arbeit von Wright, gründete 1926 das «Bauhaus» in Dessau. Ernst May wurde Baudirektor in Frankfurt, die Weissenhofsiedlung in Stuttgart entstand, Mies van der Rohe baute den deutschen Pavillon an der Weltausstellung in Barcelona und Le Corbusier die Villa Savoye. Die Herrlichkeit dauerte nicht lange, in Deutschland nur bis 1933. Gropius, Mies van der Rohe, Breuer und May gingen aus dem Land. Le Corbusier entwarf und schrieb in Paris, baute aber wenig, denn der Nationalismus widersetzte sich dem Neuen nicht nur in Deutschland. Was dort dem staatlichen Terror ausgesetzt war, unterlag an anderen Orten der öffentlichen Meinung. Das Schicksal von Viollet-le-Duc und der Chicago School schien auch die europäische Architektur zu ereilen. Der Krieg brachte die schöpferischen Kräfte vollends zum Schweigen.

Die Emigranten konnten indessen ihr Werk in Amerika fortsetzen, und als nach neun Jahren die alten Kräfte in Europa zu einem neuen Erwachen kamen, fanden sie Neues und Gereiftes vor und liessen sich von ihm auf das stärkste anregen. Das bald hundert Jahre alte «atlantische Gespräch», wie es der Berner Historiker Paul Hofer nennt, wurde wieder angeknüpft.

In Mexico City und in Brasilien, wo vor allem Schüler Le Corbusiers am Werk sind, brach die moderne Architektur wie durch einen eruptiven Stoss hervor. Das Neue blieb dort nicht nur Demonstration, sondern wurde Ausdruck des Lebensgefühls eines Volkes.

Diese biographische Skizze der modernen Architektur zeigt, dass sich das Neue aus frühen Anfängen heraus kontinuierlich entwickelt hat. Der geschlossene Gang der Entwicklung und die gemeinsamen Elemente der architektonischen Gestalt stellen aber die gleiche Einheit dar, die an den vergangenen Epochen der Baukunst erscheint. Die antimodernen Strömungen dagegen treten nur sporadisch und immer wieder in einem neuen Kleid auf; sie bilden strukturell nichts Neues und haben ihr Gefälle eigentümlicherweise immer auf das Moderne zu. Das war so mit dem Eklektizismus zur Zeit der Chicago School, so mit dem Neuklassizismus der 20er Jahre und ebenso mit dem modernistischen Klassizismus unserer Tage.

DIE MODERNE ARCHITEKTUR IST EIN EXISTENTIELLES ANLIEGEN

Die moderne Baukunst musste sich lange Zeit vorwiegend um die vielen technischen Fragen und um ihre Gestalt bemühen, denn das meiste war neu und anders als vorher. Sie hat dabei einen neuen Raum geschaffen. In diesem wie in jedem anderen architektonischen Raum aber ist die Vorstellung des Menschen von der Welt als Sinnbild dargestellt; hier ist abzulesen, was ein Architekt oder eine Generation von Baumeistern zu sagen hat. Im modernen Raum, der nicht für sich selbst besteht, sondern stets nur aus der Beziehung zu anderem erst Raum wird, ist ein existentielles Anliegen ausgedrückt.

Der Modernismus, der das Gesicht der meisten Städte prägt, die in diesen Jahren aufgebaut werden, hat von diesem Anliegen noch kaum Kenntnis genommen. Die Städte erscheinen wie Ungeheuer, die nicht für den Menschen, sondern für einen imaginären Mechanismus gebaut sind. Wenig ist in ihnen von dem erhalten, was die englischen Städtebauer und was Le Corbusier für die Grossstadt seit Jahrzehnten verfechten, nichts von dem, was Gropius und das Team am «Boston Cen-

ter», was von den Gruppen «De 8» und «Opbouw» in Holland und was Wiener und Sert für die «Motorenstadt» in Brasilien auf dem Papier und am Modell dargestellt haben! Wer an diesen Beispielen lesen kann, erfährt unsere Welt und die Vorstellung dieser Welt umfassend wie ein Philosoph, anschaulich wie ein Dichter, eindrücklich wie ein Maler und sinnenhaft wie ein Tänzer. Damit sind wir aber an ein Thema geraten, das hier bis jetzt gewaltsam unterdrückt wurde; im Rahmen dieses Vortrages ist es nicht auszumachen.

Auguste Perret, Wohngebäude in Paris, 1930
Auguste Perret, residential building in Paris, 1930

Arne Jacobsen, Rathaus in Rødovre, Dänemark, 1952–56
Arne Jacobsen, town hall in Rødovre, Denmark, 1952–56

Barcelona, and Le Corbusier designed the Villa Savoye. But the glory did not last long, in Germany only until 1933 when Gropius, Mies van der Rohe, Breuer and May left the country. Le Corbusier designed and wrote in Paris but built very little, for it was not only in Germany that National Socialism opposed the new architecture. The ideas and activities that were a prey to state-engendered terror in Germany fell victim to public opinion in other places. The fate of Viollet-le-Duc and the Chicago School seemed to be overtaking Europe as well. The war completely stifled all creative energy.

Meanwhile, the emigrants were able to continue their work in America; when, nine years later, Europe took on a new lease of life, it was greatly stimulated by the new and already matured phenomena, and the almost one hundred years old "Atlantic dialogue", as the Bernese historian Paul Hofer put it, recommenced.

In Mexico City and Brazil, where students of Le Corbusier were particularly active, modern architecture sprang up like an eruptive force. It did not remain a mere demonstration but became the expression of a life-feeling of a whole nation.

This biographical sketch of modern architecture shows that the development of the new impulses was an ongoing process evolving from the early beginnings. But the unified course of development and the common elements of architectural design evidence the same unity that had emerged in past architectural epochs. The anti-modern trends, on the other hand, appeared only sporadically, and always in a new guise; they added nothing new structurally and, remarkably, always showed a tendency towards the modern.

This was the case with the eclecticism prevalent at the time of the Chicago School, as well as with the neo-classicism of the 1920s and the modernistic classicism of our day and age.

MODERN ARCHITECTURE IS AN EXISTENTIAL ISSUE

For a long time, modern architecture's main concern was about the many technical issues of design, for almost everything was new and different, and this resulted in the genesis of a new kind of space. Here, as in all other kinds of architectural space, man's image of the world is symbolically portrayed; here we can read what an architect or a generation of architects has to say. Modern space, which does not stand alone but becomes space only through its relationship to other space, is an expression of an existential concept.

Modernism, which determines the appearances of most cities built during these years, has barely taken note of this concept. Our cities look like monsters built for imaginary mechanisms rather than for human beings. They have preserved little of that for which Le Corbusier and the English town planners fought for decades, nothing of what Gropius and the team at the "Boston Centre", the groups "De 8" and "Opbouw" in Holland worked for, and nothing of what Wiener and Sert sketched on paper and in models for the "motor city" in Brazil. Those who are able to read and interpret these examples are capable of experiencing the world and its concept as comprehensively as a philosopher, as reflectively as a poet, as impressively as a painter and as sensuously as a dancer.

Here, however, we arrive at a subject that we have hitherto intentionally left out; in the framework of this lecture, it has no place.

Translated from the German by Maureen Oberli Turner

Boston Centre Architects, Back Bay Center Boston, Modellansicht 1953
Boston Centre Architects, Back Bay Center Boston, view of the model, 1953

Marcel Breuer, Wohnhaus in New Canaan, Connecticut, 1947–48
Marcel Breuer, residential building in New Canaan, Connecticut, 1947–48

BAUTENAUSWAHL

KINO STUDIO 4, ZÜRICH

JUGENDHEIM ERIKA, ZÜRICH-WIPKINGEN

VERWALTUNGSGEBÄUDE SWICA GESUNDHEITSORGANISATION, WINTERTHUR

EINFAMILIENHAUS, HESSIGKOFEN (KANTON SOLOTHURN)

KIRCHE ST. PIUS, MEGGEN (KANTON LUZERN)

NATURWISSENSCHAFTLICHE UNIVERSITÄTSINSTITUTE, FRIBOURG-PÉROLLES

KANTONSSCHULE FREUDENBERG, ZÜRICH-ENGE

SCHULERWEITERUNG, ZÜRICH-ALTSTETTEN

WOHNHAUS DES ARCHITEKTEN, SCHWERZENBACH (KANTON ZÜRICH)

PERSONALHAUS UNIVERSITÄTSSPITAL, ZÜRICH-FLUNTERN

WOHN- UND GESCHÄFTSHAUS, ZÜRICH-SEEFELD

CENTRE DE RECHERCHES AGRICOLES, ST. AUBIN (KANTON FRIBOURG)

ECOLE POLYTECHNIQUE FÉDÉRALE, LAUSANNE-ECUBLENS

STÄDTISCHE WOHNANLAGE, ZÜRICH-UNTERAFFOLTERN

SELECTED BUILDINGS

CINEMA STUDIO 4, ZURICH

YOUTH HOME ERIKA, ZURICH

ADMINISTRATION BUILDING, WINTERTHUR

SINGLE-FAMILY HOUSE, HESSIGKOFEN

ST. PIUS CHURCH, MEGGEN

INSTITUTES OF NATURAL SCIENCES, FRIBOURG

CANTONAL HIGH SCHOOL FREUDENBERG, ZURICH

SCHOOL EXTENSION, ZURICH

ARCHITECT'S HOUSE, SCHWERZENBACH

UNIVERSITY HOSPITAL STAFF RESIDENCE, ZURICH

RESIDENTIAL AND OFFICE BUILDING, ZURICH

AGRICULTURAL RESEARCH CENTRE, ST. AUBIN

FEDERAL INSTITUTE OF TECHNOLOGY, LAUSANNE

URBAN HOUSING COMPLEX, ZURICH

Texte von Walter Zschokke

Text by Walter Zschokke
Translated from the German by Christian P. Casparis

KINO STUDIO 4 / CINEMA STUDIO 4
IM GESCHÄFTSHAUS NEUEGG, ZÜRICH Nüschelerstrasse 11
WERNER FREY UND ROMAN CLEMENS 1948–49

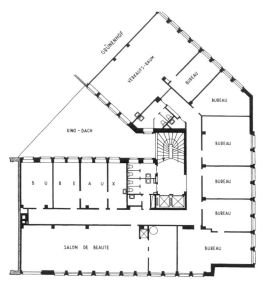

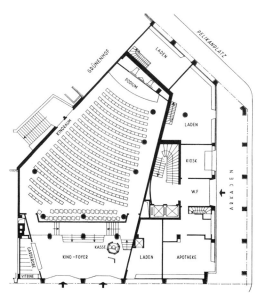

Werk, Nr. 7, 1950, S. 208–211
Schweizerische Bauzeitung, Nr. 19, 13. 5. 1950, S. 257–259

Grundriss Obergeschoss
Grundriss Erdgeschoss

Floor plan 1st floor
Floor plan ground floor

Der Pelikanplatz zwischen Paradeplatz und Sihlporte weist im Grundriss einen seit dem frühen 18. Jahrhundert bestehenden Karo-Zuschnitt auf, indem den vier Baublöcken an der Strassenkreuzung je die Ecke kräftig zurückgestutzt wurde. Damit ist er immerhin der regelmässigste unter den Zürcher Plätzen. Der östliche der vier Baublöcke setzt sich aus mehreren Häusern zusammen, wobei der nördliche Kopfbau zur Pelikanstrasse, das Geschäftshaus «Neuegg» mit dem südlich anschliessenden «Grünenhof», zum Platz hin eine städtebauliche Einheit bildet. Den Innenhof sowie Teile des Erdgeschosses belegt das von der Nüschelerstrasse, der dem Platz abgewandten Seite her zugängliche Kino «Studio 4», mit einem Saal von zirka 400 Plätzen. Den Baukörper des Geschäftshauses modellierte Werner Frey als kräftigen Kernkorpus, dem flache Teilkörper angesetzt sind. Zur Pelikanstrasse hin sind die Geschäfte hinter eine Arkade zurückgezogen, an der Nüschelerstrasse beschirmt ein elegant geschnittenes Vordach den Gehsteig. Die regelmässig gesetzten Fenster werden von schmalen Rahmen eingefasst, plattendünne Dachvorsprünge schützen die Fassaden. Der unprätentiös-seriös, aber sorgfältig gestaltete Bau weist an der Nüschelerstrasse überraschend ein mondänes Kinoportal auf. Das vor die Erdgeschosspfeiler gespannte Vordach trägt an der Unterseite eine dichte Folge paralleler Neonlampen, welche die Zone vor dem Kino hell erleuchten. Zwei gleichwertige Eingangstüren sind in flach zurückspringende, grossflächige Glaswände eingesetzt, die Einblick ins Foyer bieten. Nach diesen vergleichsweise sanft einladenden Gesten folgt nun im Foyer eine kräftigere Massnahme: die wellenartig von der Rückwand in die Decke sich vorziehende, regelmässig mit ungeregelt ungleichgrossen Spiegelpunkten besetzte Fläche, welche die Besucher so richtig hineinsaugt. Werner Frey und Roman Clemens vollbringen hier das Kunststück, auf kürzester Distanz den Übergang von der Strasse in den um ein halbes Geschoss tiefer liegenden Kinosaal zu vollziehen. Eben noch stand man zum Kauf der Kinokarten auf den hell-dunklen Bodenplatten des Foyers, plätschert dann vor dem Firmament aus Spiegelpunkten die vier breiten Stufen hinunter und wird zu beiden Seiten über weitere Stufen weggespült und in den Kinosaal geschwemmt, wo nach dem Erwartungsflimmern im Foyer das animierende Band aus Grossfotos an Rückwand und rechter Seite den Raum beherrscht, während von der linken Seitenwand ein abstrakt-bewegtes Muster ähnlich zweier sich nicht

The ground plan of the Pelikanplatz between Paradeplatz and Sihlporte has a diamond shape, common since the early 18th century, the corners of the four blocks at the roadjunction having been considerably cut back. This, to say the least, makes it the most regular square in Zurich. The block to the east consists of several houses. The northerly one heading on Pelikanstrasse, the office block "Neuegg" with the adjoining "Grünenhof" to the south, forms an urban unit facing the square. The courtyard as well as parts of the ground-floor are occupied by the cinema "Studio 4" with ca. 400 seats, whose entrance lies on Nüschelerstrasse on the side turned away from the square. The office block volume was modelled by Werner Frey as a strong nuclear body, onto which flat partial bodies are fitted. Towards Pelikanstrasse the shops are drawn back behind an arcade. On Nüschelerstrasse an elegantly cut canopy shades the pavement. The regularly placed windows are set in slim frames. Slab-thin eaves protect the façades. The unpretentiously serious but carefully designed building presents itself on Nüschelerstrasse surprisingly with a smart cinema portal. The canopy, spanning the space in front of the ground-floor pillars, carries a dense row of parallel neon lamps on its underside which brightly illuminate the zone in front of the cinema. Two equivalent entrance doors are set into large, flat recessed glass walls that offer a view into the foyer. These comparatively gentle welcoming gestures are now followed by a more powerful measure in the foyer: the back wall reaches like a wave up into the ceiling; the whole expanse is studded regularly with randomly sized mirror dots that virtually suck the visitors inside. As if by sleight of hand, Werner Frey and Roman Clemens manage to bridge the gap between the street and the cinema theatre which lies half a storey lower. One minute we are standing on the light and dark chequered foyer floor buying tickets, then we float down the four broad steps in front of the firmament of mirror dots, only to be swept over more steps on both sides into the cinema theatre, where, after the tantalizing scintillations in the foyer, the animating band of large photos on the back and right side dominate the hall, while from the left wall an abstract moving pattern, like two liquids mixing, reaches up to cover the ceiling. The visitors are, thus, tempted, guided, and drawn in. Looking at the plan we see a difficult ground plan of a pentagon distorted downwards which starts off skilfully with the profane, but effective symmetry of

«Die akzentlose Durchbildung der einzelnen Fassaden wird von der Bauaufgabe bestimmt: Geschäftsbauten, deren innere Organisation in dem Sinne flexibel ist, dass entsprechend den Bedürfnissen der Mieter ohne einschneidende bauliche Veränderungen die Räumlichkeiten aufgeteilt und ausgebaut werden können.»
Werner Frey: *Werk*, Nr. 7, 1950, S. 208

"The unaccentuated design of the individual façades is determined by the architectural task, which is to create a commercial building with an interior organisation flexible enough to enable the premises to be divided up and extended, without drastic structural changes, according to the tenant's requirements."
Werner Frey: *Schweizerische Bauzeitung*, No. 7, 1950, p. 208

mischender Flüssigkeiten kontinuierlich in die Decke übergeht. Die Besucher werden also gelockt, geleitet und mitgezogen.

Ein Blick auf den Plan zeigt: der schwierige Grundriss eines in die Tiefe verzogenen Fünfecks beginnt geschickt mit der profanen, aber wirkungsvollen Symmetrie zweier gleichwertiger Doppeltüren, das Foyer weitet sich bereits trapezförmig – wodurch es tiefer wirkt –, die Zugänge zum Saal sind noch fast gleichwertig; aber im Kinosaal kippt die Raumbildung in dynamische Asymmetrie. Zwei gekrümmte Bildflächen definieren den Raum: linkerhand und von oben das mit durchgehendem Muster bemalte Wand-Deckenkontinuum sowie über Kopf das Band Grossfotografien, das sich von hinten her nach rechts vorschlingt, während die kräftigen Rundstützen mit der weiss-schwarz kontrastierenden Bemalung nurmehr zonierend wirken und der Raumabschluss dahinter im Dunkel verschwindet. Vor der Illusion des Films wird somit eine Folge räumlicher Illusionen geboten, deren Kraft und Magie filmischer Wirkung ebenbürtig sind. Nimmt man den Obergeschossgrundriss zur Hand und folgt dem Verlauf der Gebäudelasten, lässt sich ermessen, wieviel Gedankenarbeit des Architekten im Rohbau verborgen sind; aber Eleganz und Spannung der Innenraumgestaltung machen diese vergessen, entrücken den Besucher bereits vor Filmbeginn in die dreidimensionale Wirklichkeit fliessender Räume und treiben die ungerichtete Erwartung auf die Spitze. Ein Glück, dass dieses einmalige Raumkunstwerk erhalten geblieben ist und trotz des Kinosterbens, bis heute – sorgfältig renoviert – in Funktion steht.

equivalent double doors; the foyer opens up in the form of a trapeze—thus, seeming deeper; the entrances to the cinema are still quite equivalent; but inside the spatial design tips over into a dynamic asymmetry. Two curved images define the theatre: to the left and along the top the continuous pattern painted on wall and ceiling; overhead the band of large photographs which coils from the back to the front right side; while the strong round pillars with the contrasting black and white decoration have a zoning effect, the space behind them vanishes into the dark. Before the illusion of the film a sequence of spatial illusions is offered, whose force and magic equals that of the film. Looking at the ground plan of the upper floor and following the distribution of the building loads, we realise how much thinking the architect put into the carcassing. However, this is easily forgotten when the elegance and dynamism of the interior design with the three-dimensionality of the flowing spaces, enchanting the visitor even before the film begins, brings undefined anticipation to a peak. Luckily, this unique work of architectural art has survived. And, in spite of cinemas closing down, it has —carefully renovated—retained its function to this day.

JUGENDHEIM ERIKA / YOUTH HOME ERIKA
ZÜRICH-WIPKINGEN Rötelstrasse 53
WERNER FREY 1958–59 UND 1969–70

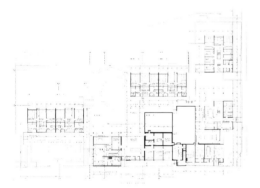 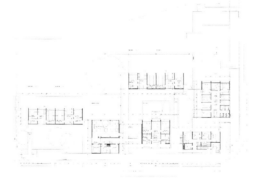

Schweizerische Bauzeitung, Nr. 7, 16. 2.1961, S. 105–108
Werk, Nr. 9, 1961, S. 318–320

Grundriss Erdgeschoss Platzniveau
Grundriss Obergeschoss Strassenniveau

Floor plan town square level
Floor plan street level

0 5 10   20   50

«Bei der Projektierung sind die in Heimen mit dem Familien-
gruppensystem im In- und Ausland gesammelten Erfahrungen
ausgewertet worden. Die Grösse des Jugendheimes wurde
auf fünf Gruppen zu je 10 bis 11 Kindern festgelegt, die
von fünf Heimleiterinnen und einem Verwalter-Ehepaar betreut
werden. Diesem Prinzip entspricht die bauliche Gliederung
der Anlage.»
Werner Frey: *Werk,* Nr. 9, 1961, S. 319

"During the development of the project, we evaluated
experience collected in homes run on the family group system
in Switzerland and abroad. The young people's home
was designed to accommodate five groups of 10 to 11 children,
each of which is looked after by five matrons and a married
couple for the administration. The structural organisation
of the complex is based on this principle."
Werner Frey: *Werk,* No. 9, 1961, p. 319

Die südwestorientierte Hanglage in halber Höhe über Limmat und Industrie-
quartier war früher ein bevorzugter Villenstandort. Aus dieser Zeit stammt
der prächtige Bestand hoher Bäume, der bei Errichtung der Anlage weitestgehend
geschont wurde. Neue pädagogische Konzepte, die eine Organisation der Kinder
in Familiengruppen vorsahen, legten eine räumliche Gliederung auch des
Bauwerks nahe, die nach einer in den 50er Jahren auch im Schulbau verbreiteten
Typologie, dem Pavillonsystem, verwirklicht wurde. Das Abgehen vom sozio-
kulturellen Vorbild der Kaserne kann auch als architektonische Umsetzung
des Subsidiaritätsprinzips mit Betonung individueller Verantwortung, mithin der
Liberalisierung als Gegensatz zu eben abgewehrten Totalitarismen verstanden
werden.

Die erste Etappe von Ende der 50er Jahre umfasst ein Haupthaus, das als
funktionales Zentrum der Anlage dient, mit Grossküche, Speisesaal, Büros und
Wohnräumen für die Angestellten. Als «Satelliten» sind die Pavillons der
Familienhäuser mittels überdeckter Gänge daran angeschlossen. Sie bieten für
zehn bis elf Kinder sowie eine Betreuungsperson – «erzieherisch begabte
Ehepaare» oder eine «mütterlich wirkende Frau» – Wohn- und Schlafraum. Tagsüber
gehen die Kinder in die öffentlichen Schulen.

Ein Hartplatz bildet die offene Mitte der Anlage. Er wird hofartig gerahmt von
den gedeckten Verbindungsgängen, zugleich aber von der Fassade des Haupt-
hauses aussenräumlich bestimmt, die symmetrisch darauf bezogen, vier
Geschosse hoch aufsteigt. Die städtebauliche Organisation der Baukörper folgt
einem ausbalancierten Verhältnis von geregelter und gelockerter Ordnung.
Gemeinsam genutzte Elemente sind aufeinander bezogen und folgen zum Teil sym-
metrischen Ordnungsmustern – die allerdings konsequent vom Prinzip lateralen
Zugangs relativiert werden. Die Familienhäuser sind zum Aussenraum – und
zur Sonne – orientiert. Jeweils zwei fügen sich zu einem der beiden gartenseitig
vorgelagerten Pavillons, ein fünftes, oben an der Rötelstrasse situiert, bildet
volumetrisch ein Gegengewicht zum Haupthaus, die zweigeschossige Eingangshalle ist dazwischen gespannt.

Das konstruktive Prinzip der Schottenbauweise prägt das innere und äussere
Erscheinungsbild. Dabei werden vertikale und horizontale Teile optisch gleichwertig

The slope facing southwest halfway above the Limmat river and the industrial
district used to be a posh and much sought-after residential area. The majestic
stand of high trees, reminiscent of those days, was largely spared when
the new complex was built. New pedagogical concepts, assuming an organization
of the children in family groups, prompted the spatial layout of the building.
Such pavilion systems were a common typology in school buildings of the 50s.
Another way of interpreting this departure from the socio-cultural model of
the barracks is the architectonic expression of the subsidiary principle with its
emphasis on individual responsibility; as it were, liberalization as opposed to
the totalitarianism that had been fended off.

The first stage built in the late 50s consists of a main building, serving as centre of
the complex with a large kitchen, a dining hall, offices, and living quarters for
the staff. The pavilions, or family houses, are attached by way of covered passages
in a "satellite fashion". They offer living and sleeping space for ten to eleven
children plus one staff member —"pedagogically talented couples" or a "motherly
woman". In the daytime the children attend the local schools.

An asphalt quadrangle forms the open centre of the complex. It is framed by
the covered passages. At the same time, the four-storey façade of the main building closes it off from outside in symmetrical reference to it. The urbanistic
organization of the architectural volumes follows a balanced relation between controlled and loose structure. Common elements are interrelated and occasionally
follow symmetrical patterns which, however, are consistently put in question
by the principle of lateral access. The family houses are oriented outwards and
towards the sun. Two at a time are joined to make up one of the two pavilions
reaching into the garden. A fifth, situated at the top, on Rötelstrasse, volumetrically
counterbalances the main house, whose two-storey entrance-hall spans the
gap between them.

The constructive principle of the cellular framing determines the inner and outer
appearance. Vertical and horizontal parts are treated as optical equivalents.
The constructive functionality of the static equilibrium is superimposed by a structure tending towards geometric purity. The exposed concrete wall elements,
painted brightly, jut out, while the lightweight construction of the windows and

behandelt. Der statisch-konstruktiven Funktionalität ist eine zu geometrischer Reinheit tendierende Ordnung überlagert. Die hell gestrichenen Sichtbetonscheiben stehen vor, darin eingesetzte Leichtbaukonstruktionen für Fenster und Brüstungen treten auch farblich zurück. Stützen sind optisch schlank gehalten und wirken in der Ansicht gleich, ob sie bloss ein Dach oder ein ganzes Haus tragen. Jeweils drei konstruktive Felder bilden ein Familienhaus, das im Inneren drei in der Höhe gegeneinander versetzte Wohnebenen enthält. Vom gedeckten Zugang geht es eben hinein, wo Vorraum, Toiletten, Waschraum mit Dusche, Teekuche und Essplatz liegen. Vier Stufen nach oben grenzen den vorn, im mittleren Feld angeordneten Wohnraum ab, der von je einem Kinderzimmer zu drei Betten flankiert wird. Ein gerader Treppenlauf führt durch den zwei Geschosse hohen Luftraum hinauf zur Wohndiele, einem weiteren Aufenthaltsbereich, an den noch zwei Kinderzimmer zu einem und zu vier Betten sowie das Zimmer der Gruppenleiterin anschliessen. So ist der gemeinschaftliche Bereich in mehrere Zonen desselben Grossraums aufgeteilt ohne an Übersichtlichkeit zu verlieren. Die verschiedenen Zimmergrössen kommen einer individuellen Gruppenbildung entgegen.

Aus der gesamten Anlage des Erika-Heims spricht die hoffnungsfrohe Zeit der späten 50er Jahre. Mit einem vergleichsweise bescheidenen Raumangebot, Sonne, Garten und menschlicher Zuwendung gelang es, ein erzieherisch positives Lokalklima zu schaffen. Dieser Eindruck ist bis heute nicht verblasst. Die Ende 60er Jahre, ebenfalls von Werner Frey an der Nordwestseite des Geländes angefügte Erweiterung folgt dem städtebaulichen Grundmuster. Obwohl sie eine höhere Dichte aufweisen musste, bleiben Charakter und Gesamtkonzept gewahrt. Die schützende und dennoch durchlässige Randbebauung umfängt die weiterhin offene Mitte.

parapets recedes as regards colour. The supports are optically slim and appear equal from the front whether they merely carry a roof or a whole house. Three constructive fields make up one family house at a time; they, in turn, contain three levels for living, counterpoised at different heights. Through the covered entrance one enters level with the vestibule, the toilets, the bathroom with shower, the tea-kitchen, and the dining-nook. Four steps up, in the middle field, the living-room is flanked by two children's 3-bed bedrooms. A straight staircase leads up through the stair-well, two storeys high, up to the loft to a second common-room which is again flanked by two children's bedrooms and one for the group leader. Thus, the common area is divided into several zones in one large space, without relinquishing the overview. The various sizes of rooms satisfy the individual development of a group.

The entire complex of the Erika-Home expresses the hopeful spirit of the late 50s. With a comparatively modest supply of space, sun, garden, and human support it was possible to create a pedagogically positive atmosphere. This impression has not faded to this day. The extension added by Werner Frey in the late 60s on the northwest side of the site follows the basic urbanistic pattern. Although it had to be built more densely, the character and the overall programme remain intact. The protective and, at the same time, permeable block construction frames the still open centre.

VERWALTUNGSGEBÄUDE SWICA / ADMINISTRATION BUILDING
GESUNDHEITSORGANISATION
WINTERTHUR Römerstrasse 37/38
WERNER FREY 1956–57 UND 1980–83

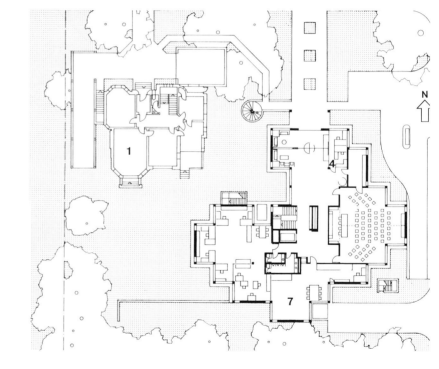

Bauen + Wohnen, Nr. 2, 1958, S. 37–42
Werk, Bauen + Wohnen, Nr. 1/2, 1989, Werk-Material S. 1–4

Studie zur Möblierung der Grossraumbüros
Study for the furnishing of the open plan offices

Grundriss 1. und 2. Obergeschoss
Grundriss Erdgeschoss

Floor plan 1st and 2nd floors
Floor plan ground floor

«Die Grundriss-Aufgliederung im Zellsystem ist im Aufbau
ablesbar. Durch Wiederholung gleicher Elemente und
der einheitlichen Materialwahl – vorgesehen ist ein Metall für
Fenster, Brüstungen und Wandverkleidung – wird eine
einheitliche Wirkung mit spannungsvollem Wechsel zwischen
verglasten und geschlossenen Fassadenelementen erzielt.»
Werner Frey: Broschüre Eingabeprojekt, Zürich 1977

"The layout of the cellular ground plan is evident in the building
structure. The repetition of the same elements and the
unified choice of material—it is planned to use only one kind
of metal for the windows, parapets and wall cladding—results
in a unified effect with an interesting alternation between
the glazed and closed elements of the façades."
Werner Frey: project brochure, Zurich 1977

Die Römerstasse als östliche Verlängerung der schnurgeraden Marktgasse, die als Hauptachse den Winterthurer Stadtkern lateral durchschneidet, führt durch ein vornehm wirkendes Villenquartier mit ausgedehnten, parkartigen Gärten, in denen mancherart prächtige Bäume stehen. Im stadtfernen Teil, kurz bevor der Charakter zu einer dichteren Bebauung wechselt, hatte Anfang der 50er Jahre die Schweizerische Betriebskrankenkasse in einer Backsteinvilla aus dem 19. Jahrhundert ihren Sitz, der aber bald zu eng wurde. Als Sieger eines geladenen Verfahrens unter drei Architekten schlug Werner Frey für das Grundstück auf der gegenüberliegenden Strassenseite einen langen, eingeschossigen Baukörper parallel zur Strasse vor und orthogonal dazu einen aufgestelzten Gebäudeteil, dessen obere zwei Stockwerke mit zweibündig angeordneten Büros von einem Rahmen gefasst auf dem niedrigen Trakt aufliegen und mit der vorspringenden Gebäudestirne den Eingangsvorplatz beschirmen. Die Wände des eingezogenen Erdgeschosses sind mit Glasbausteinen ausgefacht, aus denen es abends hell herausleuchtet wie aus einer Laterne.

Die Verteilung der Nutzungen entspricht der klaren volumetrischen Differenzierung: Eingangshalle und Konferenzsäle im strassennahen, Büros im aufliegenden Baukörper, wo unterzugslose Flachdecken ein beliebiges Setzen der Bürotrennwände zulassen. Die asketische Gestaltung, der sparsame Materialeinsatz und die sorgfältige Detaillierung hätten das Bauwerk eigentlich zu einem Lieblingsobjekt der 90er Jahre machen müssen. Es bereitet allerdings auch in diesem Jahrzehnt noch Entdeckerfreude.

Gegen Ende der 70er Jahre war der elegante Bau jedoch zu klein geworden, und der Garten der Backsteinvilla wurde für das erforderliche Neubauvolumen ausersehen. Der geschützte Baumbestand und das Bemühen, die umfangreiche Kubatur optisch zu reduzieren, verlegten den Bauplatz zur Grundstücksmitte. So kam vor allem wegen der zahlreichen Einstellplätze in drei Untergeschossen mehr Bauvolumen unter die Erdoberfläche zu liegen als darüber. Die Grundrissorganisation basiert auf einem quadratischen Büroarbeitsplatzmodul von zirka drei mal drei Meter und 8,70 Quadratmeter Fläche. Diese Büromodule werden an drei Seiten des zentral angeordneten Erschliessungskerns – wie man heute sagt – clusterartig zu mittelgrossen Gruppenbüros addiert, so dass der Baukörper in den Ansichten von den angrenzenden Strassen je von einer schmalen geschlossenen

The Marktgasse as main axis cuts dead straight laterally through the inner city of Winterthur. Its eastern elongation, the Römerstrasse, leads through a posh looking residential neighbourhood with spacious, park-like gardens and diverse stands of splendid trees. At the beginning of the 50s in the part away from town, shortly before the character changes to a more densely built-up area, the Swiss Industrial Health Insurance had its headquarters in a 19th century brick villa. However, it soon became too small. Werner Frey, winner of an invited competition of three architects, proposed a long single-storey building on the opposite side of the road. It was to lie in line with the road with a part of the building elevated at right angles to it, whose upper two office floors run along a central corridor and are cased in a frame. They are poised on the lower wing with the front jutting out to shade the forecourt of the entrance. The walls of the recessed ground-floor are filled in with structural glass that shines in the night like a lantern.

The division of the uses corresponds with the clear volumetric differentiation: the entrance hall and the conference halls are situated near the road, the offices in the superimposed volume, where flat joist-free ceilings allow the adaptation of the sliding partitions according to changing needs. The ascetic design, the sparse application of materials, and the careful details should really have turned this work of architecture into a favourite object of the 90s. In fact, it still offers surprises. Towards the end of the 70s the elegant building had already become too small, so the garden of the brick villa was chosen for the necessary extension. The protected stand of trees and the endeavour to visually reduce the considerable cubage determined the positioning of the site in the middle of the plot. Therefore, particularly because of extensive parking space, more cubic volume was put underground than above. The ground-plan structure is based on a square office-workplace module of about three by three metres and an area of 8.70 m^2. On three sides of the central service shaft these office modules are grouped into – as one would say today—cluster-like medium-sized offices. So the volume of the building, as seen from the adjoining street, is staggered in both directions into narrow closed front façades. In this way the true dimension is played down. In combination with the height of the eaves this adds up to staying within the volumetric structure of the neighbourhood. In support thereof the aluminium façade is anodised

Stirnfassade nach beiden Seiten zurückgestaffelt ist. Die wahre Grössenordnung wird damit überspielt, und zusammen mit der Beibehaltung der Traufhöhe genügt dies, um im Rahmen der Volumenstruktur des Quartiers zu bleiben. Unterstützend wirkt auch der in einem dunkelgraugrün eloxierte Farbton der Alu-Fassade. Die Gebäudeecke zur Villa bleibt offen. Es ergibt sich daraus eine interessante Spannung von Bestand und Neubau, da dieser zu jenem in ein räumliches Naheverhältnis tritt, als wäre die Villa das fehlende, bloss herausgerückte vierte Viertel des Neubaus. Diese Konstellation vollzieht sich ausschliesslich in der räumlichen Sphäre, sonst sind die beiden Häuser grundverschieden. Es reicht aber aus, um einen städtebaulichen Dialog zu etablieren, was man von dem Gebäude mit den vielen Kanten zuvor nicht erwartet hatte.

Die Überschaubarkeit der Gruppenbüros im Innern und die Ausblicke auf die Parkbäume berechtigen mehr als in anderen Verwaltungsbauten, den Begriff der Bürolandschaft zu verwenden, wie er damals aufkam. Natürlich ist «die Struktur» am Deckenspiegel präsent. Da aber damit für das Aufstellen von Schreibtischen kein Zwang verbunden ist, und die räumliche Definition durch den unregelmässigen Wechsel geschlossener und offener Fassadenteile vielfältiger wird, tritt der grossmaschige Raster bei der Raumwahrnehmung zurück. Die Beziehungen von Innen und Aussen sind facettenreicher als bei einer geraden, glatten Metall-Glasfassade. Momente des Zufälligen, ja selbst des Parasitären im Sinne des Uminterpretierens sowie des Nutzens von Zwischenräumen und Systemnischen stellen sich bei strukturalen Bauten auf der kleinen Massstabsebene in der Regel recht bald ein, was etwa beim Einrichten in historischen Grossstrukturen als selbstverständliches Qualitätsmerkmal gilt.

dark grey-green. The corner of the building towards the villa remains open. The result is an interesting tension between the old and the new, since the latter enters into a spatial proximity with the former as if the villa were the missing, merely shifted, fourth quarter of the new building. This constellation takes place exclusively in a spatial dimension. Otherwise the two buildings could not be more different. It suffices, however, to establish an urban dialogue, which one would not have expected from a building with so many edges.

More than in other administration buildings the manageable group offices inside and the views outside onto the trees of the park justify the use of the then popular term office landscapes. Of course, "the structure" is present in the ceiling grid. Since, however, the positioning of the desks is not fixed and the spatial definition varies according to the irregular changes of open and closed parts of the façade, the wide-meshed grid takes second place to the spatial impression. The relation between inside and out is more multi-facetted than with a straight, smooth metal and glass façade. Interstices and niches in the system are randomly and even parasitically re-interpreted and put to other uses. A phenomenon that occurs, as a rule, automatically in small scale structured buildings. A factor which in the furnishing of largescale historical structures is considered a quality taken for granted.

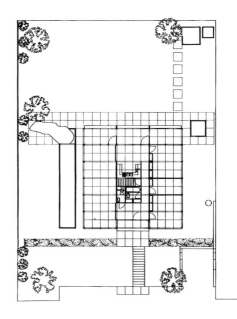

EINFAMILIENHAUS / SINGLE-FAMILY HOUSE
HESSIGKOFEN (KANTON SOLOTHURN) Hauptstrasse 66
FRANZ FÜEG 1962–64

Grundriss Erdgeschoss

Floor plan ground floor

Bauen + Wohnen, Nr. 4, 1965, S. 132–138

«Durch die grossen Glasflächen wird das Haus rasch abgekühlt und erwärmt. Die Erwärmung durch Sonnenstrahlen hat zur Folge, dass der Brennstoffverbrauch wesentlich unter dem normalen eines Massivbaus mit kleineren Fensteröffnungen liegt.»
Franz Füeg: *Bauen + Wohnen*, Nr. 4, 1965, S. 133

"The large glazed areas ensure that the building can be quickly cooled and heated. The heating by the sun's rays means that the fuel consumption is considerably lower than it would be in a normal massive structure with small window openings."
Franz Füeg: *Bauen + Wohnen*, No. 4, 1965, p. 133

Eine geschosshohe Böschung trennt das Hausgrundstück von der vorbeiführenden Strasse. Oben ist ein guter Überblick auf die umgebende Agrarlandschaft, die Aussicht auf den Jura sowie bei Fernsicht auf die Alpen zu geniessen. Und ein neolithischer Schalenstein neben dem Haus verankert den Ort in den unergründlichen Tiefen der Vorgeschichte. Der mittelgrosse Baugrund ist eben, das bescheiden wirkende Haus wurde an die Böschungskante und mit gesetzlichem Abstand an die östliche Grundgrenze gerückt. Im Süden und Westen bleiben dafür grössere Gartenflächen.

Dem quadratischen Grundriss des Hauses liegt ein metrisches Koordinatengitter zugrunde, dessen Felder in Module von zehn Zentimetern geteilt sind. Damit werden die geometrischen Örter für raumbildende, schirmende und tragende Strukturelemente festgelegt. Vier Stützenreihen mit Intervallen von zwei Metern zonieren das Quadrat von zwölf mal zwölf Meter in drei parallele, vier Meter breite Funktionsstreifen. Der westliche dient dem gemeinsamen Wohnen, der östliche nimmt die Zeile der privaten Räume auf, der mittlere enthält einen Kern mit den Erschliessungsräumen Entree, Gang, Kellertreppe, sowie die installationsintensiven Funktionen Bad, WC und Küchenzeile. Quer zu dieser Ordnung ist südseitig eine gedeckte Terrasse von der Tiefe eines konstruktiven Feldes eingezogen. Der Fussboden aus bruchrohem Granitgneis zieht sich bis in die Wohnräume. Bezugnehmend auf die spezifische Lage an der Terrasse ist der vordere Abschnitt des mittleren Streifens als Aufenthaltsbereich umgedeutet. Der dem Kochen zugeordnete Essplatz gewinnt so im Sinne räumlicher Transparenz mit seiner Zugehörigkeit zu zwei funktionalen Zonen an Bedeutung. An der Nordseite ist der Eingang um ein halbes konstruktives Feld eingezogen und somit geschützt. Beiläufig ergibt sich hier die architektonische Figur einer freistehenden Stütze, deren Präsenz zum offenen Übergang in den Wohnraum zonierend und etwas bremsend wirkt, womit die nicht vorhandene Schwelle oder Türe in anderer architektonischer Form Ausdruck findet. Nahezu alle Entscheide zu diesem Grundriss entspringen mehrfacher Logik: räumlicher, konstruktiver, klimatischer, funktionaler. Die Primärkonstruktion aus Holz ist solcherart angelegt und in Elemente von maximal 4,0 mal 2,0 Meter geteilt, dass ein Zimmererlehrling zusammen mit drei Laien den Aufbau ohne Hebemittel zu bewältigen vermochte. Dachelemente mit bereits

An embankment the height of a storey separates the plot from the road. From the top we get a good view of the surrounding farmland, a vista of the Jura hills, and, in clear weather, the Alps. A rock with neolithic pittings next to the house moors the place to the unfathomable depths of prehistory. The middle-sized site is flat. The modest looking house is situated along the brink of the embankment as far to the east as the legal building line would allow. This leaves a larger garden space to the south and west.

The square plan of the house is based on a metric grid whose modules measure 10 cm. They determine the geometric layout of spatial, covering and supporting structural elements. Four rows of supports at intervals of two metres mark the zones of a square of 12 by 12 m resulting in three parallel functional strips 4 m wide. The one to the west serves as living area. The one to the east as private space. While the middle strip contains a nucleus of access spaces, i.e. entrance, corridor, cellar stairs, as well as bath, WC, and kitchen, i.e. the installation intensive service functions. To the south, across this layout, a covered terrace, the depth of one constructive field, is added. The floor of split granite-gneiss flagging runs through to the living area. In reference to the specific position of the terrace, the front part of the middle strip is re-interpreted as lounge area. The dining-nook, associated with cooking, thus attains a particular significance by way of a spatially transparent link between two functional zones. On the north side the entrance is moved inwards by half a constructive field and is thus protected. Incidentally this results in an architectonic figure of a free-standing support. Its presence has a zoning and restraining effect on the open passage to the living-room, thereby indicating the missing threshold or door in an other architectonic form. Almost every decision in this plan springs from a multiple logic, be it spatial, constructive, climatic, or functional. The primary wood-construction is conceived and made up of elements of max. 4 m by 2 m in such a way as to require no more than a carpenter's apprentice and three laymen to put it up with, without the aid of a lever device. Roofing elements fitted with insulation may appear today as self-evident. For Switzerland in those days the principle was revolutionary.

«Was uns erstaunte: dass man ein Jahr über den Grundriss und fünf Minuten über die Fassade diskutiert; dass man 30 Zentimeter, die für eine Umstellung in der Küche fehlen, nur findet, wenn man mit Planen von vorne beginnt.»
Stefan Portmann: *Bauen + Wohnen*, Nr. 4, 1965, S. 131

"What surprised us were the following facts: discussions on the ground plan went on for a year, those on the façade only five minutes; and the only way to find the missing 30 centimetres necessary for the reorganisation of the kitchen was by beginning the planning all over again."
Stefan Portmann: *Bauen + Wohnen*, No. 4, 1965, p. 131

eingelegter Wärmedämmung mögen heute selbstverständlich erscheinen, damals und für die Schweiz war dieses Prinzip visionär.

Der mehrheitlich verglaste Skelettbau aus Holz ist um 1960 für ein Einfamilienhaus die Ausnahme. Der hohe Eigenleistungsanteil der Bauherrschaft war damals zwar nicht unüblich, aber für ein architektonisch dorart innovatives und stringentes Bauwerk singulär.

Die grossen Glasflächen vor dem Wohnraum, die eine ungestörte Panoramasicht anbieten, sich aber Einblicken nicht verschliessen, waren zumindest nonkonformistisch. Im Süden spendet das Terrassendach den nötigen Sommerschatten; ost- und westseitig halten Lamellenstoren harte Sonnenstrahlen ab, und gegen neugierige Blicke können Vorhänge gezogen werden.

Die bauphysikalischen Zusammenhänge wurden für die damalige Zeit klug interpretiert, die mehrfachen Chancen des Leichtbaus genützt und das Haus im Winter mit einer Luftkonditionierungsanlage geheizt und belüftet. Im Sommer kann kühle Nachtluft angesogen und die warme Innenluft abgeführt werden. Der Vorteil von Holz als Baumaterial, dass tragende Teile ohne Bedenken in der Klimagrenze angeordnet werden oder diese durchstossen können, erlaubten eine extrem schlanke und auf das Notwendige reduzierte Konstruktion. In den Deckenhohlräumen und in den Fassadenpaneelen wurde dagegen eine für diese Zeit unüblich gute Wärmedämmung eingelegt. Die hohe Qualität der konstruktiven Durchbildung schloss manche nicht sichtbare Massnahmen ebenso ein wie das Bemühen um einen perfekten architektonischen Ausdruck.

Abgesehen von dem schon im Konzept vorgesehenen Ausbau der Südostecke zu einem vergrösserten Zimmer erscheint das Bauwerk bis heute im wesentlichen unverändert und in einem bewundernswert guten Zustand. Insgesamt erweist sich der «Pavillon zum Wohnen» in der Rückschau nachhaltiger, als dies Bauten aus den Jahrzehnten vor der Ölkrise im allgemeinen zugetraut wird.

In 1960 a single-family house with a mainly glassed-in skeleton construction of wood was the exception. The considerable DIY-contribution by the owner was not unusual for the time. However, for a building of such an architectural innovativeness and stringency it was quite unheard-of.

The large glass surfaces in front of the living-room offering an unhampered panoramic view as well as allowing people to look inside, was at least non-conformist. To the south the covered terrace supplies the necessary shade in the summer. To the east and west venetian blinds hold off the harsh sun-rays and curtains can be drawn against over-curious looks from the outside.

The building design was conceived intelligently for those days, the multiple potential of lightweight construction was put to good use, and the house was heated and ventilated in winter with an air-conditioning appliance. In summer cool night air can be sucked in while the warm interior air is let out. The advantage of wood as building material which enables supporting parts to be placed without risk on the climatic borders or even to penetrate them, made for an extremely lean construction reduced to the bare necessities. On the other hand the heat insulation fitted into the ceiling cavities and the outer wall panels, was unusually generous for its time. The high quality of the constructive scheme accommodates several concealed measures whilst at the same time insisting on a perfect architectural expression.

Apart from enlarging the south-east corner into a bigger bedroom, as was already implied in the original concept, the building today appears largely unchanged and in an admirable condition. As a whole, the "Domestic Pavilion" strikes us as more sustainable than pre-oil-crisis buildings are generally expected to be.

KIRCHE ST. PIUS / ST. PIUS CHURCH
MEGGEN (KANTON LUZERN) Schlösslistrasse 2
FRANZ FÜEG 1964–66

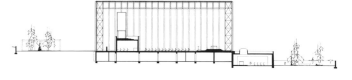

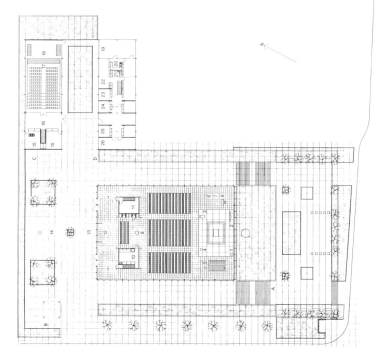

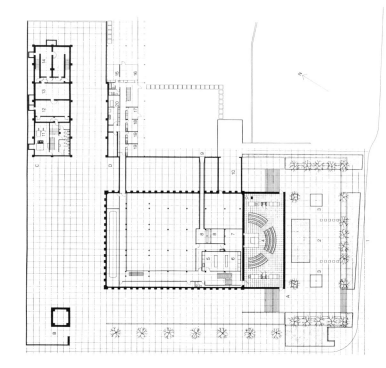

Bauen + Wohnen, Nr. 5, 1966, S. 184–185
Bauen + Wohnen, Nr. 12, 1966, S. 455–465

Längsschnitt
Grundriss Erdgeschoss
Grundriss Untergeschoss

Longitudinal section
Floor plan ground floor
Floor plan basement

0   5   10   20

Das Dorf Meggen liegt am Vierwaldstätter See, locker hingestreut über dem südost-orientierten Ufer der Küssnachter Seebucht. Oberhalb der Hauptstrasse, wo von Norden her ein Verbindungssträsschen einmündet, befindet sich der Kirchenbezirk. Die leichte Hanglage weist keine topografischen Besonderheiten auf. Sie werden durch die Gesamtanlage geschaffen, indem das Grundstück seiner relativen Beliebigkeit entrissen und zum Ort gemacht wird.

The village of Meggen lies on Lake Lucerne. It is loosely scattered along the border facing southeast which is part of the bay of Küssnacht. We come across the church area above the main street where a small connecting road runs down from the north. The site on a gentle slope shows no topographical particularities. Rather they come to life through the complex as such which succeeds in saving the plot from its non-descript character and turning it into a locality. A stand

Zur Hauptstrasse grenzt ein baumbestandener Grünstreifen ab, dahinter liegt – einige Stufen tiefer – ein querrechteckiger, befestigter Platz, der von der hohen Sichtbetonmauer eines terrassenartig vortretenden Baukörpers abgeschlossen wird, an dem links wie rechts zwei breite Treppen vorbei und hinauf führen. Oben auf der neu geschaffenen Geländestufe dominiert gross und weiss der hohe Quader der Kirche. Weiter hinten, beim zweiten, oberen Zugang, ragt der freistehende Turm in den Himmel. Etwas abgerückt, liegen parallel die gleich grossen Baukörper von Gemeindesaal und Pfarrhaus. Als Abgrenzung zur Hauptstrasse wird mit dem abgesenkten kleinen Platz und dem Kranz aus Hängebuchen ein Vorhof geschaffen, in den der Kirchenbesucher eintritt und alsbald besinnlich wird. Mehr als beiläufig finden sich zu beiden Seiten hinter der Mauerkante der vorgeschobenen Terrasse die Eingänge zur Werktagskapelle, die sich in diesem querliegenden Sichtbetonkörper verbirgt. Die äussere Form der Unterkirche bildet den mittleren Teil des Podests, auf dem sich die Hauptkirche erhebt, und stellt sich ganz in den Dienst der Gesamtanlage.

Das Kirchenbauwerk entwickelt sich aus einem rechteckigen Grundriss mit dem Seitenverhältnis 2:3. Während Stirnseite und Seitenfassaden geschlossen sind, wird die vermeintliche Rückseite zur Eingangsseite, den kleinen Kirchenplatz davor beschattet der Turm. Die Gebäudehülle besteht konstruktiv aus vier Scharen kräftiger, senkrecht eingespannter Stahlprofile sowie einem Fachwerkträgersystem für das Dach, das mit Durisolplatten gedeckt ist, mit schallabsorbierender Wirkung für den Innenraum. Die Aussenwand bilden nicht tragende, 28 Millimeter dünne Marmorplatten aus dem Bruch Penthelikon bei Athen, deren grosskörnige Kristallstruktur ein Durchscheinen des Lichts ermöglicht. Von ihrem mediterranen Weiss hebt sich die dunkle Stahlkonstruktion ab. Die Grösse der Platten folgt dem Verhältnis 2 : 3. Der gesamte Oberbau ist aus vorgefertigten Elementen montiert, wobei mehrere anspruchsvolle Detaillösungen entwickelt wurden. Bautechnisch ist das Prinzip der Montage aus grösseren Elementen immer das aktuellere, modernere gewesen, weil es anspruchsvolles ingenieurmässiges Denken und handwerkliche Perfektion zu verbinden wusste und als engagierte menschliche Leistung in die Zukunft weist. Architektonisch ist es das edlere, weil intellektuellere Prinzip, indem es vorausschauend die gestalterischen Zufälle minimiert.

of trees separates it from the main road. Behind it—a few steps down—lies an oblong, stabilized square bordered by the high, exposed concrete wall of a protruding terrace-like construction. To the right and left, two broad flights of steps lead upwards. At the top, on an added next level, the high white cube of the church comes into its own. Further back at the second, top access the free-standing tower juts into the sky. At a distance, the two equal volumes of the parish hall and rectory lie parallel to each other. The small lowered square and the wreath of weeping beeches, separating the church from the main road, form a forecourt into which the church-goer steps acquiring a contemplative mood. Not at all by chance, we find, behind the terrace wall, the entrances to the chapel hidden within this oblong, exposed concrete volume. The outer contour of this lower chapel forms the middle part of the base from which the main church rises. Thus, it is entirely integrated into the complex at large. The church building develops from a rectangular plan with sides in a ratio of 2:3. Whereas the front and the lateral façades are closed, the supposed rear side becomes the main entrance façade. The small church forecourt is shaded by the tower. The shell of the building consists, as far as its construction goes, of four strong, perpendicularly stressed steel profiles as well as a lattice girder system for the roof which is covered with sound-absorbing Durisol slabs. The outer wall is constructed with non load-bearing 28 mm marble slabs from Penthelicon, near Athens, whose large-grain crystalline structure is translucent. The Mediterranean whiteness contrasts with the dark steel construction. The size of the slabs follows the ratio of 2:3. The entire upper building is constructed from prefabricated elements; nonetheless, several demanding solutions of detail had to be found. From the technical construction point of view the principle of assembling larger elements has always been the more up to date and modern. It manages to combine ambitious engineering brain-work and perfect craftsmanship; and, as all committed human achievement, it points into the future. Architectonically it is the more noble, i.e. more intellectual principle in that it minimizes artistic randomness by way of anticipation. Two symmetrically placed doors, again panelled with marble, open automatically and welcome us into the large single hall which the free-standing organ-bridge divides into a fore-church and the church proper. The gallery stands on two closed side rooms with the condensed zone of the baptismal chapel in between.

«Was immer an diesem Gebäude als Einzelform auftritt, wird in seiner Ausbildung durch seine Relation zum Ganzen bestimmt. Es sind die gleichen Elemente, die sich am Gebäude wiederholen, und es ist ihre Anordnung und Beziehung zum anderen immer die gleiche. Kohärenz ist mit bewundernswürdiger Fertigkeit erreicht: die Teile und das Ganze sind identisch.»
Jürgen Joedicke: *Bauen + Wohnen*, Nr. 12, 1966, S. 455

"Everything that appears as a single form in this building is determined by its relationship to the whole. It is always the same elements that are repeated in the building, and their arrangement and relationship to other elements is always the same. Coherence is achieved with impressive ease: the parts and the whole are identical."
Jürgen Joedicke: *Bauen + Wohnen*, No. 12, 1966, p. 455

Zwei symmetrisch angeordnete Türen, auch sie mit Füllungen aus Marmorplatten, öffnen sich automatisch und bieten Einlass in den grossen Einraum, den der freistehende Einbau der Orgelbrücke in eine Vorkirche und den eigentlichen Kirchenraum gliedert. Als Sockel für die Empore flankieren geschlossene Nebenräume die zur Taufkapelle verdichtete Raumzone in ihrer Mitte. Einfache Kirchenbänke für die Gemeinde reihen sich in drei Kolonnen vor den Altarbereich, der von Tabernakel und Ambo gleichsam ausgesteckt wird, während der Altartisch, drei Stufen höher, auf einem Podest steht. Die in der Verteilung der Flächen grosszügige Disposition im Inneren des Rechteckgrundrisses wird umfangen von der transluzenten Schicht Marmorplatten, deren Äderungen unter dem Sonnenlicht in allen Schattierungen leuchten, die beispielsweise flüssiger Honig annehmen kann. Dieser allseitige, grandiose Eindruck abstrakt expressiver Bildhaftigkeit, der von keinem Ausblick oder anderen Lichteinfall in seiner Ganzheitlichkeit beeinträchtigt wird, bestimmt primär und absolut die Gesamtwirkung. Die disziplinierte Haltung im statisch-konstruktiven Konzept und die sorgsame Auslegeordnung des Grundrisses treten dahinter zurück. Während von aussen das dunkle Gitter der Stahlprofile vor dem strahlenden Weiss des Marmors steht, ist die Hülle von innen räumlich kaum fassbar. Infolge der gemeinsamen Bildwirkung all der leuchtenden Tafeln gewinnt die Begrenzungsfläche ungeahnte räumliche Tiefe, wird zu einer virtuellen Masse, die das reale Mass weniger Zentimeter Steinstärke vergessen lässt. Die weihevolle Geborgenheit in diesem Pantheon der Gegenwart verdankt sich der mehrfachen Zuspitzung zu radikaler Einfachheit: der mächtige Einraum, die konzentrierte Wirkung eines einzigen Materials, der bauphysikalisch kompromisslose Wandaufbau und das konsequente konstruktive Prinzip der Montage vermeiden jede erzählerische Komponente. Ein halbes Menschenalter nach Errichtung – und nach einer dankenswerten, technisch perfekten Renovation – tritt die visionäre Kraft, die aus dem Bauwerk spricht und die es zu einem Innenraum von europäischer Bedeutung – und damit von Weltgeltung – werden liess, immer klarer hervor. Nachts wechseln die Lichtverhältnisse: die Innenflächen werden opak weiss, während sich von aussen der Eindruck einer riesigen Laterne ergibt, deren Seitenflächen in einem milden Braunton leuchten.

Simple church benches for the congregation are lined up in three rows before the altar which is, as it were, punctuated by the tabernacle and the ambo while the altar table stands three steps higher on a pedestal. The distribution of the spaces inside the rectangular plan is generously laid out and is enveloped in the translucent layer of marble slabs whose veining shines under sunlight in a myriad of shades that can take on e.g. the look of liquid honey. This overall magnificent impression of abstract expressive vividness, whose unity is not impeded by any other intrusion of light or view outside, determines primarily and absolutely the effect as a whole. The disciplined attitude in the static-constructive concept and the careful arrangement of the ground plan take second place to it. While on the outside the dark grid of the steel profiles stands out against the brilliant white of the marble, the shell is hardly spatially tangible from the inside. As a consequence of the unified pictorial effect of all the shining slabs the bordering space acquires unexpected spatial depth, turns into a virtual mass, which makes us forget the few centimetres thickness of the marble slabs. The solemn seclusion in this present-day Pantheon is due to a manyfold radicalised simplification: the powerful single hall, the concentrated effect of a single material, the structurally uncompromising wall design, and the consistent constructive principle of the assembly avoid any narrative component. Half a generation after its erection—and, thankfully, after a technically perfect renovation—the visionary force expressed by this monument is evident. Not surprisingly, it has turned into an architectonic interior of European, if not to say, global significance. At night the lighting conditions change: the interior spaces turn to an opaque white, while on the outside we get the impression of a huge lantern whose façades shine in a mild tone of brown.

«Die Konsequenz, mit der dieses Bauwerk gestaltet ist, zeigt sich in allen Einzelheiten: Raumgliederung und Form, Konstruktion und Form sowie Material und Form bilden eine unauflösbare Einheit. Was immer von der Herstellung als Mittel verwendet wurde, erscheint auch sichtbar und ablesbar am fertigen Bauwerk.»
Jürgen Joedicke: Bauen + Wohnen, Nr. 12, 1966, S. 455

"The consistency with which this building is designed is evident in all the details: spatial composition and form, construction and form and material and form make up an insoluble unit. Everything used in the construction is visible and legible in the completed work of architecture."
Jürgen Joedicke: Bauen + Wohnen, No. 12, 1966, p. 455

**NATURWISSENSCHAFTLICHE UNIVERSITÄTSINSTITUTE/
INSTITUTES OF NATURAL SCIENCES
FRIBOURG-PÉROLLES** Chemin du Musée 3/5
FRANZ FÜEG, JEAN PYTHOUD 1964–68

«Die Grundeinheit der modularen Massordnung ist der Modul von 10 cm, auf dem ein dreidimensionaler Raster aufgebaut ist. Dieser Raster ist ein geometrisches Ordnungssystem, mit dessen Hilfe die Lage der Bauteile bestimmt wird.»
Franz Füeg: *Bauen + Wohnen*, Nr. 8, 1968, S. 278

"The fundamental unit of the modular dimensional order is the 10 cm module. This provides the basis for a three-dimensional grid, which is a geometrical system of order that helps to determine the organisation of the building elements."
Franz Füeg: *Bauen + Wohnen*, No. 8, 1968, p. 278

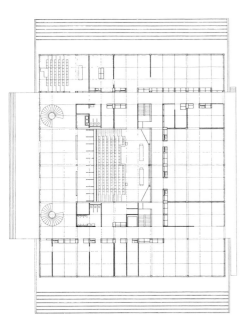

Bauen + Wohnen, Nr. 8, 1968, S. 273–284
Bauen + Wohnen, Nr. 3, 1970, S. 105–112

Grundrisse Erdgeschoss
Grundrisse 1. Obergeschoss
Grundriss Untergeschoss Physiologiegebäude
Grundriss 2. Obergeschoss Physikgebäude

Floor plans ground floor
Floor plans 1st floor
Floor plan basement physiology building
Floor plan 2st floor physics building

0   5   10   20

Die städtebauliche Achse, die vom Fribourger Bahnhof nach Südosten führt, trifft etwa nach einem Kilometer mit zwei Strassenzügen zusammen, die ebenfalls zum primären Netz gehören, sodass nahe dem Stadtrand noch einmal eine örtlich-urbane Verdichtung provoziert wird. In nobler Zurückhaltung vom Verkehrsknoten abgerückt, stehen die beiden flach quadrischen Dreigeschosser hinter dem als Parkplatz genutzten Vorfeld. Auf den ersten Blick wirken sie wie Zwillingsbauten, genaueres Hinsehen schafft jedoch Klarheit: der östliche Baukörper mit den Instituten für Physiologie und Physiologischer Chemie ist um eine Konstruktionsachse schmaler. Das rational wirkende Äussere ist alles andere als Schein. Mit einem umfassenden und innovativen Forschungsansatz traten die Architekten an, den Bau naturwissenschaftlicher Universitätsinstitute in Zusammenarbeit mit den künftigen Nutzern gleichsam neu zu erfinden. Aus den optimalen Laborgrössen leiteten sie das Mass für den Tragraster ab, der Fensterraster entspricht der geringsten vertretbaren Zimmerbreite. Zudem war man bestrebt, die innere Erschliessung und die Fassadenfläche zu minimieren. Akribisch suchte man nach dem passenden Planungsmodul, einem Schlüsselbegriff dieser Zeit. Am praktischen Beispiel wollte man somit einen Prototyp entwickeln, der wegweisend für hochinstallierte Institute werden und deren Ausführung in verschiedenen Materialien möglich sein sollte. Für den konkreten Ort spielten aber offenbar auch pragmatische Kriterien wie die Gebäudehöhe eine Rolle, weshalb vor den Seitenfassaden die Erde flach abgeböscht ist, sodass das erste Untergeschoss als vollwertiges Arbeitsgeschoss dienen kann. Architektonisch-städtebaulich ist dies jedoch äusserst elegant bewältigt, indem die beiden flachen Quader mit ihrem um fünf Stufen angehobenen Erdgeschoss wie schwerelos in der grosszügigen Erdmulde hängen. Die breiten Freitreppen mit den brückenartigen Zugängen vor den nach Norden blickenden Hauptfronten und die Laderampen auf der Südseite unterstützen diesen Eindruck. Ansprechend ist auch der Weg auf dem Grat zwischen den beiden Baukörpern. Die spezifische Ortlosigkeit, die hier, dort oder anderswo ein temporäres Andocken einschliesst, ist nicht zuletzt Ausdruck, ja Inbegriff der Internationalität naturwissenschaftlicher Forschung, für welche die beiden Bauwerke als Prototypen dienten – sowie natürlich der modernen Architektur. Das Konzept verzichtete auf ein bildhaftes Herausstellen der grossvolumigen Hörsäle, wie dies für die

The urban axis leading from the Fribourg station to the southeast meets together with two streets after about one kilometre. They, too, belong to the primary network, so that near the town border another local urban densification is provoked. At a discreet distance from the junction we come across the two square three-storey buildings behind a car park. At first sight, they seem to be twin buildings; but then it becomes clear, that the eastern volume with the Institutes of Physiology and Physiological Chemistry is narrower by one constructive axis. The exterior that seems so rational is everything else but make-believe. With a comprehensive and innovative research approach the architects went about to re-invent the building of the university institutes in collaboration with their future users. From the optimal sizes of the labs they derived the module for the supporting grid. The width of the window frames corresponds to the narrowest tenable width of a room. Moreover, one was intent to minimize the inner service space as well as the façade. Painstakingly they went about looking for the appropriate planning module, a key term of the time. A practical example was thus to furnish a prototype that would be pioneering for installation intensive institutes and enable their execution in different materials. For the particular case in question apparently pragmatic criteria, such as the height of the building, also played a role. That is why, in front of the lateral façades, the earth is sloped at a flat angle so that the first basement storey can be used as adequate working space. Architectonically and urbanistically this is mastered very elegantly by raising the two flat cubes by five steps, so that the ground floor hangs, as it were, weightlessly above the broad hollow in the ground. The wide flight of steps with the bridge-like entrances on the main fronts facing north and the loading ramp on the south side support this impression. The passage along the ridge between the two buildings is equally attractive. The specific lack of locality which proposes only a temporary docking station here, there, or elsewhere is, in a way, the expression of the quintessential internationality of scientific research, for which these two buildings served as prototypes—as well as for modern architecture, of course. The concept does without a pictorial emphasis of voluminous auditoria common to the modern tradition of university building. For economic reasons the auditorium is placed in the centre, wrapped into side-rooms without need for daylight. Around this middle zone a corridor leads to the row of labs and offices along the lateral façades. At the top,

«Der Rohbau ist, ausgenommen die Stützen, in Ortbauweise ausgeführt. Ursprünglich war er als Montagebau mit orthotropen Platten konzipiert; nach dem damaligen Kostenbild war indessen der Ortbau günstiger. Die Umstellung hat keine betrieblichen Nachteile, weil die Elemente der Tragkonstruktion ohnehin nicht veränderbar sind. Wesentlicher sind der montier- und demontierbare Innenausbau und die Installationen.»
Franz Füeg: *Bauen + Wohnen*, Nr. 3, 1970, S. 110

"With the exception of the pillars, the raw structure is carried out in situ. Originally, it was conceived as an assembly structure with orthotropic slabs, but the high cost at the time made on-site construction more feasible. This did not have any operational disadvantages, because the elements of the bearing structure are in any case unalterable. What is, however, important is that it is possible to assemble and dismantle the interior fittings and installations."
Franz Füeg: *Bauen + Wohnen*, No. 3, 1970, p. 110

Bauaufgabe von Universitätsgebäuden moderner Tradition entspricht. Aus ökonomischen Gründen wird das Auditorium ins Zentrum verlegt und mit Nebenräumen ohne Tageslichtbedarf eingepackt. Rund um diese Mittelzone führt ein Gang, von dem die entlang den Seitenfassaden aufgereihten Labors und Büros zugänglich sind. Zuoberst ist im Kernbereich eine hofartige Dachterrasse eingeschnitten. Nicht unähnlich erscheint die Eingangshalle, deren klare Verglasung sie als eingezogenen Aussenraum wirken lässt, in den die Spiralen der Treppen durch runde Deckenöffnungen herabhängen. Zur architektonischen Schwerelosigkeit gesellt sich die Gleichwertigkeit der drei Dimensionen im Raum.
Bei aller Konsequenz der funktionalen Planung ist der Grundrissmodul so grosszügig gewählt, dass nirgendwo ein Gefühl von Enge aufkommt und ein nicht geringer Teil an Flexibilität in dieser Reserve enthalten ist. An der Fassade lässt sich einerseits das bei Füeg selbstverständliche hochgradige Montageprinzip ablesen; wobei die glatten Flächen der Betonelemente alterslos scheinen. Insbesondere das sechs Konstruktionsachsen breite Institutsgebäude für Physik und Mathematik, dessen gerade Anzahl Felder eine unbetonte Mittelachse zur Folge hat, belegt die Vorliebe des Architekten für profane Symmetrien mit zwei gleichwertigen Eingängen, zwei gleichwertigen Treppen und so weiter. Diese bilaterale Symmetrie wurde von der Moderne als demokratischer Ansatz verstanden. Die Wiederholung der grossen proportionalen Fassadenordnung in der Teilung der Fenster und Wandpaneele verstärkt die lagerhafte Ruhe der Gesamtanlage, deren Modernität im Vergleich mit zeitgenössischen Architekturströmungen ungebrochen ist.

a court-like roof-terrace is cut into the central area. A similar impression is conveyed by the entrance hall whose glazing makes it appear like a recessed exterior, the spirals of the staircases hanging down through round openings in the ceiling. The architectonic weightlessness is accompanied by the equivalence of the three dimensions in space.
No matter how consistent the functional planning was, the adopted module of the ground plan is so generous that we do not get a feeling of being hemmed in anywhere; moreover, a fair part of flexibility is included in this reserve. On the façade, Füeg's trademark of high calibre assembly principles can be seen; the smooth slabs of the concrete elements seem timeless. Especially the Institute of Physics and Mathematics which is six constructive axes wide, whose even number of fields results in an unstressed middle axis, testifies to the architect's preference for profane symmetries with two equivalent entrances, two equivalent stairways and so on. This bilateral symmetry was understood by modernity as a democratic approach. The repetition of the large proportional order of the façade in the division of the windows and wall panels enhances the calm, horizontal emphasis of the overall complex whose modernity, compared to contemporary architectural trends, is unbroken.

KANTONSSCHULE FREUDENBERG /
CANTONAL HIGH SCHOOL FREUDENBERG
ZÜRICH-ENGE Gutenbergstrasse 15
JACQUES SCHADER 1956–60

«Das durchwegs angestrebte Prinzip der vertikalen Zusammenfassung, Durchdringung und Verflechtung einzelner Geschosse und Raumelemente, also die Verwendung der dritten Dimension als wesentliches gestalterisches Mittel, wird auch in der Lichtführung übernommen.»
Jacques Schader: *Bauen + Wohnen*, Nr. 9, 1960, S. 330

"The desired principle of the vertical cohesion, interpenetration and interweaving of individual floors and spatial elements, thus the use of the third dimension as a crucial element of design, is continued in the lighting system."
Jacques Schader: *Bauen + Wohnen*, No. 9, 1960, p. 330

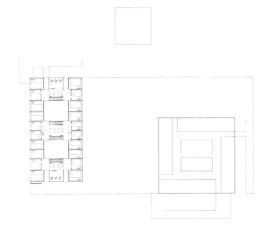

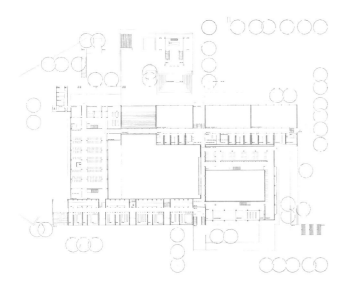

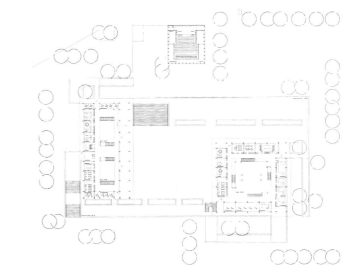

Querschnitt
Grundriss 1. Obergeschoss
Grundriss Verbindungsgeschoss
Grundriss 2. Obergeschoss
Grundriss Platzebene

Cross section
Floor plan 1st floor
Floor plan connecting floor
Floor plan 2nd floor
Floor plan ground level

0   10   20   50   100

Schweizerische Bauzeitung, Nr. 29, 17. 7. 1954, S. 417–423
Werk, Nr. 1, 1962, S. 4–10
Bauen + Wohnen, Nr. 9, 1960, S. 324–350

Schnitt: Lichtführung und Blickkontakte

Section: lighting and visual contact

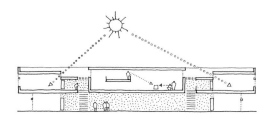

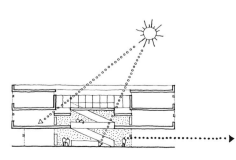

Eine Kette langgezogener Hügelrücken zieht sich parallel zum westlichen Ufer
des Zürichsees weit ins heutige Stadtgebiet hinein. Auf der vorletzten Kuppe des
letzten, nach Nordosten wegschwenkenden Ausläufers stand bis in die 50er Jahre
die Villa Freudenberg, Anfang 19. Jahrhundert von Hans Caspar Escher erbaut.
Der Kanton Zürich erwarb in der Folge Gebäude und Park, um hier das erste
Gymnasium auf Stadtgebiet seit 1909 zu errichten. Den anschliessend durchgeführ-
ten Wettbewerb gewann Jacques Schader mit einem herausragenden Projekt.
Der Rektor des künftigen Realgymnasiums, Max Allenspach, entwickelte sich im
Lauf der weiteren Bearbeitung zum wahrhaft kongenialen Partner in Hinsicht
auf ein innovatives, starkes Schulkonzept.
Der Entwurf legte an beide Seiten der Hügelkuppe lange, einhüftige Gebäudetrakte,
sodass deren flache Dächer mit dem bestehenden Erdkern eine grosse Terrasse
bilden. An der südöstlichen Flanke befinden sich die Unterrichtsräume für
Naturwissenschaften, nach Nordwesten reihen sich drei Turnhallen zu einer Zeile.
Auf dem solcherart architektonisch definierten Plateau lagern, aufgestützt über
eingezogenen Erdgeschossen, zwei grosse Baukörper. Das südwestliche Ende der
Terrasse, das wir stadtstrukturell gefühlsmässig als «hinten» interpretieren, wird

A range of long-drawn-out hills parallel to the western border of Lake Zurich reach
into today's area of town. Until the 50s the villa Freudenberg stood on the
second but last hilltop of the last foothill branching off to the north-east. It had been
built at the beginning of the 19th century by Hans Caspar Escher. The canton
acquired the building and park in order to erect the first high school on city ground
since 1909. The competition was subsequently won by Jacques Schader with
an exceptional project. In the course of planning, Max Allenspach, the headmaster
of the future high school, developed into a truly congenial partner with respect
to an innovative and strong school concept.
The design layed two long single wings, open on one side, along the hilltop so that
the flat roofs formed a large terrace together with the existing mound. On the
south-eastern flank we find the classrooms for natural sciences. To the north-west
there is a row of three gyms. On top of this architectonically defined plateau
lie two large volumes poised on recessed ground floors. The south-west end of the
terrace, which we interpret intuitively as being behind, is, as it were, closed
off by a long cuboid with two upper floors, while at the front, facing the town, a flat
volume on a square plan with only one upper floor is displayed.

von einem langen, querstehenden Quader mit zwei Obergeschossen gleichsam abgeschlossen, während am Kopf zur Stadt ein flacher Baukörper über quadratischem Grundriss mit nur einem Obergeschoss exponiert wird.

An den Stirnseiten steigt das natürliche Terrain an bis unter die Grundmauern der beiden Hauptbaukörper, die somit in diesen wichtigen Ansichten allein zu sehen sind und eine stärkere Wirkung entfalten, als wenn zwischen Böschung und Baukörper noch die Terrasse läge. Am Fuss der nordwestlichen Hügelflanke, im Bereich einer kleinen Senke, befindet sich ein etwas kleinerer Solitär, mit der Aula im aufgestelzten Baukörper und im Geschoss darunter der Mensa. Ein dichter Kranz prachtvoller Bäume, die mehrheitlich Teil des alten Parks sind, und deren Kronen die Kanten der flachen Dächer deutlich überragen, umfängt die gesamte Gebäudegruppe. Dieser intensive Bezug zum geschützten Baumbestand war ein wesentliches Element des gesamten Entwurfs.

Obwohl das Freudenberg-Gymnasium eine nicht weniger prominente Position über der Stadt einnimmt als die südlich benachbarte Kirche Enge, wird die durchaus beherrschende Lage sowohl durch vergleichsweise niedrige Höhen, als auch durch den Rückzug hinter den Schirm aus Baumkronen bewusst verschleiert. Doch bietet sich von allen Seiten ein Zugang an, und aus der Nähe erkennt man die eleganten, allseitig auskragenden Baukörper und kann, einmal hochgestiegen, durch Lücken im Blättervorhang die Aussicht auf die Stadt geniessen. In Kontext städtebaulicher Sichtbeziehungen bildet ausserdem der Kubus der ehemaligen Kantonsschule von Gustav Albert Wegmann, rechts der Limmat, gerade gegenüber auf dem Rämibollwerk, ein nicht unwesentliches Element. Ihre Bezugnahme auf Schinkels Bauakademie und die Rolle, die Mies van der Rohe für das 20. Jahrhundert spielte, machen die beiden Schulbauten zu urbanistischen Fixsternen im Zürcher Stadtbild.

Durch den hinteren, querstehenden Trakt, der damals für die Handelsschule errichtet wurde, zieht sich der Länge nach eine grosszügige Halle, die von den doppelten Diagonalen der vier Treppenanlagen rhythmisiert wird. Beim Hinauf- und Hinuntersteigen ergeben sich Blickbeziehungen auf das Parterre und hinüber zu den benachbarten Treppenläufen ebenso, wie sich das Gefühl auskosten lässt, den Raum in der Schräge zu durchdringen. Im Erdgeschoss flutet die Halle durch die breite Glaswand auf die grosse Terrasse ins Freie hinaus. Der Raumtypus der

On the front sides the natural terrain rises up under the foundation walls of both main volumes in such a way that they are separately visible from this important elevation, as if between the slope and these volumes there were a terrace. At the foot of the north-western flank of the hill, where there is a slight depression, we come across a somewhat smaller solitaire, with the assembly hall in the elevated volume and the canteen in the storey underneath. The crowns of a dense wreath of magnificent trees, that are mostly remnants of the original park, clearly overreach the edges of the flat roofs. They embrace the entire group of buildings. This intensive relationship with the protected stand of trees was an essential element of the whole design.

Although the Freudenberg High School takes up an equally prominent position above the town as the Enge Church to the south nearby, the dominant site is consciously veiled by comparatively low heights as well as the retreat behind the umbrella of tree tops. Nevertheless, access is offered from every angle. Close up we recognise the elegant architectonic volumes reaching out on all sides. And once we reach the top, we can enjoy a view of the town through gaps in the curtain of leaves. In the context of urban visual relations, moreover, the cube of the former cantonal school by Gustav Albert Wegmann on the right bank of the Limmat opposite the Rämi-bulwark represents a not insignificant element. Its relation to the architectural academy by Schinkel and the role played by Mies van der Rohe in the 20th century, make the two school buildings into urban fixed stars of the Zurich cityscape.

Through the rear wing, that was originally built for the commercial school, standing at right angles a generous hall extends lengthwise and is given a rhythm by the twin diagonal of the four stairways. Going up and down we get views onto the ground floor and across to the neighbouring stairways as well as enjoying the feeling of penetrating the space obliquely. On the ground floor the hall flows through the wide glass wall onto the terrace into the open. Typologically the central hall—in contrast to corridor schools—was understood as the ideal embodiment of the educational philosophy of a high school.

The front volume, then the grammar school, stands proudly on the eastern corner of the plateau. Inside it is organised by central symmetry. From the central ground floor hall four staircases rise up tangentially onto the top floor. There,

«Schader baut hier nie nur ästhetisch, aber auch nie nur funktionserfüllend, vielmehr hat er in unablässiger Bereinigung die Konzeption bis zu jenem Punkt gebracht, wo das Zweckmässige auch formal richtig, die Schönheit auch funktionenstreng ist.»
Max Adolf Vogt: *Neue Zürcher Zeitung*, 30. 6. 1959, S. 6

"Although this degree of mastery over the channelling and timing of the spatial flow is a rare aesthetic phenomenon, it would be wrong to regard it as purely aesthetic. It would be more accurate to say that the channelling is intended to guide the school's 1330 pupils into the right corridors and to keep the huge building complex transparent."
Adolf Max Vogt: *Neue Zürcher Zeitung*, 30 June 1959, p. 8

zentralen Halle wurde – im Gegensatz zu den Gangschulen – für die Schulstufe des Gymnasiums als ideale Verkörperung eines schulischen Leitbildes verstanden. Der vordere Baukörper, damals das Realgymnasium, steht selbstbewusst an der östlichen Ecke des Plateaus. Im Inneren ist er zentralsymmetrisch organisiert. Aus der Erdgeschosshalle im Kern steigen tangential vier Treppenläufe ins Obergeschoss, wo in allen vier Himmelsrichtungen Korridore anschliessen, die zwei mittig über der Halle liegende Zeichensäle umfangen und jeweils mit einem Ende windmühlenartig ins Freie zielen. Die Klassenzimmer sind in beiden Häusern gleichartig. Für zwei Grundtypen wurde vor Baubeginn je ein Versuchspavillon errichtet und im Schulbetrieb getestet. Mit ausgeklügelt höhenversetzten Decken wird erreicht, dass die Zimmer von beiden Seiten Tageslicht erhalten, wobei sich die raumbreiten Oberlichter mit Lamellen beschatten lassen. Die Vielfalt räumlicher Konfigurationen und Übergänge sowie der Einfallsreichtum bei der Tageslichtführung erzeugen beim Durchschreiten der Hallen und Gänge stetig sich wandelnde Eindrücke und Stimmungen. Dennoch wahren alle architektonischen Massnahmen den Bezug zur gestellten Aufgabe: die einer Schule für körperlich und geistig heranwachsende Menschen. Zahlreiche räumlich unterschiedliche Übergänge im Inneren und von innen nach aussen bieten sich an, sowie ein ganzer Strauss von Möglichkeiten, wie hier Höhenunterschiede begangen und sinnlich erfahren werden können – gehend, steigend oder laufend, nach oben, nach unten, auf Rampen und Treppen, frei im Raum oder in die Masse eingeschnitten.

Die Materialien sind in ihrer Wirkung zurückgenommen: Der Sichtbeton ist vom Feinsten, geschlossene Fassadenteile sind verkleidet mit hellen Muschelkalkplatten und die durchgehend gleichen Fenster werden von Aluminiumprofilen gefasst. Die verhaltene Konzentration auf gediegene architektonische Wirkungen, fern jeder Kraftmeierei, verleihen dem Bauwerk Klassizität ohne überflüssiges Zitieren von Stilformen. Weit über das Programm einer Mittelschule hinausgreifend, hat der Architekt eine einzigartige Raumlandschaft für mannigfaltige Architekturerfahrungen geschaffen und damit das Maximum erreicht, das von einem Schulbau gefordert werden kann. Denn im doppelten Sinn findet hier Unterricht in Architektur statt.

corridors radiate in all four directions embracing the two drawing classrooms that lie above the central hall; thus, pointing out into the open in a windmill-like fashion. The classrooms are of the same type in both houses. For two basic types an experimental pavilion was erected and tested practically before building began. With cleverly devised ceilings of varying heights an effect is achieved of daylighting the rooms from both sides. The band of skylights along the whole length of the room can be shaded by venetian blinds.

The variety of spatial configurations and transitions as well as the ingenuity of the lighting by daylight create ever changing impressions and moods when walking through the halls and corridors. Nonetheless, all the architectonic measures hold a sure grip on the task at hand: i.e. that of a school for a generation growing up physically and spiritually. Manifold are the spatially diverse transitions that offer themselves from inside to outside. Equally manifold are the possibilities of experiencing the differences in height—by walking, climbing, or running up or down, on ramps or steps that are out in the open or cut into the mass of the building.

The materials are reduced in their effect: the exposed concrete is very fine; closed façades are clad in slabs of shell limestone and the windows are, without exception, framed in aluminium profiles. The subdued concentration on refined architectonic effects, far from any boastfulness, lend the building a classical appearance without having to overdo it by citing stylistic forms. Reaching far beyond the programme of a high school the architect has created a singular spatial landscape for a multitude of architectural experiences. He has achieved a maximum of what could be asked of a school building. Because in a double sense, education, in architecture takes place.

SCHULERWEITERUNG / SCHOOL EXTENSION
ZÜRICH-ALTSTETTEN Eugen Huber-Strasse 4
JACQUES SCHADER 1962–64

Bauamt II der Stadt Zürich, art-ig Büro für Kunstgeschichte Zürich
(Hrsg.): *50 Jahre Auszeichnungen für gute Bauten in der Stadt
Zürch,* Zürich 1995, S. 120

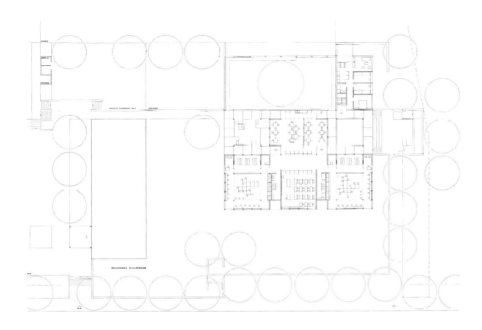

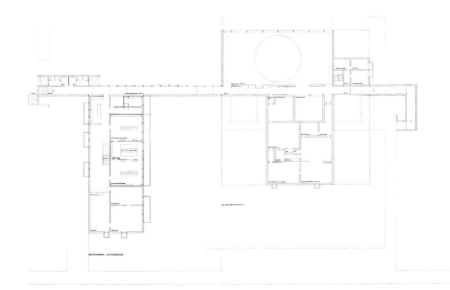

Grundriss Erdgeschoss
Schnitt Ost-West
Grundriss Untergeschoss
Schnitt Nord-Süd

Floor plan ground floor
Section east-west
Floor plan basement
Section north-south

Der kleine Schulbezirk im locker bebauten Vorstadtquartier wirkt unaufdringlich. Schulgebäude und Wohnhäuser gruppieren sich auf den ersten Blick ohne viel städtebauliche Bindung um die Sportanlagen mit Spielwiese im Inneren des Gevierts. Mit dem Erweiterungsbau für drei Kindergarten-Gruppenräume, eine Turnhalle, die Schulküche nebst Speiseraum sowie eine Abwartswohnung setzte der Architekt jedoch unauffällig ordnende Massnahmen. An die Kante der nordseitigen, niedrigen Böschung legte er eine minimale städtebauliche Achse, die im Untergeschoss als Erschliessungsgang für die Turnhalle und im Erdgeschoss als Weg- und Blickachse konkretisiert ist. Sie tangiert das ältere Schulhäuschen an der nördlichen Stirnseite, überwindet den gehörigen Abstand und evoziert im neueren Bauteil eine Folge offener und geschlossener Höfe, die in der Mittelzone zwischen Turnhalle und Klassenzimmern aufgereiht sind. Das Bauwerk selber ruht auf einem flachen Erdsockel, dessen Kanten von knapp hüfthohen Betonmauern definiert werden. An der Eugen Huber-Strasse bezieht sie sich auf die Flucht der nahen Blockrandbebauung. Damit wird die Anlage auf subtile Weise in den städtebaulichen Kontext eingebunden. Zugleich bewirkt jedoch die von grossen Fensterflächen bestimmte, sockellose Ausbildung des Klassentrakts, unterstützt vom hohen Betonträger an der Dachkante, dass das Bauwerk keineswegs aufgesetzt, sondern eher geduckt und hinter die Bäume zurückgezogen, ja nahezu entrückt erscheint. Betont wird die Idee eines grossen gemeinsamen Dachs, dem die Klassenzimmer als überdeckte Höfe eingeschrieben sind. Es ergibt sich eine Analogie zu den Höfen der Zwischenzone mit struktureller Gleichbehandlung von aussen und innen. Damit wird an das Postulat der Freiluftschule erinnert, allerdings adaptiert an das zentraleuropäische Klima.

Der Zugang von der Eugen Huber-Strasse führt zunächst entlang der niedrigen Stützmauer tiefer ins Geviert hinein, wo er auf den Kopf der kleinen städtebaulichen Binnenachse stösst. Hier wird mit den Brüstungselementen der Treppe zu Untergeschoss und Sportgarderoben ein kleiner Vorplatz geschaffen, dessen exakte Konfiguration auf der Rückseite der Blockrandbebauung einen – neuen – Ort schafft. Breite Sitzstufen, flankiert von kurzen Stiegenläufen verwandeln den Hof in eine Minibühne für die alltäglichen Auftritte vor dem Unterricht. Die Stufen überwinden die eingangs genannte Differenz vom Strassenniveau zu jenem des Schulgebäudes. Oben empfängt den Besucher ein Atriumhof, der als Entree

The small school complex in the loosely built-up suburban neighbourhood looks unobtrusive. At first sight the school building and the houses are grouped without much urban relationship around the sports facilities and the playing field within the quadrangle. With the extension, that houses three kindergarten group-rooms, a gym, the school kitchen and dining hall, as well as the caretaker's apartment, the architect nevertheless introduced unobtrusive structuring measures. He places a minimal urban axis at the northerly edge of the low slope which is put to use as basement entrance to the gym and on the ground floor as a pathway and visual axis. It is tangent to the north front of the small older school building, spans the considerable gap between the two and evokes a sequence of open and closed courtyards in the new building arranged in a row in the middle zone between gym and class rooms. The building itself rests on a flat earthen base whose edges are defined by almost waist-high concrete walls. On Eugen Huber-Strasse it refers to the building line of the neighbouring housing block. Thus, the complex is subtly bound into the urban context. At the same time, however, the baseless class room wing, dominated by large windows and the high concrete girder of the roof, seems to duck, lost as it were in reverie behind the trees, rather than being superimposed. The emphasis lies on the idea of a large shared roof under which the class rooms are inscribed in the form of covered courtyards. The result is an analogy to the courtyards of the intermediate zone, structurally treated equally within and without. This recalls the precept of the Open Air School adapted, of course, to the central European climate.

The access from the Eugen Huber-Strasse at first leads along a low supporting wall into the quadrangle where it touches upon the head of the small inner urban axis. The elements of the stairway parapet leading down to the basement and the dressing rooms of the gym form a small forecourt whose exact configuration at the back of the housing block creates a—new—place. Wide steps for sitting flanked by short stairways transform the courtyard into a mini-stage for the daily appearance before class begins. The steps overcome the above-mentioned difference in height from the street to the class rooms. At the top the visitor steps into an atrium serving as main entrance and representing the basic module of the whole building: A surrounding gallery with impluvium whose corners are marked by four slender pillars that carry the roof. In the class rooms the middle

dient und zugleich den Grundmodul des ganzen Bauwerks darstellt: eine umlaufende Galerie mit Impluvium, dessen Ecken vier schlanke Pfeiler auszeichnen, die das flache Dach tragen. In den Klassenzimmern ist die Mittelzone von einem etwas höher gesetzten Dach überspannt. Damit erhält der Raum ein betontes Mittelfeld. Der uralte Typus des Vierstützenhauses findet in mehrfacher Addition und Variation eine zeitgemässe Interpretation. Unbekümmert stehen die Stützen im Randbereich des Schulzimmers, dieses sanft zonierend, ohne allzu stark abzutrennen. Der zweite offene Hof an der dem Eingang symmetrisch gegenüberliegenden Seite weist einen um knappe Sitzhöhe abgesenkten Boden und Spielbereich auf. Damit wird das Grundmotiv der gesamten Anlage, der Rückzug hinter und in die bergende Erde auf leichtfüssige Art und Weise an einem Gebäudemodul variiert und wiederholt. Die Betonplastik von Carlo Vivarelli 1919–86 ist im nordwestlichen Viertel des Hofes plaziert, aktiviert jedoch dessen gesamten Luftraum und bietet den Kindern eine weitere, unmittelbare Architekturerfahrung in diesem räumlich sensiblen und vielfältigen Bauwerk. Obwohl die gesamte Tragstruktur in Sichtbeton gehalten ist, gelingt es, dem Material die Schwere zu nehmen und dennoch ihm schirmenden Charakter zuzusprechen. Damit wird trotz gezielter gestalterischer Reduktion jener Anflug moderner Klassizität erreicht, der die Mühen von Konstruktion und Herstellung eines Bauwerks vergessen lässt. Und selbst die nach 35 Jahren angesetzte dunkle Patina schmälert diesen architektonischen Eindruck in keiner Weise.

zone is spanned by a slightly higher roof. Thus, the room acquires an emphasized middle field. The ancient type of the four-post house finds its up-to-date interpretation in more than one number and form. With nonchalance the supports border the class rooms, gently zoning them without segregating them too much. The second open courtyard symmetrically opposite the one at the entrance has a floor that is lowered by half a seating height and serves as play area. Thus, the basic theme of the entire complex, i.e. the retreat behind and into the protective earth is nimbly varied and repeated by way of a structural module. The concrete sculpture by Carlo Vivarelli 1919–86 is placed in the north-west quarter of the courtyard. Yet, it activates its entire airspace and offers the children another immediate architectural experience in this sensitive and diverse building. Although the whole support structure is made of exposed concrete it manages to take the heaviness of the material from it and still acknowledge its umbrella function. Thus, despite the deliberate reduction of design, a touch of classical modernity is achieved which lets us forget the laborious construction and production of the work of architecture. And even the dark patina that has begun to appear after 35 years does not detract from this architectonic impact.

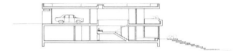

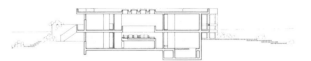

WOHNHAUS DES ARCHITEKTEN / ARCHITECT'S HOUSE
SCHWERZENBACH (KANTON ZÜRICH) Greifenseestrasse 48
JACQUES SCHADER 1973–74

Grundriss Eingangsgeschoss
Grundriss Gartengeschoss
Querschnitt
Längsschnitt

Floor plan entrance floor
Floor plan garden floor
Cross section
Longitudinal section

0 1 2   5   10

Bauen + Wohnen, Nr. 10, 1979, S. 387–390

«Vertikale Transparenz bedeutet die Durchbrechung der horizontalen Schichtung eines Gebäudes, räumliche Verbindung unterschiedlicher Geschossebenen, Durchdringung einzelner Bereiche. Jacques Schader arbeitet bewusst mit diesem Gestaltungsmittel.»
Jürgen Joedicke: Bauen + Wohnen, Nr. 10, 1979, S. 387

"Vertical transparency means the disruption of the building's horizontal layering, the spatial cohesion of different floor levels, and the interpenetration of individual areas. Jacques Schader works consciously with these elements of design."
Jürgen Joedicke: Bauen + Wohnen, No. 10, 1979, p. 387

Die Ortsverbindungsstrasse nach Greifensee verläuft oben auf der Geländestufe, deren Fuss zum See hinunter flach ausschwingt. Eine Kette grosszügiger Einfamilienhäuser folgt der Hangkante und tritt zur Strasse eingeschossig, zur Aussicht auf den See und die Ostalpen jedoch zweigeschossig in Erscheinung. Auf den ersten Blick unauffällig und wegen des hohen, umlaufenden Dachabschlusses noch niedriger wirkend, präsentiert sich das Wohnhaus aus perfektem Sichtbeton zur Strasse hin äusserst bescheiden. Der Zugang erfolgt seitlich; geleitet von zwei rechtwinklig zueinander stehenden Mauerscheiben und der kragenden Platte des Daches tritt man vor die geringfügig eingezogene Haustüre. Vom Vorraum gelangt man wiederum lateral in eine Halle, deren Boden ein halbes Geschoss tiefer liegt und die von einer umlaufenden Galerie mit niedriger Brüstung gesäumt wird. Doch bereits beim Eintritt ergeben sich zwei Blickrichtungen: die erste durch Halle und vorgelagerten Balkon auf die Landschaft und die zweite diagonal abwärts durch den Hallenraum auf den unteren Wohnbereich, der sich zum Garten öffnet. Um das Zentrum der räumlich abgestuft entwickelten Mittelhalle lagern sich die weiteren Räume: zur Westseite Hauswirtschaftsraum, Küche und Essplatz, letzterer an der Südwestecke, die Aussicht nach zwei Seiten nützend; an der Ostseite gestaffelt die Schlafzimmer, die ihr Licht je von einem Eckfenster erhalten, was ihnen einen äusserst intimen Raumcharakter verleiht. Den hinteren Teil des Untergeschosses nehmen neben Keller und Heizung ein Arbeitszimmer sowie mehrere Abstellräume ein. Vorn, neben dem Wohnsalon, befindet sich ein von kräftigen Mauern bergend abgeschirmter Kaminraum, der nur durch ein schmalhohes Fenster Licht erhält. Nahezu alle Räume sind hinter schützende Betonmauern zurückgezogen oder gar leicht ins Erdreich eingesenkt. Ihre Fenster liegen im Schatten der vorkragenden Dachplatte und des umlaufenden Balkons mit seiner massiven Brüstung, so dass Blicke auf die Aussicht immer aus der Tiefe des Raumes erfolgen und von kräftigen Bauteilen gerahmt werden.

Die obere und die untere Wohnebene werden vom vertikalen Erschliessungsraum der Mittelhalle, der die Tektonik eines Gebirgsbachs mit Blöcken, Windungen und Kaskaden aufweist, miteinander verbunden. Doch ist der podestartige Sockel so gross, dass der Raum gegenüber den Treppen Eigenständigkeit gewinnt. Räumlich gehalten wird diese Ruhezone von der blendenartig tiefer gezogenen,

The road connecting Schwerzenbach with Greifensee runs along the top of the slope which down below peters out to the flat border of the lake. A row of sumptuous single-family houses follows the brink of the slope, level with the road at single-storey height, while they face the lake and the eastern Alps two-storey high. At first sight the perfect exposed concrete facing the road gives the house a very modest appearance. It looks inconspicuous and even lower by dint of the high border of the roof running all the way round. The entrance is along the side. Two wall slabs at right angles and the protruding slab of the roof lead up to the slightly recessed main door. The vestibule leads again laterally into a central hall, whose floor lies half a storey lower. It is surrounded by a gallery with a low balustrade. Yet, immediately upon entering two lines of vision present themselves: one through the hall and the balcony in front of it onto the landscape; the other diagonally down through the hall to the lower living area opening towards the garden. Around the centre of the spatially tiered central hall lie the other rooms: to the west the utility space, the kitchen and the dining nook; the latter in the south-western corner making use of the view in two directions; on the east side the sequence of bedrooms, each receiving light from a corner window, which lends them an extremely intimate spatial character. The rear part of the basement contains, apart from cellar and heating, a study as well as various storage rooms. At the front, next to the living room a room with a fireplace is secluded by massive walls, where the only light enters through a single high and narrow window. Almost all the rooms are withdrawn behind protective concrete walls or slightly lowered into the ground. Their windows are shaded by the protruding slab of the roof and the surrounding balcony with its massive balustrade. Thus, views outside occur always from the depth of the room and are framed by powerful constructive elements.

The upper and lower living level are linked by the vertical access space of the central hall whose tectonics resemble a mountain river with rocks, windings, and cascades. However, the landing-like base is so large that the area opposite the stairs can stand on its own. This calm zone is spatially defined by the wood panelling of the balustrade reaching all the way down giving the impression of a blind niche. Above, the space widens and includes the gallery. Below, it spreads through a gap into the surrounding corridor. Towards the front it flows down

umlaufenden Holzverkleidung der Brüstung. Darüber weitet sich der Raum und schliesst die Galerie mit ein, darunter diffundiert er durch einen horizontalen Spalt in den umlaufenden Gang, nach vorn strömt er die breiter werdende Treppe hinunter und geht in Wohnraum und Garten über. Aber im räumlichen Spannungsfeld der vertikalen Holzpaneele entsteht ein beruhigter Sitzplatz, von dem aus entspannungssuchende Blicke schräg hinunter durch den Wohnraum auf den Greifensee gleiten dürfen. Obwohl die Übergänge jeweils offen sind, verfügen Räume und Raumzonen über ausreichend bestimmende Elemente, so dass ihr Charakter klar und entschieden ist. Im fliessenden Kontinuum der Räume werden Orte geschaffen, in denen die Strömung kurz zur Ruhe kommt, bevor sich die nächste Entwicklung ergibt.

Während aussen am Sichtbeton die Patina von bald 30 Jahren das zurückhaltende Bauwerk würdiger werden lässt, scheint innen die Zeit nahezu stehen geblieben. Und die beiden Kugellampen von Adolf Loos, die als Spolien von Wien an den Greifensee gelangten, definieren eine Diagonale im Herz des Architektenhauses. Sie verweisen, erinnern, ehren den Raum und werden von diesem geehrt.

the widening stairs into the living room and the garden. But the spatial tension of the vertical wood-panelling creates a quiet area to sit in creates from where diagonally, through the living room, the relaxing eye seeks out lake Greifensee. Although the transitions are open, the rooms and areas possess enough spatial markers to clearly define their character. In the continuing flow of spaces areas emerge where the flow is temporarily slowed down before entering onto a new development. While the patina of almost 30 years has settled on the outer concrete walls rendering the unobtrusive building more noble. On the inside, time seems to have stood still. And the two spherical lamps by Adolf Loos, that reached the Greifensee as spoils from Vienna, define a diagonal in the heart of the architect's house. They refer to, remember, honour the space and are honoured by it.

PERSONALHAUS UNIVERSITÄTSSPITAL /
UNIVERSITY HOSPITAL STAFF RESIDENCE,
ZÜRICH-FLUNTERN Plattenstrasse 10
JAKOB ZWEIFEL, SCHUBERT & SCHWARZENBACH
(BAUINGENIEURE) 1956–59

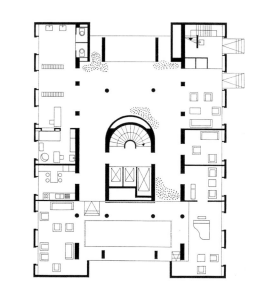
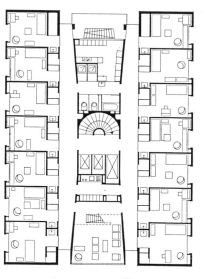
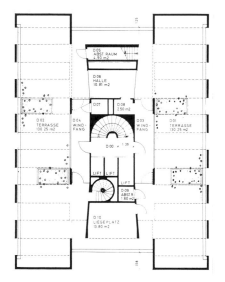

Schweizerische Bauzeitung, Nr. 31, 2. 8. 1952, S. 439–445

Bauen + Wohnen, Nr. 9, 1959, S. IX 8 – IX 10

Werk, Nr. 1, 1960, S. 19–24

Grundriss Erdgeschoss

Grundriss 1.– 17. Obergeschoss

Grundriss Dachgeschoss

Floor plan ground floor

Floor plan 1st–17th floor

Floor plan attic floor

Im Bereich der «Platte», einer flacheren Zone im ansteigenden Gelände über dem Ostteil der Zürcher Altstadt, gerade bevor der Zürichberg wieder steiler wird, versammeln nicht wenige Institutionen von überregionaler Bedeutung ihre Hauptgebäude: die Technische Hochschule, die Universität, das Kantons- und Universitätsspital sowie Gymnasien, Fakultätsgebäude und Institute. Mitten hinein, auf knappem Grundstück, aber mit dem begrünten Vorfeld einer Schulsportanlage, sollte ein Wohnheim für 250 Krankenschwestern errichtet werden. Mit einem Architektenwettbewerb suchte der Kanton als Auftraggeber im Jahr 1952 nach der besten Lösung. Der 31 Jahre junge Jakob Zweifel, der den Wettbewerb gewann, schlug einen schlanken, 54 Meter hohen Turm vor, in dem pro Geschoss zwei mal sieben Einzelzimmer sowie Aufenthalts-, Sanitärräume und eine Kochgelegenheit angeboten wurden. In der zweihüftigen Anlage blicken die Zimmer nach Osten und Westen, während die Aufenthaltsräume von der Südseite profitieren. Die innere Organisation weist mehrere, sorgfältig durchdachte Besonderheiten auf, die das Bauwerk in sozialer Hinsicht aufwerten und der Gefahr des Kasernenhaften – dergleichen Projekte hätte es auch gegeben – einen entschiedenen Riegel vorschob.

Die relativ geringe Zahl von bloss sieben Zimmern an einem Gang wahrt die Individualität und schafft lebbare Nachbarschaftsverhältnisse; der Gang, im Mittelbereich etwas breiter, verfügt an den Enden über Ausblicke ins Freie und damit über Tageslicht; zwischen den beiden Gängen liegen die gemeinsam zu nutzenden Einrichtungen, die Lifte und das Treppenhaus, woraus sich vier Querverbindungen ergeben, die Zugangsalternativen erlauben; in den Aufenthaltsräumen bietet eine Galerie mit schmalem Treppenlauf eine Nebenverbindung zwischen den Geschossen; ja selbst die Putzbalkone im Norden weisen mit der Fluchttreppe eine Vertikalverbindung auf. Damit wird aus der Baumstruktur, nach der die meisten Hochhäuser organisiert sind, ein Halbverband mit netzartigen Elementen, die einer eindimensionalen Funktionalisierung mit binnenstädtebaulichen Massnahmen entgegenwirken. Und auch die Zimmereinrichtungen, obwohl nach Entwürfen des Architekten standardisiert, wurden nach mehreren Parametern variiert, sodass kaum zwei exakt gleiche vorkamen.

Von aussen ist von dieser Vielfalt kaum etwas ablesbar, vielmehr erscheint das Bauwerk als Manifest des Hochbauens, des Aufstrebens und der Schlankheit. Jeder

In the region of the "Platte", a flat zone on the slope above the eastern part of the old town of Zurich, just where the Zürichberg begins to become steeper, a considerable number of institutes of national significance have set up their headquarters: the Federal Institute of Technology, the University, the Cantonal and University Hospital, as well as grammar schools, faculty buildings and institutes. In their very midst, on a limited site, yet with a grassed open space of a schoolsports facility in front, a residence for 250 nurses was to be built. In 1952 the commissioning canton sought for the best solution by way of a competition. Jakob Zweifel, only 31 years old, who won the competition, proposed a slim tower, 54 m high, in which two times seven single rooms as well as common rooms, sanitary, and cooking facilities were to be included on each floor. In the H-formation the rooms face east and west, while the common rooms profit from exposition to the south. The interior organisation has several well thought-out features which enhance the value of the buildings from a social point of view and decidedly prevented the danger of a barracks-like effect—for which examples would have existed.

The relatively small amount of only seven rooms to each corridor retains the individuality and creates liveable conditions of neighbourly proximity. The corridor, which is somewhat wider in the central area, is naturally lit through views into the open at each end. Between the two corridors lie the commonly used facilities, the lifts and the staircase, thus, resulting in four cross-connections allowing alternative possibilities of access. In the common rooms a gallery with a narrow staircase offers a subsidiary connection between the storeys. Even cleaners' balconies to the north have a vertical link through fire-escape stairs. By way of interior constructive measures, then, the tree-structure, which is the normal organizational principle of most high-rise buildings, turns into a cross-connected network, which counteracts a one-dimensional functionalisation. The furnishing of the rooms, too, although standardised according to the architect's designs, vary in several parameters so that hardly two turned out exactly alike.

On he outside this plurality is hardly detectable. On the contrary, the building stands out as a manifesto of high-rise architecture, of progress and slenderness. Each centimetre – an old requirement of high-rise buildings – wants to be high and is exactly that. There is no base, no attic. The slim bands of the reinforced

«Die eigenwillige, weil trotz den gewaltigen Baumassen schlank wirkende Baute hat ihre Massgerechtigkeit dadurch erhalten, dass ihr Architekt den Mut und die Hartnäckigkeit aufgebracht hat, über die zunächst bewilligt gewesenen 45 Meter hinauszustreben in eine Höhe [54 Meter], die in richtigem Verhältnis zur Grundfläche steht. Ein niedrigerer Bau hätte sich als ein schwerfällig hockender Klotz ausgenommen, der störend in seiner Umgebung stände.»
Martin Schlappner: *Neue Zürcher Zeitung*, 8. 4. 1959

"This building, which makes an unconventional impact owing to the fact that it has a slender appearance despite its immense volumes, owes its dimensional consonance to the architect's courage and tenacity in exceeding the originally approved height of 45 metres to 54 metres, a height which bears a harmonious relationship to the ground area. A lower building would have looked like a dwarfish block squatting discordantly in the neighbourhood."
Martin Schlappner: *Neue Zürcher Zeitung*, 8 April 1959

Zentimeter – eine alte Forderung an Hochhäuser – will hoch sein und ist es auch. Da gibt es keine Basis, keine Attika. Quasi aus dem Vorgarten steigen die schmalen Bänder der Stahlbetonscheiben – mit Weisszement! – gen Himmel, sie enden nicht beim obersten Geschoss, sondern steigen weiter, werden nach hinten abgekantet, definieren einen Luft- und Freiraum am Dach und zugleich den Hauch, – aber nur einen Hauch – einer Bekrönung. Natürlich gibt es die dazwischengeklemmten Brüstungselemente aus Eternit, die dem Ausblick aus den Fenstern das Schwindelhafte nehmen, aber sie sind winzig neben den gebäudehohen Stahlbetonlamellen. Anders die Südfassade. Hier wird mit dem Zusammenfassen von jeweils zwei Geschossen ein Massstabssprung vollzogen, der dem Bauwerk zu einem neuen Gesicht verhilft, das seine Kraft und Identität auch auf Distanz signalisiert. Zwischen den beiden monumentalen, schmal-hohen Stahlbetonscheiben stapeln sich in starkplastischem Wechsel vorspringende, gross befensterte Volumen und eingezogene, offene Balkone vor verglasten Wänden. Hier wird die Komplexität des Innenlebens dieser Südseite architektonisch interpretiert, und in der Ansicht übereck kommt die thematische Polarität von Einzelzimmern und Gemeinschaftsräumen klar zum Ausdruck.

Das in mehrfacher Hinsicht ausgezeichnete Bauwerk wurde 30 Jahre nach Fertigstellung von Jakob Zweifel und Benjamin Pfister einer umfassenden Renovation unterzogen, wobei mit einem Umbau im Inneren den gewandelten Bedürfnissen des Pflegepersonals Rechnung getragen wurde. Grössere Appartements mit privater Sanitärzelle sowie den Ansprüchen entsprechende, individuellgemeinsame Koch- und Vorratseinrichtungen sind wichtiger geworden, als die mit zeitgenössischer Kunst nobilitierten kollektiven Wohnräume, auch wenn diese ihre gestalterische Qualität nicht verloren haben. Trotz des dramatischen gesellschaftlichkulturellen Wandels in diesem halben Jahrhundert seit Formulierung des Projekts hat sich die Struktur des Bauwerks als nachhaltig erwiesen, indem sie, ohne Einbussen in der Architektur, veränderten Bedürfnissen weiterhin zu dienen vermag.

concrete slabs – made of white cement! – almost seem to arise out of the garden before them. They do not end at the top storey but rise higher only to be folded back to define an open air space on the roof and hint – but only hint – at a crown. Of course, there are the parapet elements of Eternit fitted in between, which reduce the vertigo effect when looking out of the windows. But they are tiny next to the reinforced concrete lamellae from top to bottom of the building. The south façade is different. Here, a leap in scale is created by subsuming two storeys at a time which gives the building a new face and signalising its force and identity even from a distance. Between the two monumental, slim and high reinforced concrete slabs the large windowed volumes and recessed open balconies in front of glazed walls are stacked with an effect of strong alternating plasticity. Here the complexity of the inner life of this south façade is architectonically interpreted. And in the diagonal elevation the thematic polarity of single rooms and common rooms stands out clearly.

The work of architecture won several awards and underwent, 30 years after it was built, a thorough renovation through Jakob Zweifel and Benjamin Pfister. On this occasion the interior was redesigned to meet the changed demands of the hospital staff. Larger apartments with private bathrooms as well as individualized common cooking and storage facilities have become more important than the collective residential areas ennobled by works of contemporary art. However, they have not lost their artistic quality. In spite of the dramatic social and cultural changes of the last half century since the project was designed, the structure of the building has proved to be sustainable. Without suffering architectural loss, it continues to succeed in serving changed needs.

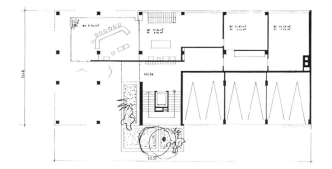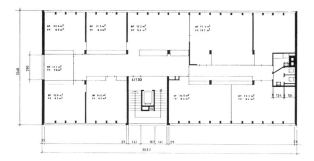

WOHN- UND GESCHÄFTSHAUS / RESIDENTIAL AND OFFICE BUILDING
ZÜRICH-SEEFELD Seefeldstrasse 152
JAKOB ZWEIFEL UND HEINRICH STRICKLER 1957–60

Grundriss Erdgeschoss
Grundriss Bürogeschoss
Grundriss Wohngeschoss

Floor plan ground floor
Floor plan 2nd floor
Floor plan 4th floor

Bauen + Wohnen, Nr. 3, 1962, S. 105–107

Das Zürcher Seefeldquartier ist eine typische Stadterweiterung aus dem 19. Jahrhundert. Die Durchgangsstrassen verlaufen von Nordwesten nach Südosten, parallel zum Seeufer; orthogonal dazu schneiden die Quartierstrassen meist längsrechteckige Baublöcke aus dem Stadtkörper. Die südwärts aus der Stadt zielende Seefeldstrasse vereinigt, nicht zuletzt wegen der darin geführten Strassenbahn, das urbanste Ambiente. Kurz vor der städtebaulichen Zäsur des «Wildbachs», der dem Zürichhorn zustrebt, lockert ein kleiner, von hohen Platanen gesäumter Park die Bebauung auf. An seiner Nordwestseite erhebt sich das Bauwerk mit der Nummer 152, das mit sieben Geschossen die umgebenden Häuser knapp überragt. In Fortsetzung der Bebauung der Quartierstrasse stösst es mit seiner schmalen Stirnseite an die Seefeldstrasse vor. Obwohl an der Ecke des Gevierts stehend, handelt es sich stadtbaulypologisch nicht um ein Eckhaus, weil die besondere Lage am Kopf der Zeile und am Park eine entsprechende Interpretation verlangte. Das Erdgeschoss ist tangential geöffnet, die luftige Vorhalle beschirmt einen Teil des Fussgängerstroms am Gehsteig und schützt weiter hinten den Hauseingang. Die nach Nordosten gerichtete Stirnseite ist mehrheitlich geschlossen und weist nur im mittleren Feld, der konstruktiven Struktur folgend, eine Kolonne raumhoher Fensteröffnungen auf. Dieser betonte Gegensatz: im Erdgeschoss offen – in den Obergeschossen auf die Typologie der Schottenbauweise Bezug nehmend und als ein Ganzes wirkend, verleiht dem Erscheinungsbild zum Strassenraum Kraft und Signifikanz. Die Seitenfassaden sind differenzierter. Ihre vertikale Entwicklung spiegelt die von der Nutzung diktierten Charaktermerkmale eines städtischen Hauses: Das Erdgeschoss ist zur Strasse verglast und dient als Geschäftslokal. Darüber zieht sich eine Art Sockelgeschoss in Sichtbeton über die gesamte Gebäudelänge. Beidseitige Bandfenster identifizieren Büronutzung. Dann folgen vier Geschosse mit flexiblen Grundrissen, unterzugslosen Decken und innenliegenden Sanitärkernen, die als Büros oder Wohnungen eingerichtet werden können, was sich nach aussen in einer veränderten Fassadengestaltung auswirkt. In das Stahlbetongerüst eingesetzte Mauerscheiben aus fahlgelblich-grauen Kalksandsteinen und unterschiedliche Fenstertypen bestimmen den Ausdruck. Der obere Abschluss des Hauses erfolgt wieder in Sichtbeton, wobei Attikageschoss und vorgelagerte Terrassen von einem die Kante des Gesamtvolumens markierenden Stahlbetonträger räumlich definiert werden. Mit

The Seefeld neighbourhood in Zurich is a typical urban extension of the 19th century. The main streets run from northwest to southeast, parallel to the border of the lake. At right angles, the side streets cut out oblong blocks from the urban body. The Seefeldstrasse that leads southwards out of town emanates the most urban atmosphere, not least because of the tram running along it. Shortly before the urban hiatus of the rivulet "Wildbach" which runs towards Zurichhorn, a small park lined with plane trees loosens up the built-up area. On its north-west side the seven storey building with the number 152 rises up slightly above the surrounding houses. Continuing the blocks in the side street its narrow front extends to Seefeldstrasse. Although it stands on the corner of the quadrangle it is not a corner house from an urban typological point of view. The specific position at the head of the row of blocks and next to the park demanded such an interpretation. The ground floor opens tangentially. The airy entrance hall covers part of the pedestrian traffic on the pavement and protects the main entrance further back. The front facing north-east is largely closed except for a column of storey-high window openings in the middle field of the constructive design. Seen from the street, this marked counterpoint (open ground floor versus upper storeys following the typology of cellular framing and conveying an overall effect) prompts an image of power and significance. The lateral façades are more differentiated. Their vertical development mirrors the characteristics of a town house dictated by its uses: The ground floor is glazed towards the street and serves as a shop. Above it an exposed concrete plinth-like storey runs along the entire length of the building. A band of windows on each side mark its use for office purposes. Then follow four storeys with flexible ground plans, joist-free ceilings, and central sanitary nuclei. They can be fitted as apartments or offices. This outwardly affects the design of the façade. The pale yellow wall-slabs of sand lime bricks and varying types of windows fitted into the reinforced concrete skeleton determine the overall appearance. The building is topped by exposed concrete again; in fact the penthouse storey with a terrace in front is spatially defined by a reinforced concrete girder marking the edge of the volume as a whole. Thus, the classical layout with, in this case, lifted base, façade, and roof corresponding to the respective functions is achieved with modern means. At the same time the large form and with it the unity of the raised volume is retained.

modernen Mitteln wird der klassische Aufbau aus – in diesem Fall hochgestemm-tem – Sockel, Wandaufbau und Dach, dem eine Gliederung in Funktionen ent-spricht, nachvollzogen. Zugleich wird jedoch die Grossform und somit die Einheit des aufgestelzten Volumens gewahrt, indem der Sichtbeton als Klammer und Gerüst den Baukörper optisch bestimmt. Die flächige, bloss in Textur und Farbton, nicht in der Helligkeit unterschiedene Hülle vermag beiden Anforderungen zu genügen: ein klassisches Stadthaus mit gemischter Nutzung und moderner Grossform zu sein.

Nach offener Vorhalle und Windfang folgt ein karges Foyer. Die Lichtführung im Treppenhaus wertet diesen wichtigen teilöffentlichen Bereich auf: Mit zwei Streifen aus Glasbausteinen wird die Platte des Zwischenpodests freigestellt. Im Streiflicht gewinnt sie dieselbe Leichtigkeit, über welche die beidseitig einge-spannten Kunststeintritte – mit den offenen Setzstufen – verfügen. Die Reduktion auf die wenigen notwendigen Teile verleiht dem gesamten Bauwerk eine ansprechende Klarheit. Der Blick auf das Baujahr mag nach 40 Jahren aus der Sicht der Neuen Einfachheit und der Kultivierung von Materialwirkungen ob seiner Aktualität erstaunen. Mit seinen praktischen Grundrissen, den sinnvollen Aussenwohnräumen – einer Kombination aus Loggia und Balkon – und mit der sorgfältigen Detaildurchbildung weist das Bauwerk ein hohes Mass architek-tonischer Nachhaltigkeit auf. Wen wundert es, dass mehrere und durchaus namhafte Architekturbüros darin residieren?

The architectonic body is optically defined by way of the bracket and skeleton of exposed concrete. The flat shell which is distinguished by texture and tone of colour rather than by a change in brightness fulfils both requirements: that of a classical urban residence with mixed uses and of a modern large form.

The open entrance hall and the porch are followed by a sparse foyer. The way the light is organized in the stairway adds value to this semi-public area: Two strips of glass bricks set off the slab of the intermediate landing. The streak of light endows it with the same lightness as the artificial stone steps attached on both sides and with a gap between them. Reducing it to the few necessary parts lends the whole building an attractive clarity. From the point of view of New Simplicity and the cultivation of material effects it is surprising how up to date the building is considering it was built 40 years ago. With its practical ground plans, the sensible dwelling areas in the open—a combination of loggia and balcony—and with the care given to detail testifies to its high measure of architectural sustainability. What wonder then, that more than one architect's office of note resides there.

CENTRE DE RECHERCHES ARGRICOLES / AGRICULTURAL RESEARCH CENTRE
ST. AUBIN (KANTON FRIBOURG) Les Vernettes
JAKOB ZWEIFEL, HEINRICH STRICKLER UND ULI HUBER 1967–70

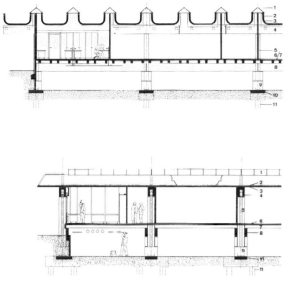

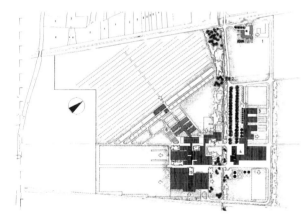

Schnitte (Ausschnitt)
Lageplan

Section (detail)
Site plan

0 25 50   100   200

Bauen+Wohnen, Nr. 7, 1969, S. 242–246
Werk, Nr. 1, 1970, S. 32–35

In der breiten meliorierten Ebene zwischen Payerne und Murtensee, die vom begradigten Flüsschen Broye durchzogen wird, bestehen ausgezeichnete Bedingungen für die Landwirtschaft. Daher entschloss sich die Sparte Agrochemie von Geigy AG Basel, hier ein landwirtschaftliches Versuchszentrum, gegliedert in Pflanzenschutzstation, Veterinärstation und Landwirtschaftsbetrieb, zu errichten. Dem vorhandenen, leicht verzogenen orthogonalen Ordnungssystem von Strassen, Feldwegen, Wasserläufen, Entwässerungsgräben und Windschutzhecken folgt die Orientierung einer prinzipiell in allen Richtungen erweiterbaren Grossstruktur aus Stahlbetonelementen, unter der mit einem Ausbausystem in zwei Schichten – unten, halbversenkt, ein Installationsgeschoss, darüber das Arbeitsgeschoss – weitestgehende Flexibilität garantiert ist. Unter dem einen riesigen Dach sollte alles möglich sein – und war es auch nahezu. Bloss die Gewächshäuser – optimal nach Osten und Westen ausgerichtet –, Heizhaus und Siloturm sowie die etwas entfernteren Angestelltenhäuser bei der Brücke über die kleine Glâne folgen anderen Bausystemen. Die Wohnanlage beispielsweise ist ein Holzbau.

Die Fundierung im ehemaligen Moorboden erfolgte mit vorgefertigten Betonpfählen. Als Planungsmodul war das Mass von 1,10 Meter angenommen worden, was für die Verwaltung, die Labors und die Veterinärstation einen Stützenraster von 7,70 mal 9,90 Meter ergab, während für den Landwirtschaftsteil der Raster auf 13,20 mal 9,90 Meter erweitert wurde. Alle Teile wurden aus Stahlbeton vorgefertigt. Die H-förmig profilierten Stützen von 0,40 mal 0,60 Meter Querschnitt wurden über einen Doppelköcher biegesteif mit den Pfahlköpfen verbunden. Auf diesen lasten 0,80 Meter hohe Unterzüge, die in zwei punktuell miteinander verbundene, schmal-hohe Träger geteilt sind. Im Hinblick auf ein kontrolliertes Durchbiegeverhalten und die problemlose Erweiterbarkeit wirken die Unterzüge als Gerberträger, an die unkompliziert weitere Felder additiv angehängt werden können. Auf diesen Trägern liegen riesige, 2,45 Meter breite, 1,00 Meter hohe Wannen auf, deren Länge – ebenfalls nach dem System Gerber – auf das Mass des Tragrasters abgestimmt ist. Die armierten Betonschalen sind bloss 8 Zentimeter dünn, weshalb versteifende Halbrahmen die Schalen in Querrichtung von unten umfassen und die Last auf die Auflager zwischen den Doppelträgern überleiten. Zwischen den Wannen bleibt ein Oberlichtstreifen von 0,85 Meter offen, durch den

In the wide meliorated plane between Payerne and the Lake of Murten, crossed by the small straightened river Broye, there are excellent conditions for agriculture. Therefore, the agrochemical branch of Geigy Ltd., Basel, decided to put up an agricultural test centre divided into a plant-protection and a veterinary section, and an agricultural plant. The large structure of pre-cast reinforced concrete elements is principally extendable in all directions. It is oriented according to the actual, slightly distorted orthogonal network of roads, tracks, water courses, drainage ditches, and windbreaker hedges. Beneath the large structure the partitioning system is extendible on two levels which guarantees a maximum of flexibility. The lower half-submerged one, is a service floor, the upper one a working area. Under the gigantic single roof everything should be—and almost was—possible. Only the greenhouses—facing optimally east and west—the heating unit, the silage tower and the apartments for the staff, some way off near the bridge, follow a different constructive system. The housing, for instance, is a timber construction.

The foundations in the former bog soil were made of pre-cast concrete columns. The planning module has a grid dimension of 1.10 m which, for the administration, the labs, and the veterinary station, results in pillars spaced at 7.70 m by 9.90 m, whereas for the agricultural section the grid was extended to 13.20 m by 9.90 m. All the parts were made of pre-cast reinforced concrete. The H-shaped profiles of the columns with a diameter of 0.40 by 0.60 m were fixed at their bases in double casings to the piled foundations. They carry 0.80 m high beams divided into two narrow, high girders centrally joined at regular intervals. The joists, onto which further sections can be easily added, work as Gerber joists and, thus, serve to control sagging and are easily extendible. Gigantic U-shaped shells, 2.45 m wide and 1.00 m high, lie on these joists whose length—again using the Gerber system—is matched to the scale of the load-bearing grid. The reinforced concrete shells are only 8 cm thick, therefore they are braced underneath by half frames across their diameter, thus transposing the load onto the bearers between the double pillars. Between the U-shaped shells a rooflight gap of 0.85 m is left open through which a subdued light seeps down into the rooms below—almost as in a museum. Where needed this gap could also be filled solid. There is a considerable leap in scale from this large structure to the partitioning system of

«Die Struktur des grundsätzlich offenen Systems, äussere es sich wie hier in einer teppichartig sich ausbreitenden Behauung oder sei es durch das Prinzip der Stapelbarkeit bestimmt, ist gewiss an sich noch keine Architektur, aber sie trägt ganz offensichtlich den Impuls zur architektonischen Gestaltung in sich, wie er sich ergibt aus dem dialektischen Spiel von Kräften und Gegenkräften.»
Martin Schlappner: *Neue Zürcher Zeitung*, 19. 7. 1970, S. 27

"The structure of the fundamentally open system, regardless of whether it is expressed, as here, through a carpet-like development or is determined by the principle of layers, cannot in itself be described as architecture; but the impulse of architectural design is clearly inherent in it, manifested through the dialectic play between forces and counter-forces."
Martin Schlappner: *Neue Zürcher Zeitung*, 19 July 1970, p. 27

das Licht – fast wie in einem Museum, weich in die darunter befindlichen Räume sickert. Nach Bedarf liess sich der Spalt auch abdecken. Von dieser Grossstruktur gibt es einen nicht geringen Massstabssprung zum Ausbausystem der nicht tragenden Wände und Fassaden, letztere in Holzelementbauweise und gut geschützt vom auskragenden Dachschirm. Die bewegte Dachkontur des ausgedehnten eingeschossigen Gebäudekomplexes überlagert der flachen Topografie einen spezifischen Rhythmus. Das scheinbar lapidare System quasi «zusammengesteckter» Teile verlangte allerdings sorgfältigste Vorabklärungen und viel Gedankenarbeit bei der Planung, vor allem aber Umsicht und Masskontrollen bei der Montage auf der Baustelle.

Zur Einbindung in den Naturraum versicherten sich die Architekten der Mitarbeit des Glarner Landschaftsgestalters Fridolin Beglinger und setzten das Konzept einer Verlandung von der offenen Wasserfläche über die Stadien verschiedener Moore bis zum Birken-Kiefernwald in eine künstliche, als Mäander gestaltete Teichfolge um. Auf den Trockenflächen wurde eine pflegeleichte Pioniervegetation angesiedelt.

Die riesige Anlage ist eine der raren Arbeiten dieser Art in der Schweiz. Mag sein, dass die mehrfachen Sicherheitsaspekte, denen die Forschung auf dem Gebiet der Agrarchemie unterliegt, einer offensiven Verbreitung als architektonisch-konstruktiv interessantes Objekt entgegenstanden. Die Konzentrationen in der Chemiebranche haben jedenfalls bereits dazu geführt, dass einzelne Abteilungen verlagert und deren Baulichkeiten abgebrochen wurden. Als Pionierwerk industrialisierten Bauens ist der verbliebene Rest aber noch immer von schlagender Eindrücklichkeit.

the non-bearing walls and façades, the latter made of timber elements are well protected by the cantilevered roof umbrella. The undulating contour of the roof of the wide-flung single-storey complex overlays the flat topography with a specific rhythm. The seemingly lapidary system of, as it were, "plugged" parts did, however, demand very meticulous preparations and sorting out during planning. Above all, it demanded circumspection and control of measurements during the on-site assembly.

In order to make the natural environment part of the whole, the landscape designer from Glarus, Fridolin Beglinger, was called in. He implemented the concept of silting up of open water over various stages from different moors to the birch and pine forest creating an artificial sequence of meandering pools. The dry areas were planted with a pioneer vegetation easy to maintain.

The huge complex is one of the rare works of its kind in Switzerland. Possibly, it was the multiple safety hazards of agrochemical research that opposed the spreading of such architectonically and constructively interesting objects. In any case, the concentration in chemical industry has already resulted in moving certain departments and tearing down their buildings. As a testimony of pioneering industrial architecture the remaining rest is still of compelling impressiveness.

«Die Gestaltung wird durch die Elemente der Baustruktur bestimmt: die als prägende Formen wirkenden Dachschalen, welche ihrerseits im Innern die Lichtführung bestimmen, und die starken Auskragungen dieser Dachschalen und der sie tragenden Zwillingsbalken; Auskragungen, die primär nicht ästhetisches Element sind, werden sie doch durch das für Balken wie Schalen benutzte System der Gerberträger statisch begründet, die indessen aber als ästhetisches Element angewendet werden.»
Martin Schlappner, *Neue Zürcher Zeitung,* 19. 7. 1970, S. 27

"The design is determined by the elements of the building structure: the concave, shell-like elements of the roof, which also provide the interior lighting, and the strong projection of these elements and the twin girders that support them. These projections, which are primarily not aesthetic elements since they are defined statically through the Gerber system of girders and shell elements, have, however, acquired an aesthetic quality."
Martin Schlappner, *Neue Zürcher Zeitung,* 19 July 1970, p. 27

ECOLE POLYTECHNIQUE FÉDÉRALE / FEDERAL INSTITUTE OF TECHNOLOGY
LAUSANNE-ECUBLENS Dorigny
JAKOB ZWEIFEL UND HEINRICH STRICKLER, ALEXANDER HENZ, ROBERT BAMERT,
HANS ULRICH GLAUSER, EDI WITTA (BAUINGENIEUR), ADAM BERLER,
PIERRE SIMOND 1973–84

«Zielsetzung einer Hochschulplanung: Integrierter Charakter der Gesamtanlage, Offenheit in den inneren Bezügen, Trennung des Fahrverkehrs vom Netz der Fussgängerverbindungen, Konzentration der Hauptverbindung auf abwechslungsreich gestaltete Achsen mit guter Orientierbarkeit, Eingliedern der Grünräume in die gebaute Struktur, Sicherung der Möglichkeit des Wachstums einzelner Teile, wie der Gesamtanlage unter Beibehaltung der funktionellen Bezüge und Sicherstellung späterer Umstrukturierungen im Unterrichtsbetrieb etc., Erarbeitung eines Katalogs der verschiedenen Raum- und Gebäudetypen, unter Berücksichtigung einer begrenzten Flexibilität zukünftiger Benutzung, Systematisierung der Konstruktion und der Haustechnik zur Erreichung eines hohen Grades der Standardisierung.»
Jakob Zweifel: Arbeitspapier, 1971/72

"The following are the goals towards which the planning of an institute of technology are directed: an integrated character of the overall complex, openness in the interior relationships, the separation of traffic from the pedestrian network, concentration on the main connections on variously designed axes with good orientation, integration of greened areas in the constructed structure, provision of the possibility of the growth of individual parts and the whole complex while retaining the functional relationship and the guarantee of later restructuration in the teaching system etc., the development of a catalogue of the different room and building types, systemisation of construction and the technical and mechanical design in order to achieve a high degree of standardisation."
Jakob Zweifel: working paper 1971/72

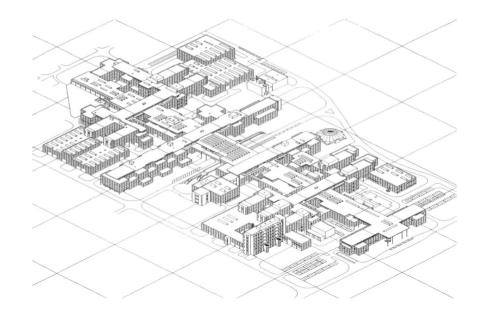

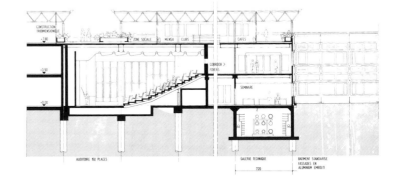

Werk, Nr. 10, 1970, S. 647–650
Werk, Nr. 5, 1971, S. 309–314
Bauen + Wohnen, Nr. 7, 1971, S. 289–294
Werk, Nr. 2, 1976, S. 93–100
Bauen + Wohnen, Nr. 5, 1978, S. 205–216
Werk-Archithese, Nr. 13/14, 1978, S. 29–35

Axonometrie der Gesamtanlage
Schnitt durch Hörsaal

Axonometry of the entire complex
Section through the auditorium

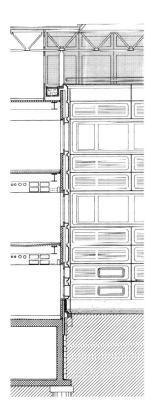

Fünf Kilometer westlich des Lausanner Stadtzentrums, in der Ebene vor Ecublens, die aus den Ablagerungen der von Norden dem Genfersee zustrebender Flüsschen «Sorge» und «La Mêbre» entstanden ist, liegt die gebaute Struktur für die Eidgenössische Technische Hochschule Lausanne. Ihre Ausdehnung übersteigt jene einer mittelalterlichen Kleinstadt um das Zwei- bis Dreifache. Die Planung für

Five kilometres to the west of the Lausanne town centre, in the plane of Ecublens, which was formed by sediments from the two rivers "Sorge" and "Le Mêbre" running from the north into Lake Geneva, lies the architectural complex of the Lausanne Federal Institute of Technology. Its extension exceeds twice or three times that of a small medieval town. Planning on this large complex began with

Fassadenschnitt und -ansicht

Façade section and view

diesen Grosskomplex begann mit einer Reihe genereller Festlegungen einerseits hinsichtlich der städtebaulichen Struktur, andererseits auf der baulich-technischen Ebene und drittens bezüglich der Typisierung von Labor- und Büroräumen sowie ihrer Anordnung in möglichen Gebäudetypologien. Man entschied sich für ein konstruktives System, für eine Erschliessungsstruktur, für einen Deckenaufbau, für eine Fassadenkonstruktion und vor allem für ein System, das die zahlreichen Installationen ordnete und regelte, die im Hinblick auf Veränderbarkeit im Deckenhohlraum und in regelmässig verteilten Schächten zugänglich bleiben sollten. Zu diesem Zweck erarbeitete man eine Masskoordination auf der Basis eines Moduls von 10 Zentimetern und darauf aufbauend verschiedene Raster für die richtungsneutrale Tragstruktur von 7,20 mal 7,20 Meter, die Ausbaustruktur von 1,20 mal 1,20 Meter beziehungsweise die Fassade mit 3,60 Meter. Priorität erhielt dabei nicht etwa das Stahlskelett der Rohbaustruktur, sondern die Ausbaustruktur und die Installationsstruktur, weil man dort noch im Zuge der Planung in der einen oder anderen Abteilung Änderungen erwartete und auch im Betrieb mit unausweichlichen Veränderungen rechnete. Dennoch galt es, das System nicht zu kompliziert werden zu lassen, weil es sonst seine Aufgabe, auf kurzem Weg zu klaren, brauchbaren Lösungen zu gelangen, nicht hätte erfüllen können. Im Grunde entwickelte man in einem neuzeitlich ingenieurmässigen Ansatz aufeinander abgestimmte «Normalien» für Rohbaustruktur, Ausbaustruktur und Installationsstruktur zur standardisierten Beantwortung der meisten Fragen im Hinblick auf unterschiedliche räumliche Konstellationen, die sich im Zuge der definitiven räumlichen Disposition herausstellen würden. Ebenso generell konzipierte man in einer Art Matrixstruktur ein System einander überlagernder städtebaulicher Nutzungszonen, die Möglichkeiten und Angebote, aber auch Ausschliesslichkeiten und Verbindlichkeiten festlegten. Auf der Seite der Konstruktion stand Typisierung und Standardisierung und auf der Seite der Konzeption lagen flexible Parameter, allgemeine Grundsätze und generelle Festlegungen vor, nach denen man aufgrund der Nutzerwünsche rasch zu konkreten Lösungen kommen wollte. Ziel war es, mit dem differenzierten Interventionsinstrumentarium, nebst bekannten, auch noch nicht bekannte Anforderungen – in einem gewissen Rahmen – bewältigen zu können. So galt es unter anderem auch, strukturierende Überlegungen zum Brandschutz zu integrieren.

a series of general arrangements, firstly respecting the urban structure, secondly the architectural and technical side, and thirdly the typology of the labs and offices as well as their order within the possible typologies of buildings. They opted for a constructive system, a development structure, a ceiling composition, and a façade construction and above all for a system, that ordered and controlled the numerous installations, which, with respect to their adaptability, had to remain accessible in the ceiling space and in regularly distributed shafts. For this purpose a coordinated scale was developed on the basis of modules of 10 cm, which in turn were used for various grids for the directionally independent bearing structure of 7.20 by 7.20 m, the partition system of 1.20 by 1.20 m or the façade with 3.60 m. Priority was not given to the steel skeleton of the carcassing but to the partition system and the installation system, because it was here that during planning and in the operative phase of one or the other department inevitable change was to be expected. Nevertheless, it was essential for the system not to become too complicated, because otherwise its very objective of reaching practical solutions in the shortest possible way, would have been thwarted. Basically, it was modern engineering approaches that were developed in order to find matching standard solutions for the carcassing, the partitioning, and the installation systems. This would give standardised answers to most of the questions from the different spatial constellations that would eventually result in the course of the definitive spatial disposition. On a similarly general scale a kind of matrix or system was devised of urban utilization zones on several levels which defined the possibilities and offers as well as the exclusive and compulsory uses. The construction was defined by typology and standardisation, whereas the conception was guided by flexible parameters, general principles, and definitions according to which user needs could be met with on the spot solutions. The object of this differentiated set of instruments of adaptability was to be able to cope not only with known but—to a certain extent—unknown requirements. Thus, it was necessary, among other things, to integrate structural considerations about fire protection.

The actual overall system, which gained shape in the course of planning, consists of a concentration of general areas along a central east-west axis which houses the auditoria, the foyers, the canteen, the cafeterias, the promenades, the roof

Die eigentliche Grossstruktur, die im Verlauf der Planungen konkrete Gestalt annahm, weist eine Konzentration allgemeiner Räume entlang einer zentralen Achse in Ostwestrichtung auf mit Auditorien, Foyers, Mensa, Cafés, Wandelgängen, Dachterrassen und anderem mehr. Quer dazu docken die verschiedenen Ausbildungs- und Forschungsdepartemente an mit Labor- und Bürostrukturen, an die aussen, nach Norden oder Süden, grössere Hallenbauten und Sonderanlagen anschliessen. Die urbane Hauptebene der Universitätsstadt befindet sich zwei Geschosse über dem Erdboden und wird von einem ausgedehnten räumlichen Fachwerk beschirmt, das mit verschieden farbigen Blechen gedeckt, die «Sozialzonen» betont. Funktionales Argument für die Hochlage war die Forderung nach Trennung von Fussgänger- und Fahrverkehr, mithin die Durchlässigkeit in Querrichtung für Forschungs-, Lösch- und Einsatzfahrzeuge. Über dieser Hauptebene befinden sich noch ein bis zwei Geschosse mit den Büros der Verwaltung. Obwohl die Anlage riesig ist, sucht man die monumentale Geste vergebens. Die Systematik der vorstrukturierenden Planung und jener des industrialisierten Montagebaus lassen es nicht dazu kommen. Selbst die zwei Geschosse hohe Halle der Durchfahrt beim mittleren Zugang wahrt den Ausdruck nüchterner Zweckmässigkeit, und beim Spazieren zwischen den Grünflächen auf der Dachterrasse, wo der Blick auf gärtnerisch gestaltete Höfe, die ländliche Umgebung, weiter auf den Genfersee und bis zu den Savoyer Alpen schweifen kann, kommt der nichthierarchische Charakter des Campus mit gleichwertigen Teilbereichen deutlich zum Ausdruck. Die parallele Präsenz zahlreicher ähnlicher Gebäude lässt beispielsweise die Fassade mit ihrem perfekt durchkonstruierten Aufbau und der ruhigen, lagerhaften Aussenhaut aus grossen querformatigen, tiefgezogenen und eloxierten Aluminiumblechen in ihrer Bedeutung zurücktreten. Die systematische und massenhafte Anwendung standardisierter Teile bietet jenen, welche die Identität an den Oberflächen festzumachen suchen, zu wenig Ansatzmöglichkeiten. Die Identität der EPFL in Ecublens liegt jedoch in ihrer städtebaulichen Struktur, die in dieser Grössenordnung in der Schweiz allein steht. Ihre Qualität findet sich in der Nachhaltigkeit der Primärstruktur und in der Veränderbarkeit des inneren Ausbaus. Das dürfte womöglich erst nach dem zweiten und dritten Umbau offensichtlich werden.

terraces, and so forth. At right angles the various teaching and research departments with their laboratories and offices are plugged in. Further out to the north and south larger halls and special facilities are added. The urban main level of the university campus lies two storeys above ground and is covered with an extensive space frame, which is decked with differently coloured sheet metal emphasising the "social" areas. The functional reason for the elevation was the demand for separating pedestrian from mobile traffic, i.e. leaving open the transversal avenues for the vehicles used for research, the fire brigade and the servicing of the university. Above this main level there are one or two floors for the offices of the administration.

Although the complex is huge, there is no monumental gesture. The systemized preliminary planning and the industrialized assembly elude it. Even the hall of the central access thoroughfare, which is two storeys high, retains its sober functionalism; and taking a walk through the greenery on the roof terrace, where we look onto horticulturally groomed courtyards, the rural landscape and, farther away, Lake Geneva and the Savoy Alps, the non-hierarchical character of the campus with its equivalent parts becomes clearly evident. The parallel presence of numerous similar buildings detracts from the importance, for instance, of the façade with its perfectly constructed design and the calm, horizontal emphasis of the cladding made of large oblong, deep-drawn, anodised aluminium sheets. The systematic application of standardised parts in huge numbers leaves too little to go by for anyone seeking to attach the identity to the surfaces. The identity of the LPFL in Ecublens, however, lies in its urban structure, which, on this scale, is unique in Switzerland. Its quality is to be found in the sustainability of the primary structure and in the adaptability of its interior design. A fact which may become obvious only after the second or third alteration.

STÄDTISCHE WOHNANLAGE / URBAN HOUSING COMPLEX
ZÜRICH-UNTERAFFOLTERN Stöckenackerstrasse / Wolfswinkel
JAKOB ZWEIFEL, HEINRICH STRICKLER,
HANS ULRICH GLAUSER 1980–81

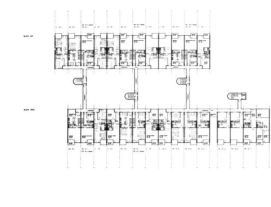

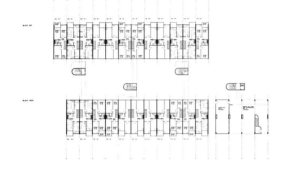

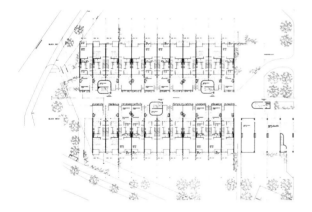

Grundriss 2. Obergeschoss
Grundriss 1. Obergeschoss
Grundriss Erdgeschoss

Floor plan 2nd floor
Floor plan 1st floor
Floor plan ground floor

0 5 10   25   50

Werk, Bauen + Wohnen, Nr. 7/8, 1986, Werk-Material S. 1–4

Am nordwestlichen Rand des Stadtzürcher Siedlungsraumes, wo Feuchtwiesen in das nahe Naturschutzgebiet «Chatzensee» überleiten, galt es nach einer bestehenden Quartierplanung eine Wohnanlage mit 60 Wohnungen von eineinhalb bis viereinhalb Zimmern zu errichten. Davon waren zirka 30 als grosse, attraktive Familienwohnungen vorgesehen, während ein Dutzend kleine Wohnungen als Altenappartements eingestreut werden sollten. Das städtebauliche Konzept legte zwei parallele Trakte in Nordsüdrichtung, was zugleich den Ordinaten der angrenzenden Bebauung entspricht. Somit können die Wohnungen sowohl von Osten als auch von Westen Sonne einfangen. Den Raum zwischen den beiden Gebäudetrakten definiert im Untergeschoss die Tiefgarage; über der Erde ist er jedoch als Wohngasse gestaltet, die von drei gedrungenen Treppenhaustürmen und dazugehörenden Verbindungsbrücken sowie den berankten Abgrenzungen der Eingangshöfe vor den Erdgeschosswohnungen räumlich strukturiert wird. Die unteren beiden Geschosse der Häuser sind mit Maisonnette-Wohnungen belegt, die, ausser dem gepflasterten Eingangshof, auf der anderen Seite mit einem Stück Hausgarten über einen weiteren, direkt zugeordneten Aussenraum verfügen. Im zweiten Obergeschoss liegt die von den Treppentürmen und den Stegen bediente zweite Zugangsebene, wo kurze Laubengänge die kleineren Wohnungen sowie weitere Maisonnetten erschliessen. In der Silhouette ergibt sich damit ein Wechsel von Volumen und offenen Dachterrassen, nur der Gebäudeteil am Südkopf, der die Alterswohnungen enthält und als einziger über einen Lift verfügt, ist durchgehend viergeschossig.

Obwohl das konstruktive System mit tragenden Stahlbetonscheiben in Querrichtung und eine definierte Lage der Installationsschachte äusserst einfach und kostengünstig gehalten wurde, gelang es in dem Raum zwischen den Schotten von 5,60 Meter Achsmass, verschiedene Wohnungstypen grundrisslich zufriedenstellend zu organisieren. An den Aussenseiten tragen Loggienbalkone zur Belebung der Fassade und zur Hebung des Wohnwerts bei.

Der Anspruch des Auftraggebers, im Südkopf auch gewisse zentrale Funktionen für das Quartier unterzubringen, musste an der peripheren Lage des Siedlungsgebiets, aber auch am Strukturwandel des Kleinhandels und der Nahversorgung scheitern. Der Bewohnergemeinschaft ist der Mehrzweckraum und der freie Platz davor, der weiträumiger und öffentlicher ist als die Wohngasse, durchaus

On the north-eastern border of Zurich's housing development area, where wetlands lead into the nature reserve of the "Chatzensee", the object was to erect a housing complex with 60 flats of one and a half to four and a half rooms following an existing neighbourhood development plan. About 30 flats were to be large attractive family apartments, while a dozen small flats should be strewn in as apartments for the aged. The urban concept laid out two parallel wings in a north-south direction which corresponds to the alignment of the neighbouring housing complex. Thus, the flats catch the sun from the east as well as the west. The space between the wings are defined by the underground garage which above ground is designed as pedestrian lane which is structured spatially by the three low stairway towers and the matching connecting bridges as well as the overgrown entrance courts in front of the ground-floor apartments. The two lower floors of the houses are occupied by maisonnette apartments. Apart from the paved entrance courts, they have a piece of private garden on the other side. On the second floor we come across the second access level fed by the stairway towers and the bridges, where short outdoor corridors connect the smaller flats and further maisonnettes. The silhouette has the effect of changing volumes and open roof terraces. Only the part of the building on the south front, containing the flats for the aged (the only one with a lift), has four floors all the way up.

The constructive system with transversal, load-bearing reinforced concrete slabs across and a defined position of the installation shafts is extremely simple and low-cost. Nevertheless, it was possible to organise the space between the dividers, spaced at 5.60 m, with satisfactory ground plans for different types of flats. On the outside the loggia balconies enliven the façade and raise the housing quality.

The requirement of the client to include certain central functions for the neighbourhood in the southern front was doomed to failure because of the peripheral location of the site and the structural change among small enterprises and local services. Therefore the inhabitants welcome the multi-purpose hall and the open space in front of it, which is more spacious and public than the pedestrian lanes. Furthermore, a large community centre with cafeteria, theatre-hall, workshops etc. was opened right next door in 1984 for the general public of the neighbourhood. This easily compensates for that which could not be realised on the site itself.

willkommen. Zudem wurde 1984 gleich nebenan ein grosses Gemeinschaftszentrum für die Quartierbevölkerung eröffnet mit Cafeteria, Theatersaal, Werkstätten etc., was den entsprechenden Mangel soziokultureller Angebote in der Siedlung mehr als kompensiert.

Die Maisonnetten verfügen trotz der unmittelbaren Lage an der Wohngasse über ausreichend abschirmende und zugleich durchlässige Filter: als ersten den Eingangshof, dann eine vom Obergeschoss überdachte, kurze Vorzone, die Eingangstüre zu einem Windfang, parallel dazu aber auch eine Türe aus der Wohnküche in den Eingangshof. Das Wohnzimmer liegt auf der Gartenseite. Eine Kellertreppe führt direkt ins Untergeschoss zu einem Bastel- oder Wirtschaftsraum und den Kellerräumen. Die Schlafzimmer befinden sich im ersten Stock. Somit entsprechen die unteren zwei Geschosse einem anspruchsvollen Familienwohnen im Reihenhaus. Mit den darüberliegenden, separat über die Treppentürme und Stege erschlossenen, meist kleineren Wohnungen wird die relativ hohe Dichte von knapp 1,0 erreicht, vor allem aber eine urbane Durchmischung verschiedener Lebensformen und Lebensalter. Damit bleibt das Wohnen, selbst neben dem Naherholungsgebiet, städtisch dicht und spart Bauland, wahrt aber mit bloss drei bis vier Geschossen die Massstäblichkeit. Die in 20 Jahren herangewachsenen Bäume und der gute Erhaltungszustand komplettieren den positiven Gesamteindruck, bei dem das Leben den ökonomisch optimierten Rohbau längst überspielt hat.

In spite of their location along the pedestrian lane the maisonnettes have ample protective and at the same time permeable filters: firstly, the entrance court, then the short zone covered by the upper floor, which turns the entrance door into a porch, and parallel to this a door from the combined kitchen and living room into the entrance court. The living room lies towards the garden. A cellar stair leads directly down to the basement hobby room or utility room and the cellars. The bedrooms lie on the first floor. Thus, the lower two storeys correspond to a demanding family life in a row house. With the mostly smaller flats above, reached by the stairway towers, the relatively high density of almost 1.0 is achieved, but, above all, an urban integration of different ages and forms of life. Therefore, the habitat, even next to the nearby recreational area, remains dense and urban-saving building land, and not exceeding the scale by staying within three to four storeys. The trees that have grown in the 20 years and the good condition of the building complete the positive general impression of a life that has taken over from the economically optimised carcass.

ANHANG / APPENDIX

WERNER FREY

27.6.1912 geboren in Unterseen / BE
18.10.1989 gestorben in Zürich
1932–37 Architekturstudium an der Eidgenössischen
Technischen Hochschule (ETH) in Zürich
Nach dem Studium Mitarbeit bei Josef Schütz, Zürich
Seit 1943 selbstständiger Architekt mit Büro in Zürich,
anfänglich in Partnerschaft mit Oskar Becherer
Mitglied Bund Schweizer Architekten (BSA) und
Schweizerischer Ingenieur- und Architektenverein (SIA)

AUSGEFÜHRTE BAUTEN

– Doppelmehrfamilienhäuser Bellaria-Park, Bellariastrasse /
Bellariarain, Zürich, 1944–45 (mit Oskar Becherer)
– Siedlung Mattenhof, Zürich, 1946–47 (mit Oskar Becherer,
Otto Dürr, Karl Kündig)
– Wohn- und Geschäftshaus Luxhof, Beckenhof- / Spanweid- /
Röslistrasse, Zürich, 1947–48 (mit Oskar Becherer,
René Schneider)
– Kino Studio 4, Nüschelerstrasse 11, Zürich, 1948–49
(mit Roman Clemens)
– Hotel Goldenes Schwert und Cinema Etoile, Marktgasse 14,
Zürich, 1951–52 (mit Otto Dürr, Willi Roost, Hans R. Beck)
– Schulpavillon Heubeeribühl, Susenbergstrasse, Zürich,
1953–54
– Chemische Fabrik Brugg (heute Chemia Brugg),
Aarauerstrasse 51, Brugg: Lagerhaus 1954–55, Tanklager
für Mineralöl 1963–64, Keller- und Rampenerweiterung 1969,
Verwaltungsgebäude 1971–72, Tankanlage für Säuren
und Laugen 1972–73
– Gewerbehäuser Gieshübel, Eichstrasse 23–29,
Zürich, 1955–56
– Bürogebäude Zentralverwaltung Schweizerische Betriebs-
krankenkasse SBKK (heute SWICA), Römerstrasse 37,
Winterthur, 1956–57
– Bürogebäude Kumag AG, Letzigraben 114, Zürich, 1959–60
– Jugendheim Erika, Rötelstrasse 53, Zürich, 1958–59
und 1969–70
– Gewerbeschule der Stadt Zürich, Abteilung Frauenberufe,
Ackerstrasse 30, Zürich, 1962–63
– Büro- und Gewerbehaus mit Depot Brauerei Eichhof,
Hardturmstrasse 253 / 255, Zürich, 1963
– Geschäftshaus Patria, Gartenstrasse 25, Zürich, 1963–69
– Altersheim Etzelgut, Etzelstrasse 14, Zürich, 1965–67
– Mensa der Universität Zürich, Künstlergasse 10,
Zürich, 1968–69
– Gewerbegebäude Bayer AG, Grubenstrasse 6, Zürich, 1972
– ACS-Haus (Automobil-Club der Schweiz), Forchstrasse 95,
Zürich, 1977–78
– Bürogebäude Zentralverwaltung Schweizerische Betriebs-
krankenkasse SBKK (heute SWICA), Römerstrasse 38,
Winterthur, 1980–83 (Planungsbeginn 1978)

LITERATUR (AUSWAHL)

– Martin Schlappner: «Zum Andenken an den Architekten
Werner Frey», in: *Neue Zürcher Zeitung*, 30.11.1989, S. 58
– Fredi Ehrat, Heinrich Helfenstein (Hrsg.): *Das Kino «Studio 4».
Eine Dokumentation über eine Raumgestaltung von Roman
Clemens,* Zürich 1992
– Bauamt II der Stadt Zürich, art-ig Büro für Kunstgeschichte
Zürich (Hrsg.): *50 Jahre Auszeichnungen für gute Bauten in der
Stadt Zürich,* Zürich 1995

WERNER FREY

27.6.1912 born in Unterseen / BE, died 18.10.1989 in Zurich
1932–37 studied architecture at the Federal Institute
of Technology (ETH) in Zurich
After completing his studies, he worked with Josef Schütz,
Zurich
Since 1943 independent architect with his own office in Zurich,
originally in partnership with Oskar Becherer
Member of the Bund Schweizer Architekten (BSA) (Federation
of Swiss Architects), and the Schweizerischer Ingenieur-
und Architektenverein (SIA) (Swiss Engineers and Architects
Association)

BUILDINGS CARRIED OUT
– Bellaria-Park double multiple-family houses, Bellariastrasse /
Bellariarain, Zurich, 1944–45 (with Oskar Becherer)
– Housing development Mattenhof, Zurich, 1946–47
(with Oskar Becherer, Otto Dürr, Karl Kündig)
– Luxhof residential and commercial building, Beckenhof- /
Spanweid- / Röslistrasse, Zurich, 1947–48 (with Oskar
Becherer, René Schneider)
– Cinema Studio 4, Nüschelerstrasse 11, Zurich, 1948–49
(with Roman Clemens)
– Hotel Goldenes Schwert and Cinema Etoile, Marktgasse 14,
Zurich, 1951–52 (with Otto Dürr, Willi Roost, Hans R. Beck)
– Heubeeribühl school pavilion, Susenbergstrasse,
Zurich, 1953–54
– Brugg chemical factory (now known as Chemia Brugg),
Aarauerstrasse 51, Brugg: storage building 1954–55,
tank storage building for mineral oils 1963–64, cellar
and ramp extension 1969, administration building 1971–72,
tank premises for acids and alkalines 1972–73
– Gieshübel commercial buildings, Eichstrasse 23–29,
Zurich, 1955–56
– Office building for the central administration of the
Schweizerische Betriebskrankenkasse SBKK (now known
as SWICA), Römerstrasse 37, Winterthur, 1956–57
– Kumag AG office building, Letzigraben 114, Zurich, 1959–60
– Erika youth home, Rötelstrasse 53, Zurich, 1958–59
and 1969–70
– City of Zurich commercial school, women's professions
department, Ackerstrasse 30, Zurich, 1962–63
– Office and commercial building with depot, Brauerei Eichhof,
Hardturmstrasse 253 / 255, Zurich, 1963
– Patria commercial building, Gartenstrasse 25,
Zurich, 1963–69
– Etzelgut old people's home, Etzelstrasse 14, Zurich, 1965–67
– Canteen of Zurich University, Künstlergasse 10,
Zurich, 1968–69
– Bayer AG commercial building, Grubenstrasse 6, Zurich, 1972
– ACS house (Automobil-Club der Schweiz), Forchstrasse 95,
Zurich, 1977–78
– Office building for the central administration of the
Schweizerische Betriebskrankenkasse SBKK
(now known as SWICA), Römerstrasse 38, Winterthur,
1980–83 (planning began in 1978)

LITERATURE (SELECTION)
– Martin Schlappner: "Zum Andenken an den Architekten
Werner Frey", in: *Neue Zürcher Zeitung,* 30.11.1989, p. 58
– Fredi Ehrat, Heinrich Helfenstein (ed.): *Das Kino
"Studio 4". Eine Dokumentation über eine Raumgestaltung
von Roman Clemens,* Zurich 1992
– Bauamt II der Stadt Zürich, art-ig Büro für Kunstgeschichte
Zurich (ed.): *50 Jahre Auszeichnungen für gute Bauten in der
Stadt Zurich,* 1995

FRANZ FÜEG

31.10.1921 geboren in Solothurn
1938–40 Lehre als Hochbauzeichner bei Hans Bracher
in Solothurn, danach Anstellung bei Robert Winkler, Zürich
1947–49 im Büro der Gebrüder Kraayvanger in Rotterdam
seit 1953 eigenes Büro in Solothurn, ab 1975 in Zürich
1958–61 Redaktor der Architekturzeitschrift *Bauen + Wohnen*
1971–87 Professor an der Ecole polytechnique fédérale
in Lausanne (EPFL)
Mitglied Bund Schweizer Architekten (BSA) und
Schweizerischer Ingenieur- und Architektenverein (SIA),
Ehrenmitglied des Bundes Deutscher Architekten (BDA)

AUSGEFÜHRTE BAUTEN
– Wohn- und Geschäftshaus Dornacherhof, Dornacherplatz,
Solothurn, 1949–51 (bei Studer & Stäubli)
– Einfamilienhaus Aerny, Balmfluhstrasse 8, Feldbrunnen / SO,
1954–55
– Haus einer Musikerfamilie, Blumensteinweg 22, Solothurn,
1955–56
– Möbel und Lampen für Motel, Interlaken, 1955
– Fabrikationshalle und Büros Metallbauwerkstatt Dreier,
Kleinlützel / SO, 1957–58
– Primar- und Bezirksschulhaus, Huggerwaldstrasse 438,
Kleinlützel / SO, 1958–61 (Wettbewerb 1957)
– Kassenhalle im Bürgerhaus, Unterer Winkel 1, Solothurn, 1959
– Einfamilienhaus Portmann, Hauptstrasse 66, Hessigkofen /
SO, 1962–64
– Naturwissenschaftliche Universitätsinstitute, Chemin du
Musée 3 / 5, Fribourg, 1964–68 (Wettbewerb 1960)
(mit Jean Pythoud)
– Katholische Kirche und Pfarreizentrum St. Pius,
Schlösslistrasse 2, Meggen / LU, 1964–66
(Wettbewerb 1960/61),
– Katholisches Pfarreizentrum, Emil Schibli-Strasse 3,
Lengnau / BE, 1974–75 (Wettbewerb 1972),
– Umbau und Erweiterung Kunstmuseum, Werkhofstrasse,
Solothurn, 1979–81
– Kunsthaus, Dorfstrasse, Zug, 1988–90 (Wettbewerb 1986)
– Postverteilzentrum, Rue de la Blancherie, Sion, 1994–96
(Wettbewerb 1990) (mit Melchior Wyss)

**NICHT AUSGEFÜHRTE WETTBEWERBSPROJEKTE
(AUSWAHL)**
– Schulhaus, Wangen bei Olten / SO, 1955
– Archäologisches Museum, Aleppo / Syrien, 1956
– Enrico Fermi Memorial, Chicago, 1957
– Schauspielhaus, Zürich, 1964
– Universität, Strickhofareal, Zürich, 1966
– Kirchliches Zentrum, Langendorf / SO, 1966
– Oberstufenschulhaus Schützenmatt, Solothurn, 1977
– Jugendausbildungsstätte, Lindau / Deutschland, 1978
– Handelshochschule St. Gallen, 1982
– Schule für Behinderte, Olten, 1989
– Erweiterung ETH Hönggerberg, Zürich, 1990
– Universität Pérolles, Fribourg, 1997 (mit Melchior Wyss)

LITERATUR (AUSWAHL)
– Franz Füeg: «Was ist modern in der Architektur?»,
in: *Bauen + Wohnen*, Nr. 1, 1958, S. 31–36
– Franz Füeg: «Verwaltete Architektur», in: *Schweizerische
Bauzeitung*, Nr. 38, 1975, S. 596–598
– Franz Füeg: «Von Elementen und Zusammenhängen in der
Architektur», in: *Architekt*, Nr. 1, 1976, S. 12–20
– Franz Füeg: «Architektur und Praxis, Voraussetzungen
und Eigenschaften», in: *Architekt*, Nr. 2, 1979, S. 10–15 und
in: *Bauen + Wohnen*, Nr. 7/8, 1979, S. 270 f. und 275 f.
– Franz Füeg: «Was haben die Konstruktion und das Bauwerk
mit Architektur zu tun?», in: *Schweizer Ingenieur und Architekt*,
Nr. 8, 1979, S. 125–131 und in: *Architekt*, Nr. 1, 1979, S. 16–20
– Franz Füeg: «Von Mitteln und Grenzen der Architektur»,
in: *Werk, Bauen + Wohnen*, Nr. 4, 1980, S. 8–13
– Franz Füeg: «Grundlegendes der Architektur»,
«Persönliche Ortsbestimmung» und «Durchdringungen»,
in: *Werk, Bauen + Wohnen*, Nr. 7/8, 1981, S. 42–44, 44–50
und 54–63 [Literaturliste und Werkverzeichnis S. 66–68]
– Franz Füeg: *Wohltaten der Zeit und andere Essays über
Architektur und die Arbeit des Architekten*, Niederteufen 1982
(veränderte französische Ausgabe: *Les bienfaits du temps.
Essais sur l'architecture et le travail de l'architecte*,
Lausanne 1985)
– Franz Füeg: *Apprendre à enseigner l'architecture*,
Lausanne 1987
– Franz Füeg: «Architektur lehren lernen»,
in: *Werk, Bauen + Wohnen*, Nr. 7/8, 1988, S. 18–21

FRANZ FÜEG

31.10.1921 born in Solothurn
1938–40 apprenticeship as an architectural draughtsman
with Hans Bracher in Solothurn, subsequently employed
by Robert Winkler, Zurich
1947–49 worked in the office of the Kraayvanger brothers
in Rotterdam
Since 1953 own office in Solothurn, from 1975 in Zurich
1958–61 editor of the architectural magazine *Bauen + Wohnen*
1971–87 professor at the Ecole polytechnique fédérale in
Lausanne (EPFL) (Federal Institute of Technology, Lausanne)
Member of the Bund Schweizer Architekten (BSA)
(Federation of Swiss Architects), and the Schweizerischer
Ingenieur- und Architektenverein (SIA) (Swiss Engineers
and Architects Association), honorary member of the Bund
Deutscher Architekten (BDA) (Federation of German Architects)

BUILDINGS CARRIED OUT

– Dornacherhof residential and commercial building,
Dornacherplatz, Solothurn, 1949–51 (with Studer & Stäubli)
– Aerny single-family house, Balmfluhstrasse 8,
Feldbrunnen / SO, 1954–55
– House for a family of musicians, Blumensteinweg 22,
Solothurn, 1955–56
– Furniture and lamps for a motel, Interlaken, 1955
– Factory hall and offices for the Dreier metal workshop,
Kleinlützel / SO, 1957–58
  Primary and regional school, Huggerwaldstrasse 438,
Kleinlützel / SO, 1958–61 (competition 1957)
– Cash desk hall in the Bürgerhaus, Unterer Winkel 1,
Solothurn, 1959
– Portmann single-family house, Hauptstrasse 66,
Hessigkofen / SO, 1963–64
– University natural science institute, Chemin du Musée 3/5,
Fribourg, 1964–68 (competition 1960) (with Jean Pythoud)
– St. Pius Catholic Church and parish centre, Schlösslistrasse 2,
Meggen / LU, 1964–66 (competition 1960/61),
– Catholic priests' centre, Emil Schibli-Strasse 3,
Lengnau / BE, 1974–75 (competition 1972),
– Art Museum conversion and extension, Werkhofstrasse,
Solothurn, 1979–81
– Art Museum, Dorfstrasse, Zug, 1988–90
– Mail-sorting centre, Rue de la Blacherie, Sion, 1994–96
(competition 1990) (with Melchior Wyss)

COMPETITION PROJECTS, NOT CARRIED OUT
(SELECTION)

– School, Wangen bei Olten / SO, 1955
– Archaeological Museum, Aleppo / Syria, 1956
– Enrico Fermi Memorial, Chicago, 1957
– Schauspielhaus, Zurich, 1964
– University, Strickhofareal, Zurich, 1966
– Church centre, Langendorf / SO, 1966
– Schützenmatt advanced level school, Solothurn, 1977
– Youth educational centre, Lindau / ZH, 1978
– Commercial high school, St. Gallen, 1982
– School for handicapped children, Olten, 1989
– Extension ETH Hönggerberg, Zurich, 1990
– Pérolles university, Fribourg, 1997 (with Melchior Wyss)

LITERATURE (SELECTION)

– Franz Füeg: "Was ist modern in der Architektur?",
in: *Bauen + Wohnen*, No. 1, 1958, p. 31–36
– Franz Füeg: "Verwaltete Architektur", in: *Schweizerische
Bauzeitung*, No. 38, 1975, p. 596–598
– Franz Füeg: "Von Elementen und Zusammenhängen in der
Architektur", in: *Architekt*, No. 1, 1976, p. 12–20
– Franz Füeg: "Architektur und Praxis, Voraussetzungen
und Eigenschaften", in: *Architekt*, No. 2, 1979, p. 10–15 and
in: *Bauen + Wohnen*, No. 7/8, 1979, p. 270 f. and 275 f.
– Franz Füeg: "Was haben die Konstruktion und das Bauwerk
mit Architektur zu tun?", in: *Schweizer Ingenieur und Architekt*,
No. 8, 1979, p. 125–131 and in: *Architekt*, No. 1, 1979, p. 16–20
– Franz Füeg: "Von Mitteln und Grenzen der Architektur",
in: *Werk, Bauen + Wohnen*, No. 4, 1980, p. 8–13
– Franz Füeg: "Grundlegendes der Architektur",
"Persönliche Ortsbestimmung" and "Durchdringungen",
in: *Werk, Bauen + Wohnen*, No. 7/8, 1981, p. 42–44,
44–50 and 54–63 [literature list and list of works p. 66–68]
– Franz Füeg: *Wohltaten der Zeit und andere Essays über
Architektur und die Arbeit des Architekten*, Niederteufen 1982
(altered French edition: *Les bienfaits du temps. Essais
sur l'architecture et le travail de l'architecte*, Lausanne 1985)
– Franz Füeg: *Apprendre à enseigner l'architecture*,
Lausanne 1987
– Franz Füeg: "Architektur lehren lernen",
in: *Werk, Bauen + Wohnen*, No. 7/8, 1988, p. 18–21

JACQUES SCHADER

24.3.1917 geboren in Basel
1936–37 Kunstgewerbeschule Basel, Fachklasse für
Innenausbau
1937–39 praktische Tätigkeit als Innenarchitekt
bei August Baur in Basel
1939–43 Architekturstudium an der Eidgenössischen
Technischen Hochschule (ETH) in Zürich
Seit 1946 eigenes Architekturbüro in Zürich
1948–53 Redaktor der Architekturzeitschrift *Bauen + Wohnen*
1960–70 Professor an der ETH Zürich
Mitglied Bund Schweizer Architekten (BSA)
und Schweizerischer Ingenieur- und Architektenverein (SIA)

AUSGEFÜHRTE BAUTEN

– Ferienhaus Hegnauer, Sentiero di Gandria, Gandria / TI,
1945–46
– Schulhaus, Eugen Huber-Strasse 6, Zürich, 1947–48
– Verwaltungsgebäude des Schweizerischen Obstverbandes,
Baarerstrasse 88, Zug, 1949–50 (mit Godi Cordes)
– Wohnhaus für eine Grafikerfamilie, Wirzenweid 40,
Zürich, 1950–51
– Mühlen- und Lagergebäude Landverband St. Gallen,
Eisenbahnstrasse, Uznach / SG, 1953–54 (Wettbewerb 1952)
– Verkehrspavillon, Bucheggplatz, Zürich, 1956–57
(Vorstudien ab 1951)
– Kantonsschule Freudenberg, Gutenbergstrasse 15, Zürich,
1956–60 (Wettbewerb 1954) (Sanierung 1993–2000)
– Erweiterungsbau Schulhaus, Eugen Huber-Strasse 4,
Zürich, 1962–64
– Wohnhaus für einen Buchhändler und Sammler,
Schärgummenstrasse 85, Innerberg-Säriswil / BE,
1968–70 (Planung ab 1962)
– Mehrfamilienhaus, Langgrütstrasse 61 / 63, Zürich, 1964–65
– Wohnhaus für eine alleinstehende Dame, Hostettstrasse 22,
Wilen / OW, 1965–67
– Kirchgemeindehaus, Stauffacherstrasse 8 / 10,
Zürich, 1970–73 (Projekt 1964)
– Hauptsitz IBM Schweiz, General Guisan-Quai 26,
Zürich, 1970–73 (Planung ab 1967)
– Wohnhaus des Architekten, Greifenseestrasse 48,
Schwerzenbach / ZH, 1973–74
– Altersheim Langgrüt, Langgrütstrasse 51, Zürich, 1975–77
– Kanzleigebäude der Schweizerischen Botschaft,
Axenfeldstrasse, Bonn / Deutschland, 1976–77 (Auftrag 1966)
(Ausführung durch Kontaktarchitekten)
– Institutsgebäude der Universität Zürich, Plattenstrasse 43,
Zürich, 1978–81
– Lehrlingsausbildungszentrum BBC, Affolternstrasse 52,
Zürich-Oerlikon, 1978–82
– Wohnüberbauung Schleipfe 1, Poststrasse 167–187,
Spreitenbach / AG, 1989–91
– Postgebäude, Murackerstrasse 6, Lenzburg / AG,
1994–95 (Wettbewerb 1984 / 85)

BEI WETTBEWERBEN ERZIELTE 1. PREISE, DIE NICHT ZUR AUSFÜHRUNG GELANGTEN (AUSWAHL)

– Frauenklinik Kantonsspital, Zürich, 1945 / 46
(mit Oskar Burri und Otto Glaus)
– Umbau des Hauses Pfarrei beim Grossmünster,
Zürich, 1949
– Stadttheater, Basel, 1953 (mit Werner Frey)
– Jugendhaus Drahtschmidli, Zürich, 1955
– Thurgauisches Kantonsspital, Frauenfeld, 1957 / 58
(mit Werner Frey)
– Überbauung Helvetiaplatz, Zürich, 1958
– Wohnüberbauung Langgrüt, Zürich, 1963
– Altersresidenz Schübelpark, Küsnacht / ZH, 1965
– Erweiterung Flughafen Zürich-Kloten, 1979

LITERATUR (AUSWAHL)

– Jacques Schader: «Wohnumfeld-Studien 1953–1982»,
in: *Werk, Bauen + Wohnen*, Nr. 11, 1983, S. 48–59
– Jürgen Joedicke: «Zum 75. Geburtstag von Jacques Schader»,
in: *Werk, Bauen + Wohnen*, Nr. 3 , 1992, S. 76
– Marianne Burkhalter, Michael Koch, Claude Lichtenstein,
Tomaso Zanoni: *Freudenberg. Der Architekt Jacques Schader
und die Kantonsschule in Zürich-Enge,* hrsg. vom Museum
für Gestaltung Zürich und Schweizerischen Werkbund,
Zürich 1992
– Adolf Max Vogt: «Jacques Schader zum 80. Geburtstag»,
in: *Neue Zürcher Zeitung*, 22. 3. 1997

JACQUES SCHADER

24.3.1917 born in Basel

1936–37 Kunstgewerbeschule (School of Arts and Crafts) Basel, department of interior decoration

1937–39 worked as an interior decorator with August Baur in Basel

1939–43 studied architecture at the Federal Institute of Technology in Zurich (ETH)

Since 1946 own architectural office in Zurich

1948–53 editor of the architectural magazine *Bauen + Wohnen*

1960–70 professor at the ETH Zurich

Member of the Bund Schweizer Architekten (BSA) (Federation of Swiss Architects), and the Schweizerischer Ingenieur- und Architektenverein (SIA) (Swiss Engineers and Architects Association)

BUILDINGS CARRIED OUT

– Hegnauer holiday house, Sentiero di Gandria, Gandria / TI, 1945–46

– School, Eugen Huber-Strasse 6, Zurich, 1947–48

– Administration building of the Schweizerischer Obstverband, Baarerstrasse 88, Zug, 1949–50 (with Godi Cordes)

– Home for a family of graphic artists, Wirzenweid 40, Zurich, 1950–51

– Mill and storage building Landverband St. Gallen, Eisenbahnstrasse, Uznach / SG, 1953–54 (competition 1952)

– Traffic pavilion, Bucheggplatz, Zurich, 1956–57 (preliminary studies from 1951)

– Freudenberg Cantonal School, Gutenbergstrasse 15, Zurich, 1956–60 (competition 1954) (restoration 1993–2000)

– Extension, school, Eugen Huber-Strasse 4, Zurich, 1962–64

– Home for a book dealer and collector, Schärgummenstrasse 85, Innerberg-Säriswil / BE, 1968–70 (planning from 1962)

– Multiple-family building, Langgrütstrasse 61 / 63, Zurich, 1964–65

– Home for a single lady, Hostettstrasse 22, Wilen / OW, 1965–67

– Parish building, Stauffacherstrasse 8 / 10, Zurich, 1970–73 (project 1964)

– Headquarters IBM Switzerland, General Guisan-Quai 26, Zurich, 1970–73 (planning from 1967)

– Own home, Greifenseestrasse 48, Schwerzenbach / ZH, 1973–74

– Langgrüt old people's home, Langgrütstrasse 51, Zurich, 1975–77

– Chancellery of the Swiss Embassy, Axenfeldstrasse, Bonn / Germany, 1976–77 (assignment 1966) (execution through contact architects)

– Institutional building of Zurich University, Plattenstrasse 43, Zurich, 1978–81

– BBC apprentices' educational centre, Affolternstrasse 52, Zurich-Oerlikon, 1978–82

– Schleipfe 1 housing development, Poststrasse 167–187, Spreitenbach / AG, 1989–91

– Post-office building, Murackerstrasse 6, Lenzburg / AG, 1994–95 (competition 1984/85)

1ST PRIZES AT COMPETITIONS FOR PROJECTS THAT WERE NEVER CARRIED OUT (SELECTION)

– Women's Clinic, Zurich Cantonal, Hospital, Zurich, 1945/46 (with Oskar Burri and Otto Glaus)

– Conversion of The Vicarage near Grossmünster, Zurich, 1949

– Municipal Theatre, Basel, 1953 (with Werner Frey)

– Drahtschmidli youth building, Zurich, 1955

– Thurgau Cantonal Hospital, Frauenfeld, 1957/58 (with Werner Frey)

– Housing development, Helvetiaplatz, Zurich, 1958

– Langgrüt housing development, Zurich, 1963

– Schübelpark senior citizens' residence, Küsnacht / ZH, 1965

– Extension, Zurich-Kloten airport, 1979

LITERATURE (SELECTION)

– Jacques Schader: "Wohnumfeld-Studien 1953–1982", in: *Werk,* No. 11, 1983, p. 48–59

– Jürgen Joedicke: "Zum 75. Geburtstag von J. Schader", in: *Werk,* No. 3, 1992, p. 76

– Schweizerischer Werkbund, Museum für Gestaltung Zürich (ed.), Marianne Burkhalter, Michael Koch, Claude Lichtenstein, Tomaso Zanoni: *Freudenberg. Der Architekt Jacques Schader und die Kantonsschule in Zürich-Enge,* Zurich 1992

– Adolf Max Vogt: "Jacques Schader zum 80. Geburtstag", in: *Neue Zürcher Zeitung,* 22.3.1997

JAKOB ZWEIFEL

29.9.1921 geboren in Wil
1941–46 Architekturstudium an der Eidgenössischen
Technischen Hochschule (ETH) in Zürich
1946–49 Assistent bei Professor Dr. William Dunkel
an der ETH Zürich
Seit 1949 eigenes Architekturbüro in Glarus, dann in Zürich
und ab 1971 auch in Lausanne mit verschiedenen Partnern
Mitglied Bund Schweizer Architekten (BSA)
1962–67 Obmann der Ortsgruppe Zürich, Schweizerischer
Ingenieur- und Architektenverein (SIA)
1963–95 Obmann der glarnerischen Vereinigung für
Heimatschutz, Mitglied der beratenden
Kommission der ETH Zürich für das Institut für Orts-
und Regional- und Landesplanung (ORL)

AUSGEFÜHRTE BAUTEN
– Pavillon für eine Arztpraxis, Villastrasse 18, Ennenda / GL, 1949
– Schwesternhaus und Personalhäuser Kantonsspital Glarus,
Buchholzstrasse, Glarus, 1951–53 (Wettbewerb 1950 / 51)
– Turnhalle, Sändli, Linthal / GL, 1952–53
– Schwesternhochhaus Kantonsspital Zürich,
Plattenstrasse 10, Zürich, 1956–59 (Wettbewerb 1952 / 53)
– Gebäude für ein Metallwerkstatt, Zollikerberg / ZH, 1953–1954
– Einfamilienhaus, Goethestrasse 77, St. Gallen, 1954–56
– Garderobengebäude, Gäsi am Walensee / GL, 1956–1957
– Primarschulhaus, Landstrasse, Netstal / GL, 1957–59
(Partner: Willi Marti)
– Wohn- und Geschäftshaus im Seefeld, Seefeldstrasse 152,
Zürich, 1957–60 (Partner: Heinrich Strickler)
– Bergschulhaus Auen, Linthal / GL, 1958–59
(Partner: Willi Marti)
– Erweiterung Kantonsspital Glarus, Burgstrasse 99, Glarus,
1960–66 (Vorstudien ab 1958) (Partner: Heinrich Strickler;
gemeinsam mit Itten & Brechbühl, Daniel & Werner Aebli)
– Empfangsgebäude der Firma F. Knobel & Co.,
Obere Allmeind 2, Ennenda / GL, 1960–61 (Partner: Willi Marti)
– Expo 64, Sektor «Feld und Wald», Lausanne (1961–64) (Part-
ner: Heinrich Strickler, gemeinsam mit Willi Christen, Uli Huber,
Hermann Massler)
– Aussiedlerbauernhof, Les Horizons, Bevaix / NE, 1962–64
(Partner: Heinrich Strickler)
– Umbau des Gewölbekellers und Einrichtung einer Raum-
bühne in der Villa Tobler, Winkelwiese, Zürich, 1964
– Centre de recherches agricoles, St. Aubin / FR, 1967–70
(Partner: Heinrich Strickler; gemeinsam mit Uli Huber)
– Primarschulhaus Im Moos, Säumer-Strasse 24 / 26,
Rüschlikon / ZH, 1969–71 (Partner: Heinrich Strickler)
(Wettbewerb 1966)
– Terrassenschwesternhaus zum Kantonsspital Glarus,
Asylstrasse, Glarus, 1967–68 (Partner: Heinrich Strickler)
– Einfamilienhaus, Thalwil / ZH, 1967–68 (Partner:
Heinrich Strickler)
– Wohnüberbauung Rehalp, Schützenstrasse, Zollikon / ZH,
1972–73 (Vorstudien 1968) (Partner: Heinrich Strickler
und Benjamin Pfister)
– Bank- und Bürogebäude, Gemeindehausplatz, Glarus,
1978–79 (Projektstudie 1968–69) (Partner: Willi Marti)

– Ecole polytechnique fédérale de Lausanne (EPFL),
Cité Universitaire, Lausanne-Ecublens, 1. Etappe, 1973–84
(Wettbewerb Richtplanung 1969/70) (Partner: Heinrich Strickler,
Robert Bamert, Hans Ulrich Glauser; gemeinsam mit
Alexander Henz, Edi Witta, Adam Berler, Pierre Simond,
Markus Brändle und Heinz Kuster)
– Städtische Wohnsiedlung Unteraffoltern,
Stöckenackerstrasse / Wolfswinkel, Zürich, 1980–81
(Vorstudien 1976) (Partner: Heinrich Strickler,
Hans Ulrich Glauser)
– Augen + ORL Klinik des Universitätsspitals Zürich,
USZ Nordtrakt II, Zürich, 1989–93 (Studienauftrag 1980)
(Partner: Heinrich Strickler, Benjamin Pfister)
– Fakultätsgebäude für Agrikultur der Garyounis-Universität
Benghazi, El Beida / Libyen, 1981–83
(Partner: Hans Ulrich Glauser)
– Siedlung für 118 Wohnungen, Praz-Séchaud, Lausanne,
1986–88 (Wettbewerb 1982) (Partner: Nicolas Joye)
– Gemeindezentrum, Zügerstenstrasse, Schwanden / GL,
1987–90 (Projektwettbewerb 1984) (Partner: Willy Leins)
– Betriebsgebäude der Credit Suisse, Horgen / ZH, 1989–94
(Vorstudien 1986) (Partner: Hans Ulrich Glauser)
– Forschungs- und Verwaltungszentrum für die Arbeitsgemein-
schaft Osteosynthese, Clavadelerstrasse, Davos,
1990–92 (Projekt 1989) (Partner: Nicolas Joye)

Zahlreiche Restaurierungen historischer Gebäude
Ortsplanungen in Glarus, 1954–56 / 1979–86; Schwanden, 1955;
Mitlödi, 1963–65; Netstal, 1965–66; Mollis, 1965–66;
Näfels, 1965–71; Elm, 1967–68; Oberurnen, 1974–76;
Matt, 1974–76; Engi, 1975–77; Schwändi, 1978–80
(mit Hans Ulrich Glauser, John Zeitner, Ruth Wildberger)

LITERATUR (AUSWAHL)
– Schweizerische Landesausstellung (Hrsg.): *Construire
une exposition*, Lausanne 1965
– Silvia Markun (Hrsg.): *Maria von Ostfelden.
Theater als Experiment*, Baden 1996
– Jürgen Joedicke, Martin Schlappner: *Jakob Zweifel, Architekt.
Schweizer Moderne der zweiten Generation*, Baden 1996

JAKOB ZWEIFEL

29.9.1921 born in Wil
1941–46 studied architecture at the Federal Institute
of Technology (ETH) in Zurich
1946–49 assistant to Professor Dr. William Dunkel at the
ETH Zurich
Since 1949 own architectural office in Glarus, then in Zurich,
and from 1971 also in Lausanne with various partners
Member of the Bund Schweizer Architekten (BSA) (Federation
of Swiss Architects)
1962–67 president of the Zurich group of the Schweizerischer
Ingenieur- und Architektenverein (SIA) (Swiss Engineers
and Architects Association)
1963–95 president of the glarnerischen Vereinigung
für Heimatschutz (Glarus Association for National Heritage
Preservation), member of the advisory committee of
the ETH Zurich for the Institut für Orts- und Regional und
Landesplanung (ORL) (Institute of Local, Regional
and National Planning)

BUILDINGS CARRIED OUT
– Pavilion for a doctor's practice, Villastrasse 18,
Ennenda / GL, 1949
– Nurses' and hospital staff accommodation building,
Glarus Cantonal Hospital, Buchholzstrasse, Glarus, 1951–53
(competition 1950/51)
– Gymnasium, Sändli, Linthal / GL, 1952–53
– Schwesternhochhaus (Nurses' Accommodation Building),
Zurich Cantonal Hospital, Plattenstrasse 10, Zurich, 1956–59
(competition 1952/53)
– Building for a metal workshop, Zollikerberg / ZH, 1953–1954
– Single-family house, Goethestrasse 77, St. Gallen, 1954–56
– Cloakroom building, Gäsi am Walensee / GL, 1956–1957
– Primary school, Landstrasse, Netstal / GL, 1957–59
(partner: Willi Marti)
– Residential and office building in Seefeld, Seefeldstrasse 152,
Zurich, 1957–60 (partner: Heinrich Strickler)
– Mountain school Auen, Linthal / GL, 1958–59
(partner: Willi Marti)
– Extension, Glarus Cantonal Hospital, Burgstrasse 99,
Glarus, 1960–66 (preliminary studies from 1958)
(partner: Heinrich Strickler; collaboration with Itten & Brechbühl,
Daniel & Werner Aebli)
– Reception building for the firm of F. Knobel & Co.,
Obere Allmeind 2, Ennenda / GL, 1960–61 (partner: Willi Marti)
– Expo 64, sector "Land and Forest", Lausanne (1961–64)
(partner: Heinrich Strickler, with Willi Christen, Uli Huber,
Hermann Massler)
– Farm house, Les Horizons, Bevaix / NE, 1962–64
(partner: Heinrich Strickler)
– Conversion of the vaulted cellar and installation of a cellar
theatre in the Villa Tobler, Winkelwiese, Zurich, 1964
– Centre de recherches agricoles, St. Aubin / FR, 1967–70
(partner: Heinrich Strickler; with Uli Huber)
– Im Moos primary school, Säumer-Strasse 24 / 26,
Rüschlikon / ZH, 1969–71 (partner: Heinrich Strickler)
(competition 1966)
– Terraced Nurses' Accommodation Building for the Glarus
Cantonal Hospital, Asylstrasse, Glarus, 1967–68
(partner: Heinrich Strickler)
– Single-family house, Thalwil / ZH, 1967–68
(partner: Heinrich Strickler)
– Rehalp housing development, Schützenstrasse,
Zollikon / ZH, 1972–73 (preliminary studies 1968)
(partners: Heinrich Strickler and Benjamin Pfister)

– Bank and office building, Gemeindehausplatz, Glarus,
1978–79 (project study 1968–69) (partner: Willi Marti)
– Ecole polytechnique fédérale de Lausanne (EPFL) (Federal
Institute of Technology, Lausanne), Cité Universitaire,
Lausanne-Ecublens, 1st stage, 1973–84 (competition master
planning 1969/70) (partners: Heinrich Strickler, Robert Bamert,
Hans Ulrich Glauser; with Alexander Henz, Edi Witta,
Adam Berler, Pierre Simond, Markus Brändle and Heinz Kuster)
– Municipal housing development Unteraffoltern, Stöckenacker-
strasse / Wolfswinkel, Zurich, 1980–81 (preliminary studies
1976) (partners: Heinrich Strickler, Hans Ulrich Glauser)
– Eye + ORL Clinic of the Zurich University Zurich, north wing II,
Zurich, 1989–93 (study assignment 1980) (partners: Heinrich
Strickler, Benjamin Pfister)
– Faculty building of agriculture of Garyounis University
Benghazi, El Beida / Libya, 1981–83 (partner: Hans Ulrich
Glauser)
– Development for 118 apartments, Praz-Séchaud, Lausanne,
1986–88 (competition 1982) (partner: Nicolas Joye)
– Community centre, Zügerstenstrasse, Schwanden / GL,
1987–90 (project competition 1984) (partner: Willy Leins)
– Credit Suisse office building, Horgen / ZH, 1989–94
(preliminary studies 1986) (partner: Hans Ulrich Glauser)
– Research and Administration Centre for the Arbeits-
gemeinschaft Osteosynthese, Clavadelerstrasse, Davos,
1990–92 (project 1989) (partner: Nicolas Joye)

Numerous restorations of historical buildings
Regional planning in Glarus, 1954–56 / 1979–86;
Schwanden, 1955; Mitlödi, 1963–65; Netstal, 1965–66;
Mollis, 1965–66; Näfels, 1965–71; Elm, 1967–68;
Oberurnen, 1974–76; Matt, 1974–76; Engi, 1975–77;
Schwändi, 1978–80 (with Hans Ulrich Glauser,
John Zeitner, Ruth Wildberger)

LITERATURE (SELECTION)
– Schweizerische Landesausstellung (Hrsg.): *Construire
une exposition,* Lausanne 1965
– Silvia Markun (Hrsg.): *Marla von Ostfelden.
Theater als Experiment,* Baden 1996
– Jürgen Joedicke, Martin Schlappner: *Jakob Zweifel, Architekt.
Schweizer Moderne der zweiten Generation,* Baden 1996

ROMAN CLEMENS

11.2.1910 geboren in Dessau / Deutschland,
3.2.1992 gestorben in Zürich
Elektriker-Lehre
1927–31 am Bauhaus Dessau, Schüler von Joseph Albers,
Paul Klee, Wassily Kandinsky, László Moholy-Nagy, Oskar
Schlemmer (Bühnenklasse) und Ludwig Mies van der Rohe
1929–31 Bühnenbildassistent am Friedrich-Theater, Dessau
1932–43 erster Bühnenbildner und Ausstattungsleiter
am Stadttheater Zürich, dem heutigen Opernhaus
Ab 1928 freie künstlerische Tätigkeit; wichtigste Einzel-
ausstellungen: 1970, Roman Clemens. Bühne und Raum,
Kunsthalle Darmstadt; 1972, Helmhaus, Zürich; 1974,
Salon del Archivio Historico Municipal, Valencia; 1980,
Foyer des Kunsthauses Zürich

Literatur
Marianne Herold: *Roman Clemens,* Zürich 1991

ULI HUBER

27.1.1938 geboren in Langenthal
Lehre als Hochbauzeichner, Architekturstudien an der
Hochschule für Technik und Architektur Burgdorf und an der
Eidgenössischen Technischen Hochschule Zürich (ETH)
1964–66 Assistent bei Prof. Jacques Schader an der ETH
1961–70 in leitender Stelle bei Jakob Zweifel & Heinrich
Strickler, Zürich
Eigenes Architekturbüro in St. Aubin / FR, später in Fribourg
1973–99 Chefarchitekt / Leiter der Abteilung Hochbau
(Planung, Architektur, Haustechnik und Design) bei der General-
direktion der Schweizerischen Bundesbahnen (SBB)
Seit 1999 wieder selbstständig und in Bern etabliert
Mitglied Bund Schweizer Architekten (BSA), Schweizerischer
Ingenieur- und Architektenverein (SIA) und Schweizerischer
Werkbund (SWB)

JEAN PYTHOUD

24.12.1925 geboren in Neirivue / FR
1942–47 Lehre als Bauzeichner und Angestellter bei Architekt
Arnold Gfeller in Basel
1952–56 beim Architekten Fernand Dumas in Fribourg
1956–59 beim Ingenieur Beda Hefti in Fribourg
Seit 1959 eigenes Büro in Fribourg
1962–78 Büro Architectes Associés Fribourg mit
verschiedenen Partnern
Mitglied Bund Schweizer Architekten (BSA) und
Schweizerischer Ingenieur- und Architektenverein (SIA)

Literatur
Christoph Allenspach, Gilles Barbey, Alberto Sartoris,
Walther Tschopp: *Einfach in den Mitteln.*
Der Architekt Jean Pythoud / Economie des moyens.
Jean Pythoud architecte, Fribourg 1995

ROMAN CLEMENS

11.2.1910 born in Dessau / Germany,
3.2.1992 died in Zurich
Apprenticeship as an electrician
1927–31 studied at the Bauhaus in Dessau, pupil of Joseph
Albers, Paul Klee, Wassily Kandinsky, László Moholy-Nagy,
Oskar Schlemmer (stage design) and Ludwig Mies van der Rohe
1929–31 assistant stage designer at the Friedrich Theatre,
Dessau
1932–43 first stage designer and director of décor and
costumes at the Stadttheater Zürich, now the Zurich
Opera House
From 1928 freelance artistic work. Most important exhibitions:
1970, Roman Clemens. Bühne und Raum, Kunsthalle Darmstadt;
1972, Helmhaus, Zürich; 1974, Salon del Archivio Historico
Municipal, Valencia; 1980, Foyer des Kunsthauses Zurich

Literature
Marianne Herold: *Roman Clemens,* Zurich 1991

ULI HUBER

27.1.1938 born in Langenthal
Apprenticeship as an architectural draughtsman, studies
in architecture at the Hochschule für Technik und Architektur
in Burgdorf and the Federal Institute of Technology (ETH)
in Zurich.
1964–66 assistant to Professor Jacques Schader at the ETH
1961–70 leading position with Jakob Zweifel & Heinrich
Strickler, Zurich
Own architectural office in St. Aubin / Canton Fribourg,
later in Fribourg
1973–99 architect-in-chief / head of the building department
(planning, architecture, technology and design) with general
management of Swiss Railways (SBB)
Since 1999 once more independent and established in Bern
Member of the Bund Schweizer Architekten (BSA)
(Federation of Swiss Architects), the Schweizerischer
Ingenieur- und Architektenverein (SIA) (Swiss Engineers
and Architects Association) and the Swiss Werkbund (SWB)

JEAN PYTHOUD

24.12.1925 born in Neirivue / Canton Fribourg
1942–47 apprenticeship as an architectural draughtsman and
employee with the architect Arnold Gfeller in Basel
1952–56 worked with the architect Fernand Dumas in Fribourg
1956–59 worked with the engineer Beda Hefti in Fribourg
Since 1959 own office in Fribourg
1962–78 Architectes Associés office in Fribourg with various
partners
Member of the Bund Schweizer Architekten (BSA) (Federation
of Swiss Architects), and the Schweizerischer Ingenieur-
und Architektenverein (SIA) (Swiss Engineers and Architects
Association)

Literature
Christoph Allenspach, Gilles Barbey, Alberto Sartoris,
Walther Tschopp: *Einfach in den Mitteln. Der Architekt
Jean Pythoud / Economie des moyens. Jean Pythoud
architecte,* Fribourg 1995

LITERATUR / BIBLIOGRAPHY

Friedrich Achleitner (Einführung): *Atelier 5*, Basel / Boston / Berlin: Birkhäuser Verlag 2000

Christoph Allenspach: *Architektur in der Schweiz. Bauen im 19. und 20. Jahrhundert*, hrsg. von der Pro Helvetia, Zürich 1998

Alfred Altherr (Hrsg.): *Neue Schweizer Architektur / New Swiss Architecture*, Teufen: Verlag Arthur Niggli 1965

Hans Aregger, Otto Glaus: *Hochhaus und Stadtplanung / Highrise Building and Urban Design / Maisons-tours et Urbanise*, hrsg. von der Schweizerischen Vereinigung für Landesplanung, Zürich: Artemis Verlag 1967

Jul Bachmann, Stanislaus von Moos: *New directions in Swiss architecture*, New York. Braziller 1969

Bauamt II der Stadt Zürich, art-ig Büro für Kunstgeschichte Zürich (Hrsg.): *50 Jahre Auszeichnungen für gute Bauten in der Stadt Zürich*, Zürich 1995

Marianne Burkhalter, Michael Koch, Claude Lichtenstein, Tomaso Zanoni: *Freudenberg. Der Architekt Jacques Schader und die Kantonsschule in Zürich-Enge*, hrsg. vom Museum für Gestaltung Zürich und Schweizerischen Werkbund, Zürich 1992

Philippe Carrard, Werner Oechslin, Flora Ruchat-Roncati (Hrsg.): *Rino Tami. Segmente einer architektonischen Biographie*, Zürich: gta Verlag 1992

Hans Carol, Max Werner: *Städte – wie wir sie wünschen*, Zürich Regio Verlag 1949

Justus Dahinden: *Versuch einer Standortsbestimmung der Gegenwartsarchitektur*, Zürich: Diss. ETH 1956

Justus Dahinden: *Denken – Fühlen – Handeln / Penser – Sentir – Agir / Thinking – Feeling – Acting*, Lausanne: Editions Anthony Krafft / Paris: Bibliothèque des Arts 1973

Peter Disch, Tita Carloni: *50 anni di architettura in Ticino 1930 – 1980*, Bellinzona: Verlag Grassico 1981

Werner Durth (Redaktion): *Architektur und Städtebau der fünfziger Jahre*, Bonn 1990

Fredi Ehrat, Heinrich Helfenstein (Hrsg.): *Das Kino «Studio 4». Eine Dokumentation über eine Raumgestaltung von Roman Clemens*, Zürich 1992

Hans Frei: *Konkrete Architektur? Über Max Bill als Architekt*, Baden: Verlag Lars Müller 1991

Franz Füeg: *Wohltaten der Zeit und andere Essays über Architektur und die Arbeit des Architekten*, Niederteufen: Verlag Arthur Niggli 1982

Bernhard Furrer: *Aufbruch in die fünfziger Jahre. Die Architektur der Kriegs- und Nachkriegszeit im Kanton Bern 1939 – 1960*, Bern: Verlag Stämpfli 1995

Christoph Hackelsberger: *Die aufgeschobene Moderne. Ein Versuch zur Einordnung der Architektur der Fünfziger Jahre*, München / Berlin: Deutscher Kunstverlag 1985

Petra Hagen: *Städtebau im Kreuzverhör. Max Frisch zum Städtebau der fünfziger Jahre*, Baden: LIT Verlag Lars Müller 1986

Fritz Haller: *Bauen und Forschen*, Dokumentation der Ausstellung, Kunstmuseum Solothurn, Solothurn 1988

Hans Hofmann, Hermann Baur, Max Kopp: *Schweizerische Architektur-Ausstellung*, Köln 1948

John Jacobus: *Die Architektur unserer Zeit. Zwischen Revolution und Tradition*, Stuttgart: Verlag Gerd Hatje 1966

Jürgen Joedicke: *Geschichte der modernen Architektur. Sythese aus Form, Funktion und Konstruktion*, Stuttgart: Verlag Gerd Hatje 1958

Jürgen Joedicke: *Architektur im Umbruch. Geschichte, Entwicklung, Ausblick*, Stuttgart: Kraemer Verlag 1980

Jürgen Joedicke: *Architekturgeschichte des 20. Jahrhunderts. Von 1950 bis zur Gegenwart*, Stuttgart / Zürich: Krämer Verlag 1990

Jürgen Joedicke, Martin Schlappner: *Jakob Zweifel, Architekt. Schweizer Moderne der zweiten Generation*, Baden: Verlag Lars Müller 1996

Karl Jost: *Hans Fischli (1909 – 1989). Architekt, Maler, Bildhauer*, Dokumente zur modernen Schweizer Architektur, Zürich: gta Verlag 1992

Michael Koch: *Städtebau in der Schweiz 1800 – 1990*, Zürich: Verlag der Fachvereine / Stuttgart: B. G. Teubner Verlag 1992

Ueli Lindt: *Otto Glaus, Architekt*, Basel / Boston / Berlin: Birkhäuser Verlag 1995

Christoph Luchsinger (Hrsg.): *Hans Hofmann (1897 – 1957). Vom Neuen Bauen zur Neuen Baukunst*, Dokumente zur modernen Schweizer Architektur, Zürich: gta Verlag 1985

Bruno Maurer, Werner Oechslin (Hrsg.): *Ernst Gisel Architekt*, Dokumente zur modernen Schweizer Architektur, Zürich: gta Verlag 1993

Julius Maurizio: *Der Siedlungsbau in der Schweiz / Les colonies d'habitation en Suisse / Swiss housing estates 1940 – 1950*, hrsg. von der Arbeitsgemeinschaft der Gewerbemuseen Basel, Bern und dem Kunstgewerbemuseum Zürich, Erlenbach: Verlag für Architektur 1952

Anna Meseure, Martin Tschanz, Wilfried Wang (Hrsg.): *Architektur im 20. Jahrhundert: Schweiz*, München / London / New York: Prestel-Verlag 1998

Irma Noseda: *Bauen an Zurich*, hrsg. vom Bauamt II der Stadt Zürich, Zürich 1992

Werner Oechslin, Flora Ruchat-Roncati (Hrsg.): *Alberto Camenzind. Architekt, Chefarchitekt Expo 64, Lehrer*, Dokumente zur modernen Schweizer Architektur, Zürich: gta Verlag 1998

Isabelle Rucki, Dorothee Huber (Hrsg.): *Architektenlexikon der Schweiz. 19. / 20. Jahrhundert*, Basel / Boston / Berlin: Birkhäuser Verlag 1998

G. E. Kidder Smith: *Switzerland builds. Its native and modern architecture*, London 1950

Adolf Max Vogt: *Fünfziger Jahre. Trümmer, Krater, Hunger, Schuld. Was hatte Kunst damals zu suchen? Kunstkritische Aufsätze aus den Jahren 1950 – 1960*, hrsg. von Annemarie Monteil und Nedim Peter Vogt, Basel / Genf / München: Helbing & Lichtenhahn Verlag 2000

Adolf Max Vogt, Ulrike Jehle-Schulte Strathaus, Bruno Reichlin: *Architektur 1940 – 1980*, Frankfurt / Wien / Berlin: Propyläen Verlag 1980

Hans Volkart: *Schweizer Architektur. Ein Überblick über das schweizerische Bauschaffen der Gegenwart*, Ravensburg: Otto Maier Verlag 1951

Paul Waltenspühl: *Concevoir, dessiner, construire: une Passion*, Lausanne: Edition Livre total 1990

Pierre Zoelly: *Elemente einer Architektursprache / Elements of an architect's language / Éléments d'un langage architectural*, Basel / Boston / Berlin: Birkhäuser Verlag 1998

**ABBILDUNGSNACHWEIS/
ILLUSTRATION CREDITS**

104–107: Baugeschichtliches Archiv der
   Stadt Zürich
105 rechts unten: Fredi Ehrat, Heinrich
   Helfenstein (Hrsg.): *Das Kino «Studio 4».
   Eine Dokumentation über eine Raumgestal-
   tung von Roman Clemens,* Zürich 1992
112, 114–117: André Melchior,
   Uitikon-Waldegg
113, 158 links: Walter Binder, Zürich
Pläne S. 114: Amt für Hochbauten der Stadt
   Zürich
122–125: Archiv P. Widmer und H. Davi,
   Frauenfeld
130, 131, 136–138, 140, 141: Bernhard
   Moosbrugger, Zürich (Archives de la
   Construction Moderne, EPFL, Lausanne)
139: Otto Pfeifer, Luzern (Archives de la
   Construction Moderne, EPFL, Lausanne)
146, 147, 149: Archives de la Construction
   Moderne, EPFL, Lausanne
154, 156, 158 rechts, 159 rechts: Fachklasse für
   Fotografie, Kunstgewerbeschule Zürich
155: Ernst Gerschwiler, Zürich
159: links: Kantonales Hochbauamt Zürich
172: Michael Wolgensinger, Zürich
178 links, 179–181, 186 unten, 187: Fritz Maurer,
   Zürich
178 rechts: Ralph Hut, Zürich
186 oben: Hans Ulrich Glauser, Zürich
192–195: Leonardo Bezzola, Bätterkinden
200, 201, 203, 210–213: Maureen
   Oberli-Turner, Vitznau
205: Henri Germond, Lausanne

Wenn nicht anders vermerkt stammen die Fotos
aus den Archiven der Architekten.
Das Planmaterial stellten ebenfalls die Architekten
zur Verfügung oder wurde aus den angegebenen
Zeitschriften übernommen.

Diese Publkation erscheint anlässlich der gleichnamigen
Wanderausstellung, die erstmals in «Architektur im Ringturm»,
dem Ausstellungszentrum der Wiener Städtischen
Allgemeinen Versicherung in Wien, vom 16. Oktober
bis am 14. Dezember 2001 gezeigt wird.

This publication is issued in conjunction with a travelling
exhibition of the same name, shown for the first time
in "Architektur im Ringturm", the exhibition building
of the Viennese Municipal General Insurance company
in Vienna, from October 16th to December 14th 2001.

Beilage / Supplement
Videofilm von acht Bauwerken auf DVD / Video of eight works
of architecture on DVD

Herausgeber / Editors
Walter Zschokke
Michael Hanak

Autoren / Authors
Adolf Max Vogt
Claude Lichtenstein
Michael Hanak
Inge Beckel
Verena Huber
Daniel Kurz
Hansruedi Diggelmann
Franz Füeg
Walter Zschokke

Fotografie / Photographs
Doris Fanconi

Video / Video
Georg Radanowicz

Textredaktion / Copy-editing
Michael Hanak

Schlusskorrektur / Proof-reading
Claudia Mazanek

Übersetzung ins Englische / Translation into English
Maureen Oberli-Turner
Christian P. Casparis

Gestaltung / Graphic design
Lars Müller

Produktion / Production
Heidy Schuppisser

A CIP catalogue record for this book is available from
the Library of Congress, Washington D.C., USA.

Deutsche Bibliothek Cataloging-in-Publication Data

Nachkriegsmoderne Schweiz : Architektur von Werner Frey,
Franz Füeg, Jacques Schader, Jakob Zweifel = Post-war
Modernity in Switzerland / Walter Zschokke und Michael Hanak
(Hrsg.). [Übers. ins Engl.: Maureen Oberli-Turner ;
Christian P. Casparis].
Basel • Boston • Berlin: Birkhäuser, 2001
ISBN 3-7643-6638-9

© 2001 Birkhäuser – Publishers for Architecture, P.O. Box 133,
CH-4010 Basel, Switzerland.
Member of the BertelsmannSpringer Publishing Group.
Printed on acid-free paper produced of chlorine-free pulp.
TCF ∞

Printed in Italy
ISBN 3-7643-6638-9

987654321

http://www.birkhauser.ch